普通高等教育"十一五"国家级规划教材

国家精品资源共享课程配套教材、国家精品课程配套教材

全国高校教师网络培训中心"信息检索与利用能力提升"课程配套教材

国家教学成果二等奖

SHIYONG WANGLUO XINXI JIANSUO

实用网络信息检索

（第七版）

主　编　葛敬民

中国教育出版传媒集团

高等教育出版社·北京

内容提要

本书是普通高等教育"十一五"国家级规划教材。

本书根据《教育部关于加快建设高水平本科教育 全面提高人才培养能力的意见》编写。

本书在第六版的基础上修订而成,主要内容包括:信息资源概述、知识构建与信息检索、互联网信息检索、政府文献检索、网络课程资源、图书文献检索、期刊论文检索、学位论文检索、专利与标准文献检索、国家科学基金介绍。

本书适合用作普通高等学校本科生公共课教材,也可作为研究生教材。

图书在版编目(CIP)数据

实用网络信息检索 / 葛敬民主编. —7 版. —北京:高等教育出版社,2022.8(2023.1 重印)

ISBN 978-7-04-059007-4

Ⅰ. ①实… Ⅱ. ①葛… Ⅲ. ①网络检索-高等学校-教材 Ⅳ. ①G254.92

中国版本图书馆 CIP 数据核字(2022)第 131448 号

| 策划编辑 | 朱争争 | 责任编辑 | 朱争争 | 封面设计 | 张文豪 | 责任印制 | 高忠富 |

出版发行	高等教育出版社	网　　址	http://www.hep.edu.cn
社　　址	北京市西城区德外大街 4 号		http://www.hep.com.cn
邮政编码	100120	网上订购	http://www.hepmall.com.cn
印　　刷	江苏德埔印务有限公司		http://www.hepmall.com
开　　本	787mm×1092mm　1/16		http://www.hepmall.cn
印　　张	15.5	版　　次	2005 年 8 月第 1 版
字　　数	330 千字		2022 年 8 月第 7 版
购书热线	010-58581118	印　　次	2023 年 1 月第 2 次印刷
咨询电话	400-810-0598	定　　价	36.00 元

本书如有缺页、倒页、脱页等质量问题,请到所购图书销售部门联系调换

版权所有　侵权必究

物 料 号　59007-00

第七版修订说明

本版教材修订除了内容更新外,还进行了两点大的改动(一是依据全国教材建设奖评选要求对教材重新设计;二是根据教学的实际需要增加了两章内容)。此外,应任课教师的要求,配备了教学辅助材料(PPT课件、习题、试卷、教学大纲和教师参考讲义)。

2020年10月,国家教材委员会发布了《关于开展首届全国教材建设奖评选工作的通知》(以下简称《通知》),高等教育类教材的主要评选标准可归纳为:落实立德树人根本任务,为党育人、为国育才;准确阐述基本理论、基础知识、基本方法;体现学科新知识、新技术、新成果;将价值塑造、知识传授和能力培养融为一体。

对照《通知》要求,本版教材强化了立德树人理念,补充了基础理论,更新了内容和数据,并将课程的知识模块重新进行了梳理,使得章节内容前后照应,授课、作业、实习互相联系,系统性和逻辑性更加顺畅。

一、立德树人的设计

育人之本,在于立德铸魂。习近平总书记在2018年全国教育大会上强调:要把立德树人融入思想道德教育、文化知识教育、社会实践教育各环节。

《通知》要求落实立德树人根本任务。本版教材在上一版"立德"(查询国家最高科技奖人物事迹、为大学生树立人生榜样)的基础上,新增了"树人"(介绍各级国家奖学金、引导大学生心无旁骛求知问学)的内容。本版还在上一版介绍国家自然科学基金和社会科学基金的基础上,增加了博士后基金的介绍,从而完整地介绍了国家对青年科研人员的各种基金支持,有助于引导大学生树立远大的人生志向。

二、基础理论的补充

《通知》要求准确阐述基本理论。本版教材引进了情报学的经典理论。本版教材把英国哲学家波普尔"三个世界"的理论、英国情报学家布鲁克斯的"知识构建"

方程和计量学的三大基本定律作为理论基础,并以二维码的形式放在有关内容旁边,以供参考。

三、内容的更新

为了提升教材使用相关术语的新颖性和严谨性,本版教材参考了多种权威工具书和国家推荐标准。

首先,《通知》要求准确阐述基础知识、基本方法,本版教材严格遵守国家法律法规并采用国内权威工具书中的定义对书中使用的重要概念进行了修正,对课程的教学目的进行了说明。

(1)信息和文献两大概念的解释,以《中国大百科全书》的定义为主要参考。根据网络信息普遍缺少责任人而实体文献必须注明责任人的特点,本版教材把互联网作为主要信息源,把数据库作为主要文献源,使得教材的系统性和逻辑性更加清晰。

(2)厘清信息检索课程名称的含义。对照知识构建的不同阶段,信息(知识加工原料)需求在先,文献(知识记录载体)需求在后。本版教材把互联网获取信息的过程称为"查询",把数据库获取文献的过程沿用"检索"。

(3)信息检索的目的是知识构建。以《中华人民共和国高等教育法》对不同学历层次的四项要求(基础理论、专业知识、技能和方法、科研和工作)为主线,使教材章节的顺序与知识构建的过程相吻合,有助于知识的理解和吸收。

其次,《通知》要求体现学科新知识、新技术、新成果。本版教材在完成上一版内容和数据更新的基础上,根据数据库提供商的变化与线上教学方式的改革,做出了如下修订:

(1)政府文献部分:增加了2021年全国教材建设奖评选中的部分获奖基础课教材,并提供了教育部组织的22个网络教学站点的网址,便于开展线上教学。

(2)期刊数据库部分:增加了万方学术期刊数据库的介绍,删掉了维普中文期刊服务平台相关内容。

(3)专利和标准文献部分:专利文献检索增加了新专利法的介绍;标准文献检索增加了知网标准检索,删掉了中国标准服务网和企业标准信息公共服务平台相关内容。

(4)高校图书馆部分:删掉了超星学术搜索的介绍。

四、教材的新设计

《通知》要求将价值塑造、知识传授和能力培养融为一体,与西方OBE(目标导向教育)的教改方向是一致的,本版教材对上一版的章节模块进行了重新设计。

(一)价值塑造的设计

(1)把袁隆平、王选、屠呦呦等国家表彰典型人物的信息和文章融入教材多个章节的检索示例和作业中。

(2)把国家为培养人才制定的奖励政策文件融入相关章节中。

(二)知识传授的设计

全书分三个层次设计:

第一层次是阐明"信息"和"文献"两个概念,让学生明确本课程将围绕这两个概念展开。

第二层次是讲述信息源和文献源对知识构建的不同作用,明确信息和文献的知识含量是不同的。

第三层次是分别介绍网络信息资源和文献数据库的检索方法和途径,并且把信息源和数据库的章节与知识构建的先后顺序(低年级→高年级→研究生)相对应。

授课、作业、实习相结合:

本版教材在每节后设置了以下几种练习题:

(1)讨论题用于每节课的课间互动,有助于活跃课堂气氛,加深学生对课堂知识的理解。

(2)思考题用于翻转课堂教学,便于学生课外预习教材内容。

(3)实践操作题必须上网完成,用于课后在机房实习。

(三)能力培养的设计

能力培养的措施:

1. 线下线上结合

本版教材提供二维码,可在移动环境下实现教材与网站的链接,学生可边听课边上网,跟随教师的网络演示现场练习。

2. 保证实习学时

课程实习占总课时数的三分之一以上,这是本课程的一大特色。

3. 组织学生上网

本课程的作业必须在机房上网完成,使学生喜欢上网并熟悉网络操作,在教师的指导下能够顺利完成作业,并在网上提交。

4. 提供实习题库

本课程实习题库有一千多道的实践操作题,教师可随机出题以避免相邻学生的实践操作题相同。

本版教材的修订得到了山东理工大学教务处和信息管理研究院领导的大力支持,吴红教授修订了专利文献检索一节,孙震博士修订了外文期刊数据库一节;李长玲教授、冯晓娜副研究员、纪雪梅副研究员和董坤博士、魏绪秋博士、郭凤娇博士提供了参考课件;王克平教授和佟泽华教授均提出了修改意见;冯晓娜副研究员最后对教材初稿进行了校对。

还要感谢中国科学院科学图书馆的王立学副研究员提供了最新的国家标准文献,感谢上海商学院的沈群力老师提出的修改建议。还有对教材修订提供各种帮助的其他老师,在此一并表示感谢!

葛敬民

2022 年 6 月

第一版编写说明

《实用网络信息检索》是献给普通高校大学生熟悉网络资源的实用性教材。本书依据编者多年的教学和教改经验,归纳网络信息资源对大学生知识构成的影响,对2005年版《信息检索实用教程》进行了大幅改动,去掉了印刷型文献部分,压缩了理论性描述,增加了网络教学资源、数据资源、事实资源、软件资源、翻译网站和工具书网站的介绍,使得针对性更强,系统性更好。

目前,文献检索课没有统一的教学大纲,同类教材很多,内容差异较大,本书的出发点是以学生为本,特点是突出实用,目的是教学生把网络资源作为新老师和超外脑。

一、教材主要特点

1. 从学生兴趣点开始　逐步进入课程

学生是网民的主体。本书第一章从因特网入手,通过三个概念的阐述将无限的信息浓缩为有限的文献,再将图书馆文献按用途进行分类,然后依据大学生的两大需求方向对网络资源进行归纳,课程的重要性不言而喻,也利于增强信息意识。

大学生都会用搜索引擎。第二章介绍搜索引擎的强大功能,考虑到学生基础不一,采用提纲挈领式介绍,注意强调搜索引擎不是万能的,搜索引擎对搜索结果并不负责,要善于思考,不能对搜索引擎绝对信任和依赖。

2. 从大学生需求出发　安排教学内容

知识就是力量,构建知识大厦需要科学材料和时代效率。让学生知道终身学习关键是学会学习,在校应尽量多看教学参考书,毕业后需注重期刊论文,读研要熟悉学位论文,就业要了解专利知识。另外,浏览新闻站点可知天下大事,政府网站提供权威数据和政策法规,软件学院能解决计算机操作难题,翻译站点有助于多语种互译及浏览世界各国的网站。

3. 重点介绍馆藏数据库　发挥资源优势

高校图书馆数据库很多,利用率都偏低,必须加强宣传。因为数据库页面呆板,内容枯燥,大同小异,所以切忌逐一介绍。应该利用学生最初的猎奇心理,重点介绍某一种数据库,讲深讲透,起到举一反三的作用。同时布置作业,以巩固教学效果。

4. 区分科学和技术文献　与国外概念接轨

国内习惯把科学技术文献简称为"科技文献",本书则按照西方的习惯将"科技文献"划分为科学文献和技术文献两大部分:把期刊论文、会议论文、学位论文和图书等归入科学文献,把专利文献和标准文献连同产品样本和技术档案一起归入技术文献,从而把章节设计与大学生考研和就业的信息需要结合起来。

5. 减少抽象的专业概念　使用大众化语言

同类教材中有许多图情专业化的名词,如:检索语言、检索工具、一二三次文献等。这些专业化术语对于非图情专业的学生往往苦涩难懂,大多数学生在课程结束后仍不明白其含义。为了解除学生学习过程中的拦路虎,本书从实用角度考虑,尽可能将专业化术语用大众用语所取代。

6. 注意全书的系统性　结束于综合利用

本书旨在从茫茫的信息海洋中为学生指明学习的方向。首先从学生熟悉的搜索引擎开始,为学生提供网络学习的软件、工具和翻译站点,进而告诉学生国内外课程资源丰富的重要网站,然后重点介绍各高校图书馆为学生购置但学生却不熟悉的常用数据库,最后引导学生登录国内著名的中国知识资源总库的数字化学习平台和数字化研究平台。特别是最后一章,主要介绍中国知识资源总库的最新服务功能。

二、教学内容安排

调查表明:多数高校的文献检索课授课时数为16~32。其中实习时数约占1/3,授课、复习和考试共计10~20学时,实际授课次数只有4~8次。

1. 授课内容安排参考

授课次序	教学内容	教学时数	备 注
1	第一章第1节	2	可合为2学时
2	第一章第2—3节	2	
3	第二章	2	可 略
4	第三章	2	
5	第四章第1—2节	2	可合为2学时
6	第四章第3—5节	2	
7	第五章	2	
8	第六章	2	可 略

2. 实习内容安排参考

实习次序	实习内容	实习时数	备 注
1	第二章搜索引擎实习	2	可 略
2	第三章实用网站实习	2	
3	第四章中文期刊实习	2	可合为 2 学时
4	第四章外文期刊实习	2	
5	第五章网络工具实习	2	
6	第六章综合能力实习	2	可 略

本书由信息检索与利用国家精品课程教学团队集体讨论、编写。

本书编写过程中,征求过北京、天津和山东数所高校的文献检索课教师的修改建议和审阅帮助,在此表示衷心的感谢。

由于编者专业理论水平和文字编辑能力有限,书中难免存在缺陷和错误,衷心希望国内同行给予批评指正。

编 者
2009 年 1 月

目　录

第一章

信息资源概述

科学技术是第一生产力，知识就是力量。在国际竞争白热化的今天，拥有更多知识的人才能够胜任更复杂的工作。然而，在网络信息呈爆炸性增长的情况下，相对于无限的文献资源，人们获取知识的时间是有限的。因此，用尽可能少的时间获取更多的知识是制胜的关键。大学生具有良好的自学能力是至关重要的，培养大学生良好的自学能力是高等教育的基本任务。

　　本课程讲授信息检索知识，旨在提升大学生的信息检索能力，使之快速获取多种信息，以加速知识构建。进而，课程还指导研究生检索并解析多种文献，并介绍国家科研基金的申请途径，为实施知识创新、科教兴国贡献力量。

第一节 信息与文献

本节重点：文献
主要内容：信息及其相关概念
教学目的：理解知识的产生和发展过程

中共中央、国务院《关于深化教育改革、全面推进素质教育的决定》指出："要让学生感受、理解知识产生和发展的过程，培养学生的科学精神和创新思维习惯，重视培养学生收集处理信息的能力、获取新知识的能力、分析和解决问题的能力、语言文字表达能力以及团结协作和社会活动的能力。"

在信息时代，信息作为一种新型资源，同物质和能源共称为支撑社会发展的三大支柱。物质向人类提供材料，能源为人类提供动力，而信息向人类提供的则是知识和智慧。

本节将阐述信息、知识和文献的概念及相互关系。

一、信息（information）

信息是当代最活跃的词汇，但信息的定义却是21世纪的难题之一。信息有无数"特解"，但至今却没有"通解"。

（一）信息的释义

信息论的创始人香农把信息定义为：消除随机不确定性的东西。控制论的创始人维纳认为信息是人们在适应外部世界并且使这种适应反作用于外部世界的过程中，与外部世界进行互相交换的内容的名称。

在中国，信息二字可从结构上解释："信"是人言务经，"息"是自心悟之，意为阅读经典、用心学习。信息也可从组词上解释："信"指信号，"息"指消息，信息即通过眼睛和耳朵传入大脑的东西。《辞海》的定义为：信息是对观察对象形态、运动状态和方式的反映。它是事物的一种普遍属性。《中国大百科全书》认为：按照狭义的理解，信息是用来消除不定性的东西。按照广义的理解，又有两种认识：从本体论意义上说，信息泛指一切事物（物质的、精神的）运动的状态和运动的方式，包括事物内部结构的状态和方式以及内部联系的状态和方式；从认识论意义上说，信息是关于事物运动状态和运动方式的反映。

上述种种对信息的解释都有一定的道理，却难免片面，使人产生"盲人摸象"之感。其实，信息像物质和能源一样，是一个跨学科、跨专业、有着无限外延的通用概念，人们生活在信息的海洋之中，信息无时无刻不在人的大脑中运动和变化，信息与人类的生存密切相关。

（二）信息的来源

信息来自现实世界与虚拟世界。

1. 现实世界

波普尔的三个
世界理论

英国哲学家波普尔把宇宙分成三部分：客观的自然世界称为世界1，人类的精神世界称为世界2，人类生产的世界称为世界3。世界1产生的是物质信息，世界2产生的是精神信息，世界3既产生物质信息也产生精神信息。

2. 虚拟世界

互联网是全球最开放的计算机网络，为全球网民提供了极为丰富的信息资源和应用服务。互联网的应用分为通信、获取信息和共享计算机资源三类，过去曾主要服务于教育、研究和政府部门，目前更多地是向大众提供商业化服务。

（三）信息的性质

1. 无限性

客观世界是不停变化的，产生的信息是变化无穷的。而且，信息在传播过程中会产生更多的新信息。

2. 传播性

信息可以通过多种介质进行传播，电子信息的传播基本不受时空的限制。

3. 共享性

信息可以同时为无数使用者所共享，不会因为使用而减少和消失。

4. 依附性

信息需要依附某种介质进行传播，并会随着传播介质的消失而消失。

（四）信息的种类

信息的种类有不同的划分方法，从学科分类和大学生知识构建的角度来看，信息资源可分为政治、经济、教育、科学与技术等方面。

1. 政治信息

政治信息主要是指与政府相关的信息。政治信息是所有信息中最重要的、对全局有重大影响的信息。政治信息与其他信息相比，具有社会性、动态性、敏感性、连续性、预测性等特点。

2. 经济信息

经济信息是指社会经济活动所产生的、反映经济活动并为之服务的消息、事实、数据、知识等。经济信息是经济状况变化和特征的真实反映。具体表现为经济活动中的各种数据、情报与资料。

3. 教育信息

教育信息是指通过一定的教育教学形式传递的、人们在生产生活中积累的，认识世界、改造世界和教育后人的经验和知识。

4.科学信息

科学信息具有客观性和真实性,因为它是逻辑信息,即经过抽象思维加工、概括的合乎客观现实的科学知识。科学信息只有通过交流和传播才能实现其价值,发挥其功效。科学期刊是科学信息传播的主要途径。科学信息的主要物质形式是科学文献——图书、论文等。

5.技术信息

技术信息主要包括专利文献、标准文献、设计图纸和反映生产过程中的工艺方法、生产技术、操作技能,以及新设备等方面的信息。

二、知识(knowledge)

知识被誉为财富、智慧和力量等,知识的定义也很多。

(一)知识的释义

1.国内权威的解释

(1)《辞海》:知识是人类在社会实践中积累起来的经验。

(2)《中国大百科全书》:知识是人们在日常生活、社会活动和科学研究中所获得的对事物的了解,其中可靠的成分就是知识。依照反映对象的深刻性和系统性程度,知识可以分为生活常识和科学知识。

(3)《中国大百科全书》:所谓知识,就它反映的内容而言,是客观事物的属性与联系的反映,是客观世界在人脑中的主观映象。

2.国外学者的解释

(1)瑞士心理学家皮亚杰认为知识的产生需要大脑的辛勤劳动:输入大脑的信息需要经过图式、同化、顺应、平衡4个阶段才能形成新的知识。

皮亚杰的发生
认识论

(2)英国哲学家迈克尔·波兰尼把知识分成显性知识和隐性知识。显性知识是指可以记录和传播的知识;隐性知识是指难以用语言和行为表达的经验诀窍,隐含于过程和行动之中。

(3)英国情报学家布鲁克斯用数学方程式解释了知识的构建过程:

$$K[S]+\Delta I = K[S+\Delta S]$$

布鲁克斯的
知识构建方程

式中:$K[S]$为原有知识结构;ΔI为吸收的新知识;$K[S+\Delta S]$为新的知识结构。

归纳上述解释,可以确定知识是信息的下位类概念,知识来源于信息,但知识不是信息简单地叠加和堆砌,而是大脑辛勤劳动的产物。知识一旦生成就隐含在人们的大脑之中,并能够指导人们的社会行为。

(二)知识的种类

人类知识可简单分为显性知识和隐性知识。显性知识占少部分,隐性知识占绝大部分。

1. 显性知识

显性知识是指可用规范语言清晰表达的,并且易于在个体之间同步和异步传播的知识。典型的显性知识主要是记录在各种文献上、可存在于纸质载体和计算机数据库中的知识。

2. 隐性知识

隐性知识是建立在预感、本能和个人见识之上的经验性的专有诀窍。隐性知识往往是经过长期积累而拥有的,通常不易用言语表达,也不可能传播给别人或传播起来非常困难。其特点是不易被认识到,不易衡量其价值,不易被其他人所理解和掌握。

三、文献(Document;Literature)

"文献"一词历史悠久,提到"文献"人们就会联想到图书馆纸本的图书资料。文献是人类知识精华的系统展示,也是学习者学习知识的媒介。

(一)文献的释义

1. 权威工具书的解释

(1)《辞海》:文献是具有历史价值的图书文物资料。

(2)《中国大百科全书》:文献记载着人类世世代代认识世界、改造社会的知识和经验,汇集着大量的科学理论、方法、假设、定律、数据和事实,反映着科学技术的成就和水平,是人类从事生产活动、社会实践和科学实验的历史记录。

2. 国家推荐标准的扩展

国家推荐标准《信息与文献资源描述》(GB/T 3792－2021):资源是包含知识内容和/或艺术内容的有形的或无形的实体,它作为一个单元被构想、制作和/或发行,形成单一书目描述的基础。资源包括文字资源、乐谱、静画和动画、图形、地图、录音资源和录像资源、电子数据或程序,也包括连续发行的资源。

"资源"原本是一个多学科通用的概念,在最新的国家推荐标准《信息与文献资源描述》(GB/T 3792－2021)中,资源被定义为一个比传统文献范畴更大的概念,目前还不为大家所熟悉;但从长远来看,电子文献必将取代纸质文献成为知识载体的主角,网上的电子文献与各种信息交相融合,产生海量的知识碎片,将这些知识碎片定义为"信息资源"也是可以理解的。

(二)文献的介质

高校图书馆的馆藏主要包括纸质文献和电子资源。两种馆藏资源有着各自的特点,形成了优势互补。

1. 纸质文献

《中国大百科全书》:纸质文献是"以纸张为载体,用书写或印刷等方式记录知识的文献"。

纸质文献是实体文献,体积大,占空间。纸质文献符合传统的阅读习惯,具有良好的阅读效果,适用于阅读含有抽象性知识和隐性知识、需要理解和思考的图书,所以图书馆常常座无虚席、一位难求。

由于纸质图书比电子图书更适合深度阅读,是知识构建的主要来源,因此纸质图书仍然是图书馆重点采购对象,而"数字图书馆"可以作为大学生网络阅读、扩大知识面的补充。

纸质文献的不足之处是体积大、存储密度低,占用大量物质资源。随着电子文献的兴起和快速发展,纸质文献的统治地位受到了越来越多的挑战,电子文献在高校师生的学习、科研中占据越来越重要的地位。

2. 电子文献

国家推荐标准《信息与文献资源描述》(GB/T 3792－2021):电子文献是由计算机控制[包括需要使用计算机附加外围设备(例如:只读光盘驱动器)]的资料组成的资源,这种资源可以是交互式和非交互式。包括两种类型的资源:数据(以数字、字母、图形、图像和声音或其组合构成的信息)和程序(指令或用于执行某种任务的程序)以及数据、程序的组合体(例如:带文字、图形和程序的教育软件)。

电子文献体积小,易传递。电子文献在检索和通信方面简单快捷,几乎不受时空的影响,更加适用于阅读记录信息和显性知识、便于浏览和理解的通俗类图书,对阅读地点则没有特殊要求。

与纸质资源相比,电子文献有音频、视频、投影、缩微等优势,能够记录真实声音、实物图像、运动影像等,刺激人的视觉和听觉,有助于提升学习兴趣,便于读者理解和接受知识。

电子文献的不足之处是缺乏实物感,过于依赖设备,也容易丢失或被更改。

(三)文献的几个特点

1. 文献有责任者

文献的形成过程至少包括创作、审阅、发表等环节,通过了上述过程的文献就增加了责任者的标签。如作者、编辑出版事项等。

2. 文献分级别

文献的作者有个人作者也有单位作者,有权威人士也有普通学生,有中央机构也有地方部门。如中央文件、专家综述、博士论文、报纸杂谈等。

3. 文献分类型

文献有不同的划分方法,通常可分为图书、期刊、会议论文、学位论文、研究报告、专利文献、标准文献和政府文献等。

(四)文献是课程的核心

1. 文献与课程的关系

教材是一种图书形式的文献,教师授课使用教材,学生学习也使用教材,教材是课程教学遵循的知识主线。但教材本身只是一种知识载体,教材记录的知识需要教师的解读和开发,然后通过教师的理解和讲解,以声像信息的形式传授给学生。

2. 课程是文献的知识挖掘

在教学过程中,教师不是简单地照本宣科,而是在参阅大量文献资料的基础上,结合自身的教学经验,把教材中的图文知识整合成有声有色的多维信息,以启发学生,使他们大脑中的知识结构产生"共振",达到知识"转移"的目的。

3. 网络课程是信息技术发展的产物

网络课程是信息技术发展的产物,近十年得到蓬勃发展,尤其是 2020 年以来,网络课程的增长呈爆发之势,线上线下教育的结合已成为大中小学教学的共同模式。

学生上课属于被动学习,但学生在课余时间登录教学网站,观看网络课程却是主动学习。利用网络课程进行知识学习与阅读文献相比,有着多维信息刺激的特殊效果。

小　结

本节介绍了信息及其相关概念,阐述了信息既是知识生产的原料又是知识的表达形式,高知识含量的信息已经成为当代支撑人类社会发展的主要动力。如果把物质资源和能量资源比作社会发展必需的硬件,那么信息资源就是指导社会发展的软件。因此,信息资源的占有率和利用率是衡量一个国家、一个民族竞争力的重要依据。

人们所在的时空存在差异,对信息的接收也存在差别,因此人与人头脑中产生的知识也不相同。知识一旦生成就存在于人的大脑之中,并会不断更新,伴随人的一生。知识能够通过表情、语音、手势等形式进行交流和传递,也能够通过文字、绘图、表格等形式记录在介质上形成文献。

文献能够长期保存,流传后世,成为人类进步的阶梯。文献一般会经过编辑加工、审读等环节的严格审查,附有责任人信息,故内容可靠,享受版权保护。文献是知识构建的主要信息来源,文献可以分成多种类型,不同类型的文献其用途也不相同。常用的文献类型有图书、期刊、会议文献、学位论文、科技报告、专利文献、标准文献和政府文献等。

网络课程是从文献中开发知识,并以图文声像等多维信息实施传授的教学形式。网络课程具有学习方便、受益面广的特点。对于大学生而言,网络课程是一种高效获取知识的途径,是时代的馈赠。

习　题

一、实践操作题

1. 上网注册《中国大百科全书数据库》,归纳信息在不同分册中的解释。

2. 上网注册《辞海》,浏览其对信息的解释。

3. 上网查询对波普尔三个世界理论的解释。

4. 上网查询布鲁克斯方程式。

5. 上网查询对皮亚杰发生认识论的解释。

二、讨论题

1. 为什么信息可以与材料、能源并列为社会发展的三大资源？

2. 纸质文献和电子文献对知识构建有哪些优缺点？

三、思考题

1. 按照波普尔的理论，互联网应划归哪个世界？

2. 按照布鲁克斯方程，如何获取 $\triangle I$？

第二节 文献的类型

本节重点：图书和期刊

主要内容：文献种类的介绍

教学目的：熟悉常用的文献类型

国家推荐标准《信息与文献 参考文献著录规则》（GB/T 7714－2015）附录 B 把文献类型分为普通图书（M）、会议录（C）、汇编（G）、报纸（N）、期刊（J）、学位论文（D）、报告（R）、标准（S）、专利（P）、数据库（DB）、计算机程序（CP）、电子公告（EB）、档案（A）、舆图（CM）、数据集（DS）和其他（Z）等 16 种。与高校师生关系比较密切的文献主要有以下类型：

一、图书

《中国大百科全书》：图书是用文字、图画或其他符号，在纸张等载体上记录各种知识、思想和技艺，并且制装成卷册的出版物。它是传播知识和思想、积累人类文化的重要工具。

图书对知识进行系统阐述，是最基本的文献形式，也是对大学生知识构建帮助最大的出版物，也是高校图书馆收藏最多的文献种类。

（一）图书的外部特征

图书包括封面（图 1.2.1）、书名页、目录、正文、参考文献和封底等部分。封面和封底能够清晰地展示图书的外部特征，目录可以粗略概括图书的内容和特色。

（二）图书的内容特点

图书的主要特点是单独成册、内容系统成熟、由正规的出版部门出版，周期较长。

图 1.2.1　图书封面

正因为图书的内容完整系统,可为读者提供某学科或某专业比较全面的知识,可单独携带,阅读方便,所以图书是大学生的主要阅读对象。

图书详细的内容特征和学科归属则需要借助图书分类法展示,我国图书馆使用最多的分类法是《中国图书馆分类法》。

（三）图书的身份标识

图书的身份标识是国际标准书号(ISBN),ISBN 由 13 位数字组成,分为 5 组,中间用"－"隔开,如 978－7－04－049779－1。第 1 组属于国际商品代码;第 2 组是语种代码(1 英语、2 法语、3 德语、4 日语、5 俄语、7 汉语);第 3 组是出版社代码,如 04 代表高等教育出版社;第 4 组是图书种次号;第 5 组是计算机校验码。

（四）图书的馆藏品种

高校图书馆由于专业设置涵盖广泛,因此收藏相当全面,图书总数往往以百万计。图书馆收藏的图书不仅有教学参考书(指与上课教材内容相关的教材或辅助教材),也包括文学作品、名人传记、科技博览之类的图书;同时,图书馆也注意收藏各种工具书和政府文献。

二、期刊

根据《信息与文献资源描述》(GB/T 3792－2021)的定义:连续出版物是以后续独立的期或部分发行的连续性资源,通常具有编号,没有事先确定的结束日期。连续出版物包括期刊、杂志、电子期刊、连续性名录、年度报告、报纸、单行丛编等。期刊是连续出版物的主体部分,也是高校图书馆仅次于图书的收藏文献品种,其中科技期刊更是受到广大师生的关注。

科技期刊都是由科技界有影响的学术团体编辑、出版的,一般由著名学者组成编辑委员会,有一套严格的审稿制度。在科技期刊上发表研究论文,意味着科技界对作者研究成果的承认,是科学技术成就的正式记录。

科技期刊还起着汇集其他类型文献的作用,即其他类型文献所提供的重要情报,常会在期刊中出现,如会议论文、科技报告和学位论文,往往会经过改写发表在科技期刊上。

（一）期刊的外部特征

期刊包括封面(图 1.2.2)、封二、目录(题目和作者)、正文、封三和封底等部分。封面和封底反映了期刊的外部特征,期刊刊名和出版形式一般很少变化,只是期号逐期增加。

（二）期刊的内容特点

期刊的特点主要有作者众多、格式统一、内容精选、栏目设置清晰等。作者众多体现了期刊百花齐放、百家争鸣的原则；格式统一便于保持风格，也便于读者阅读；内容精选是指期刊论文限制字数；期刊的栏目设置是反映期刊特色的重要标志，期刊可以有多个栏目，所以期刊也称作"杂志"。

（三）期刊的身份标识

期刊的标识是国际连续出版物编号（ISSN）。ISSN由 8 位数字组成，分为两组，中间用"−"隔开。如果是国内期刊，还要加上国内刊号（CN）和分类号。国内刊号由 6 位数字组成，前 2 位代表地区，后 4 位是期刊代码；

图 1.2.2 期刊封面

分类号是《中国图书资料分类法》的大类（字母），位于国内刊号的后边，用"/"隔开。如中国科学院院刊：ISSN 1000−3045，CN 11−1806/N。

（四）期刊的主要读者

期刊既是研究成果的主要载体，又是了解和获取同行研究进度和成果的主要情报源，因此是高校教师和研究生青睐的主要文献形式，也推荐高年级大学生阅读。

国内期刊约上万种，但大部分高校图书馆只订购部分纸质版供馆内阅读，另外订购功能强大的电子期刊数据库供学生和教职工上网使用。

（五）期刊论文的检索

国内主要的电子期刊数据库有 3 个：中国知网、万方数据知识服务平台、维普中文期刊服务平台。

知名的外文期刊数据库有：Engineering Village 工程信息数据库、ScienceDirect 期刊全文数据库、SpringerLink 期刊全文数据库、EBSCO 期刊全文数据库等。

三、会议文献

《中国大百科全书》：会议文献是在会议上宣读和交流的论文、报告及其他有关资料。会议文献多数以会议录的形式出现。随着科学技术迅速发展，世界各国的学会、协会、研究机构及国际性学术组织举办的各种学术会议日益增多，会议文献也日益增加。会议文献的特点是传递情报比较及时，内容新颖，专业性和针对性强，种类繁多，出版形式多样。

会议论文的格式与期刊论文相近，学术会议产生的会议文献包括会议录、会议论文汇编、会议论文集（图 1.2.3）、会议出版物以及会议辑要等。会议文献不一定公开出版。

图 1.2.3　会议论文集封面

（一）会议文献的特点

会议文献一般有四个特征：① 探讨的专业领域集中，针对性强，内容专深，往往反映一门学科或专业的发展水平和趋势；② 一些重要成果一般通过会议文献向社会公布；③ 新兴学科专业文献集中，能反映具有代表性的观点；④ 有时能透露出一些不宜成文或不宜公开的内部信息。

（二）会议文献的检索

大多数高校图书馆对纸质的会议文献收藏不多，但均会购置会议论文数据库，会议论文的检索主要使用中国知网和万方数据知识服务平台。

四、学位论文

根据《中华人民共和国国家标准学位论文编写规则》（GBT7713.1–2006），学位论文是表明作者从事科学研究取得的创造性成果和创新见解，并以此为内容撰写的、作为提出申请授予相应的学位评审用的学术论文。学位论文是培养本科生和研究生掌握科学研究基本方法和独立进行科学研究能力的一个重要环节，是授予学位的一个主要依据。

一般来说，学位论文数据库收录博士论文（图 1.2.4）和硕士论文两种。

（一）学位论文的特点

学位论文的主要特点是具有独创性、具有一定的学术价值。

（二）学位论文的检索

大多数高校图书馆只收藏本校纸质的学位论文，并且购置学位论文数据库。国内知名的学位论文数据库有中国知网和万方数据知识服务平台。

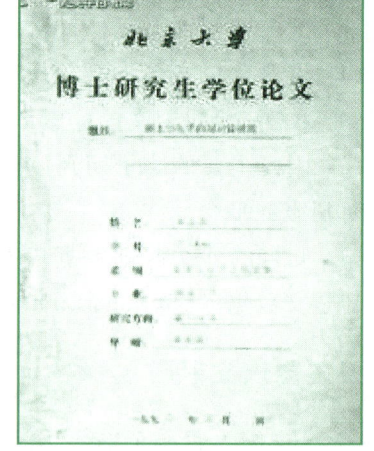

图 1.2.4　学位论文封面

五、科技报告

《中国大百科全书》：科技报告是对科学、技术研究结果或研究进展的记录，又称研究报告、报告文献。

科技报告是研究、设计单位或个人以书面形式向提供经费和资助的部门或组织汇报其研究设计和开发项目的成果或进展报告。科技报告往往以内部资料的形式出现，或在一定时期后可公开发表。

（一）科技报告的特点

科技报告的主要特点是统一编号、内容新颖、前瞻性强、如实撰写、资料保密。

（二）科技报告的检索

鉴于科技报告的保密特性,高校图书馆很少收藏纸质的科技报告,但国家科研部门和重点高校会购置一些解密的科研报告数据库。

六、专利文献

《中国大百科全书》:专利文献是记录有关发明创造信息的文献。广义的专利文献包括专利申请书、专利说明书、专利公报、专利检索工具以及与专利有关的一切资料;狭义的专利文献仅指各国(地区)专利局出版的专利说明书或发明说明书。

（一）专利文献的特点

专利文献(图1.2.5)的主要特点:一是集技术、法律、经济情报信息于一体;二是数量庞大,内容广博新颖,所反映的新技术详尽可靠、实用性强。

充分利用专利文献中的技术信息,有利于启迪和激发科技人员的创造性思维,提高科研能力。科技人员通过查阅专利文献,对各种技术方案进行比较,可了解其技术战略的变化动态,并为自己确立科技发展方向提供可靠的依据。在技术引进中,专利文献能提供技术评价和技术法律等方面的情报信息,了解这些信息有利于在国际贸易和技术交流中处于主动地位。在商业竞争中,通过了解竞争对手的专利情况,可摸清竞争对手在技术或产品方面的开发、研制情况。

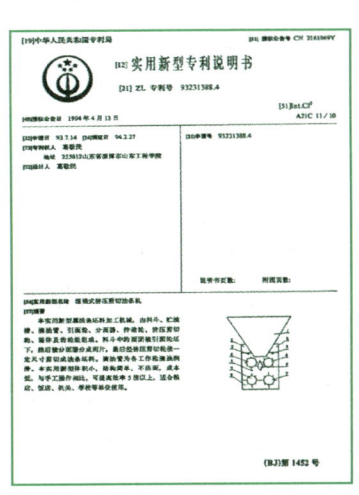

图 1.2.5　专利文献

（二）专利文献的检索

专利文献是一种特殊的文献类型,世界各国的专利文献信息都可以通过登录相关网站免费获取。中国知识产权局网站提供中国专利文献的检索,同时提供世界各国专利文献相关网站的链接。

七、标准文献

《中国大百科全书》:狭义的标准文献指按规定程序制定,经公认权威机构(主管机关)批准的一整套在特定范围(领域)内必须执行的规格、规则、技术要求等规范性文献,简称标准。广义的标准文献是指与标准化工作有关的一切文献,包括标准形成过程中各种档案、宣传推广标准的手册及其他出版物,揭示、报道标准文献信息的名录、索引等。

（一）标准文献的特点

标准文献(图1.2.6)的主要特点是结构严谨、实用性强、有约束力、时效性强。

图 1.2.6　标准文献

标准文献可划分多个级别，往往能反映某个国家或某个地区、某个组织的技术经济政策、生产技术水平、管理水平、标准化水平、科学研究水平以及自然条件、资源情况等。

（二）标准文献的检索

国家标准化管理委员会网站提供国内各种标准的检索和国外标准组织的网站链接，除强制性国家标准和推荐性国家标准可免费获得外，其他级别标准的获取均需付费。

网上有许多提供标准服务的商业网站，高校图书馆购置的中国知网数据库和读秀搜索也提供标准的检索。

八、政府文献

政府文献是指党和国家各级政府发表的有关政策、决议、指示、法令、条例和报告等具有普遍指导作用的文献。政府文献的内容广泛，按性质可分为行政性文献和科技文献两大类。前者涉及国家宏观管理的法律法规、战略规划和大政方针，以及微观管理的有关政策和计划等；后者包括各政府部门的研究报告、技术文件等。政府文献对于了解各国政治、经济、文化、教育、科技发展情况，有重要的参考价值。

政府文献有公开、保密和绝密三种。

（一）政府文献的特点

政府文献（图 1.2.7）的特点是内容广泛、可靠、真实，权威性和政策性强。

（二）政府文献的检索

按照《中华人民共和国政府信息公开条例》，政府部门网站会及时提供对社会公开的文献。因此，可以登录有关政府网站进行有关文献查询。

图 1.2.7　政府文献

小　结

文献类型主要分为图书、期刊、会议论文、学位论文、科技报告、专利文献、标准文献和政府文献等。

图书是大学生获取知识的重要来源，也是高校图书馆收藏最多的文献类型；学术期刊则是高校教师和学生用于科研的常用文献,高校图书馆每年都要为使用期刊数据库付出高昂的费用。

会议文献和学位论文可以登录高校图书馆的文献数据库检索并获得电子版文献全文。

专利文献是一种可以免费获取的文献,可以登录各国知识产权局网站获取专利说明书。国家标准涉及广大民生,因此可以免费获取。

政府文献的权威性和政策性强,能够指导高校师生聚焦正确的科研方向,是不容忽视却容易忽略的文献类型。

习　题

一、实践操作题

1. 熟悉教材封面、书名页、版权页和封底的内容。

2. 比较图书和期刊封面的不同。

3. 熟悉学位论文封面的项目。

4. 比较专利文献和标准文献的主要异同点。

5. 熟悉本专业图书和期刊在图书馆的楼层和位置。

二、讨论题

1. 为什么图书是大学生的重要知识来源?

2. 为什么高校师生更加关注学术期刊?

三、思考题

1. 为什么上课多使用图书作教材而不使用其他文献种类作教材?

2. 为什么把政府文献作为特殊文献类型?

第二章
知识构建与信息检索

高尔基说过：书籍是人类进步的阶梯。人生是一个持续知识构建的过程，知识大厦的高度决定了对社会的贡献和人生的价值。知识构建离不开信息检索，获取信息的质量和数量决定了知识大厦的规模、风格和构建速度。

大学是人一生中最为关键的阶段。上中学时，老师会一次又一次重复每一课里的关键内容。但进了大学以后，老师只会充当引路人的角色，学生必须自主地学习、探索和实践。

第一节 知识的构建

本节重点：大学生的知识构建
主要内容：不同学历的知识构建
授课目的：教会学生实施知识构建

从小学到中学,学生的学习方式大多是被动的,知识的构建主要来自老师的传授。老师的知识讲解按照教学大纲进行,学生形成的知识结构相差不大。

进入大学以后,随着学习能力的提升和知识储备的增加,大学生越来越不满足于被动的学习方式,开始主动实施知识构建。除了完成必修课程,大学生也选修自己感兴趣的课程,或者选择感兴趣的图书进行自学。随着时间的推移,大学生的知识结构出现差异,大学生自学的能力也出现了差异。这些会对大学生的人生发展产生深远的影响。知识构建的过程具有一定的规律,从基础知识到专业知识再到前沿知识。在这一过程中,个人的自学能力和信息检索能力是决定知识构建的速度和质量的重要因素,而这两个能力是相辅相成的。

一、大学生与中学生的学习差异

在大学学习与在中学学习有着许多不同:

(1)大学需要制定人生的发展规划,用于指导知识体系的设计和知识构建的过程。发展规划包括发展目标,发展目标是努力学习的方向,成功的人生离不开科学的规划。

(2)大学课程繁多,老师只是引路人,因此学习方法显得尤为重要,必须从以"记忆"为主向以"理解"为主转变。大学的课程多,教学进度快,靠死记硬背是行不通的,掌握理解性记忆是必需的。

(3)大学期间有较多的自主学习时间,提供了知识构建的自由,自主学习就是自学,学习模式必须从"被动"向"主动"转变。自我控制力和自学能力是完成知识构建、实现人生规划的基本功。

(4)大学图书馆资源丰富,为大学生提供了良好的阅读环境。通常来讲,大学图书馆的评估标准是为每个大学生提供100册以上图书,而且按比例逐年增加。

(5)大学校园一般具备良好的基础设施,计算机网络联通各个建筑。大学的校园网是传递教研信息的高速公路,Wi-Fi几乎可以覆盖校园每一个角落。

总之,大学为广大师生的知识构建和知识更新提供了优越的环境和条件,"师傅领进门,修行在个人",大学新生应该尽快熟悉大学生活,科学地设计自己的发展规划,严格地管理自身的学习行为,合理利用高校的学习资源和学习条件,及早构建自己理想的知识大厦。

　　然而,大学不是教育的终点站,大学阶段只是完成了知识构建的基本框架。高校为继续深造的学生提供了科研条件,这就是研究生教育,研究生教育能够实现更高更丰富的知识构建。

二、高等教育的学习要求

　　《中华人民共和国高等教育法》第十六条:高等学历教育分为专科教育、本科教育和研究生教育。

　　(1)专科教育应当使学生掌握本专业必备的基础理论、专门知识,具有从事本专业实际工作的基本技能和初步能力;

　　(2)本科教育应当使学生比较系统地掌握本学科、专业必需的基础理论、基本知识,掌握本专业必要的基本技能、方法和相关知识,具有从事本专业实际工作和研究工作的初步能力;

　　(3)硕士研究生教育应当使学生掌握本学科坚实的基础理论、系统的专业知识,掌握相应的技能、方法和相关知识,具有从事本专业实际工作和科学研究工作的能力。博士研究生教育应当使学生掌握本学科坚实宽广的基础理论、系统深入的专业知识、相应的技能和方法,具有独立从事本学科创造性科学研究工作和实际工作的能力。

表 2.1.1　不同学历层次的要求对比

学历层次	基础理论要求	专业知识要求	技能要求	能力要求
专科	掌握本专业必备的基础理论	掌握本专业必备的专门知识	从事本专业实际工作的基本技能	从事本专业实际工作的初步能力
本科	比较系统地掌握本学科、本专业必需的基础理论	掌握本学科、专业必需的基本知识	掌握本专业必要的基本技能、方法和相关知识	从事本专业实际工作和研究工作的初步能力
硕士	掌握本学科坚实的基础理论	系统的专业知识	掌握相应的技能、方法和相关知识	从事本专业实际工作和科研工作的能力
博士	掌握本学科坚实宽广的基础理论	系统深入的专业知识	掌握相应的技能和方法	独立从事本学科创造性科研工作和实际工作的能力

　　从表 2.1.1 的各项内容对比可以看出:

　　学历层次越低,对基本技能和工作能力的要求越低;

　　学历层次越高,对知识掌握和科研能力的要求越高。

三、高等学校的学习条件保障

高等学校有不同的级别和类型,分别实施不同学历和不同学科的教育。无论培养什么学历和专业的人才,高校必须提供如下知识构建的举措:

（一）制定培养方案

培养方案是根据学生的培养目标制定的一系列教育举措,它是实施知识构建的纲领性文件。它主要包括培养目标、培养要求、课程设置、学分要求、论文要求、学习年限等内容。

（二）设置课程体系

课程体系是按照某学科知识的内在联系和规律,由基础课（公共基础课和专业基础课）、专业课和其他课程按照某种比例合理组成的,系统而完整的统一体。

课程体系分为必修课和选修课两部分。必修课是必须学习的基础课（包括检索课）和专业课程,选修课是为了满足不同研究方向和扩大知识面而设立的其他课程。

（三）保证教学条件

教学条件包括师资配备、教室安排、机房条件等。

1. 教师的数量和学历

目前,教育部要求高校的教师数量和学生数量必须符合一定的师生比（普通高校为1∶18）,高校招聘选择青年教师的要求是博士毕业且成果突出。

2. 教室的现代化要求

高校的正常教学集中在教学楼进行,教室配备统一的多媒体设备,多媒体管理办公室能够记录每个教室的整个教学过程。

3. 计算机网络中心

高校的计算机网络中心配备相当数量的计算机,以满足网络教学及实习环节的需要。

（四）提供图书资料

高校图书馆是高等学校的重要标志,图书馆的馆藏是衡量一所大学教学质量的重要标准之一。高校图书馆必须符合评估指标的要求,否则不允许招生。

（五）提供科研条件

按照不同的学历层次和不同学科专业的要求,高校为高年级学生提供了科研或实习条件,以培养和提升大学生的科研能力和社会实践能力。

（六）实施教学奖励

《中华人民共和国高等教育法》第五十五条:"国家设立奖学金,并鼓励高等学校、企业事业组织、社会团体以及其他社会组织和个人按照国家有关规定设立各种形式的奖学金,对品学兼优的学生、国家规定的专业的学生以及到国家规定的地区工作的学生给予奖励。"

四、本科生的知识构建

知识构建是一个从低到高,从点到面的终身学习和积累过程。由低到高是指从基础知识到专业技术知识,直至学科的前沿知识的积累过程;从点到面是指从核心知识到外围知识,再到跨学科知识的积累过程。

本科生在学习期间,必须完成培养方案规定的课程学习。课程体系由基础知识、专业知识和相关知识组成。

(一)学好基础知识

基础知识包括社会科学知识、自然科学知识、人文科学知识和综合素质教育(包括信息素质教育)等方面的知识,是大学生知识结构的核心和基础。

基础知识犹如大厦的基石,宽厚坚实才能合理地建筑起稳固的知识大厦。志在考研的同学,一定要注重基础课的学习,特别是数学、外语、计算机和检索课。

基础知识通用性强,内容成熟,教材编写遵守教学大纲,章节设计系统性好,更新速度比较慢。基础课程安排的学时数较多,可以通过反复练习,加深记忆。

1. 线下学习

基础课程从低年级开始,教学方式与中学差别不大。只是大学授课内容多、速度快、重复少、练习少。必须集中精力认真听讲,稍有走神就跟不上课。因此,同学们应当事先预习新课,记下难以理解的内容,在上课的时候特别注意听讲,必要时要求老师重复讲解。

实践证明,对于基础课教学,需要教学双方进行多途径、多维度的信息交流,线下教学的效果仍然是最好的。

2. 线上教学

网络教学是教学资源共享的重要途径。近年来,慕课教学如火如荼,教学内容不断丰富,教学质量不断提高。

本科生可以登录本校的教学网站观看网络课程,也可以登录"爱课程"和"学堂在线"等知名的教学网站,选择观看知名教授的课程视频。

由于网络课程受到时空限制,教师与学生难以进行现实的交流,网络教学一般只是作为传统教学方式的补充,能够起辅助作用,不能完全取代师生面对面的课堂教学。

3. 课后自学

大学的自习时间就是为学生完成课堂作业、理解课堂内容、扩展基础知识安排的。在校生可以带着问题(实践操作题或思考题)去图书馆阅读相关的文献资料,这些书籍往往会为同一知识点提供多种理解思路,有时会为同一习题提供多个答案,能够引起本科生的多重思考,特别有助于基础知识的巩固。

通过查阅相关的文献资料,大学生能够加深对课堂知识的掌握,也有助于培养自学能力,养成自学习惯。

（二）学活专业知识

专业知识是从事专业工作最直接的知识。这类教材内容更新较快,但仍然滞后于科技的发展。因此,在专业课的学习过程中,老师们会及时补充该学科和专业发展的新动向、新思想、新成就、新知识和新方法。

本科生要根据自身的具体情况,扬长避短,建立独具特色的知识结构,使所学知识具有时代性、新颖性,站在知识的前沿。此外,还应广泛涉猎各相邻、交叉学科知识,做到触类旁通,有效地提高能力水平。

（三）掌握工具知识

学习的过程中会遇到一个个"拦路虎",隔行如隔山,这些困难往往来自不同的学科和专业,也可能遇到语言障碍。

工欲善其事,必先利其器。许多跨学科的问题可以通过使用专用工具书得到解决,对于语言障碍,尽管当下有各种翻译软件可以作为辅助工具,但学好外语是必要的。

1. 利用搜索引擎

搜索引擎集各类工具书(字典、词典、名录、图册、手册、大全、百科全书等)功能于一体,而且词条数远远超出了图书馆收藏的工具书所能提供的总和。不仅词条数多,而且查询速度快。因此,搜索引擎是时代提供的强大的学习工具。

2. 利用工具软件

网上的工具软件覆盖各行各业、各个学科,如杀毒软件、压缩软件、办公软件、财务软件、翻译软件等。利用翻译软件不仅有助于提高英语水平,而且可以实现多语种的互译。

五、研究生的知识构建

2019 年全国普通本科毕业 394.72 万人,2020 年全国共招收研究生 110.66 万人,在学研究生达到 313.96 万人。

现阶段考研学生大约占普通高校毕业生的一半,成功率也约占一半。考上研究生并不意味着可以放松学习,研究生毕业也绝不是学习的终点。相反,研究生阶段的学习任务比大学本科阶段更繁重、更紧张,研究生所承受的压力比本科生更大。

（一）夯实基础知识

研究生第一学年仍然以课堂讲授为主,课程设置分必修课和选修课两部分。基础课属于必修课,相比于本科阶段,老师授课速度更快,讲授内容更多,要求学生阅读的参考书也更多。硕士论文从开题准备到完成,需要阅读大量的图书、期刊论文和学位论文等文献资料。

（二）加深专业知识

研究生的专业必修课不多,大部分是选修课。老师讲授专业课常常采用研讨式,要求研究生阅读大量文献,而且要参与演讲,这样有助于提升他们的自学能力和研究能力。

（三）撰写期刊论文

读书破万卷,下笔如有神。研究生通过阅读大量专业书籍和期刊论文等,并经过大量的写作练习,逐步具备了把知识转化为文献的能力。通常来说,在研二阶段或更早,学术型研究生就开始尝试撰写学术论文,研二或研三发表才能毕业。

（四）撰写学位论文

撰写学位论文是学生具备独立科研能力的展现,从开题到答辩一般需要一年左右。学位论文通常被收录于数据库,高校图书馆会购置学位论文数据库供在校师生检索浏览。如中国知网的学位论文数据库已收录 50 万篇博士学位论文和 450 万篇硕士学位论文,而且逐年增加。

（五）参加学术会议

研究生阶段如有机会参加学术会议,就可以认识业界专家学者并与同行相互交流,能够获得一些重要的专业前沿信息,对学习科研大有裨益。

六、就业知识储备

2022 年全国毕业大学生 1 000 多万,就业压力无需多言。社会要比学校复杂得多,毕业生适应社会也比考研和适应研究生生活困难得多。比尔·盖茨给青年的忠告是:学校里不断地给你机会让你进步,然而走向社会必须埋头做自己的工作,而非像电视里演的那样天天泡在咖啡馆里。

本科毕业生应该有这样的思想准备:第一,我国的高等教育学科分得太细,本科生就业后需要自己拓展知识领域;第二,任何企业都不会排斥对企业发展有用的人才,却必定要拒绝没有真才实学的人;第三,即使暂时找到了工作,如果不注意学习和适应,也会逐步被淘汰。

因此,对本科毕业生而言,如果不考研而选择直接就业,不能认为没有压力,就可以放松学习。其实,就业族只是信息的需求与考研族不同,在学习的内容上有所差别而已,都是需要终身学习的。

小　结

大学生完善的知识结构,应该表现为既有精深的专门知识,又有广博的知识面,具有事业发展实际需要的最合理、最优化的知识体系。

大学生正处于人生知识结构基本成型的关键时期,科学的人生规划是需要的,接受教师的指导和相互学习则是必要的。大学生体力充沛、精力旺盛、思维活跃、接受能力强,大学阶段是他们快速知识构建的重要阶段。因此,提升信息的获取能力、分析能力和判断能力是至关重要的。

高校为大学生的知识构建提供了优越的条件和保障。知识构建的途径主要包括被动学习和主动学习。前者按照高校不同专业的培养方案进行，可以构建学科和专业型的知识体系；后者则是发挥大学生个人的主观能动性，主要通过自学拓宽知识面来构建具有个人风格的知识大厦。

在知识构建的不同阶段，本科生需要不同的文献提供相应的知识营养。基础知识是知识构建的重点，主要需要教科书和教学参考书等文献资料；网络课程资源有助于基础知识的理解和掌握；专业知识则需要专业图书和专业期刊的营养；科学实验有助于对专业知识点的理解和掌握。研究生则需要大量阅读各类图书、期刊、学术论文等文献资料，参加科技项目的研究有助于知识创新。就业生则需要熟悉所学专业的相关文献，参加社会实践有助于理论和实践的结合。

习 题

一、实践操作题

1. 简述基础知识对大学生知识构建的重要性。

2. 总结归纳良好的学习方式。

3. 制定在校发展规划。

4. 查询国家奖学金的文件。

5. 计算本科生和研究生获得国家奖学金的比例（小数点后两位）。

二、讨论题

1. 大学生应该如何学习？

2. 比较高等教育法对不同学历教育的能力要求。

三、思考题

1. 如何设计在校学习规划？

2. 如何提升自学能力？

第二节 信息的检索

本节重点：主题检索途径

主要内容：信息检索的过程

教学目的：理解和掌握信息检索

知识构建的原料是信息，高质量的知识构建离不开高质量的信息原料，获取高质量的信息需要熟悉高质量的信息源,还要具有良好的信息检索能力。

什么是检索?检索可理解为查找、查询、搜索的统称。什么是信息检索?简单说来,就是借助检索系统从数量庞大、高度分散的各种文献中获取所需知识的查找过程。

信息检索主要包括信息查询和文献检索两个方面。信息查询主要指使用互联网的搜索引擎查询包含"知识碎片"的各种信息,文献检索主要指利用图书馆的检索系统获取各种文献的全文。

信息检索的主要目的是获得所需文献,这需要两方面的知识:一方面是专业知识,另一方面是文献检索的知识。

一、信息检索原理

大学生在知识构建的过程中需要不断地被动接收信息和主动获取信息。被动接收信息主要是指课堂学习,这种学习方式是被动接受;主动获取信息是指课余时间的自学,这种学习方式是主动的。信息检索属于主动学习的行为。在大学低年级学习阶段,学习方式以被动学习为主,主动学习为辅;从高年级开始,则逐步由被动学习转变为主动学习;硕士研究生阶段基本是以主动学习为主,博士研究生应通过艰苦的科研过程达到知识创新的高度。被动学习能够完成知识构建的基本框架,而知识大厦的最终完成,需要通过主动学习来实现。

大学生主动获取信息通常采用两种办法:一种是在阅览图书或期刊等文献的过程中增长知识,称为直接检索;另一种是利用数据库的检索界面,通过输入检索词,获取所需的文献,称为间接检索。

(一)直接检索

直接检索是大学生在图书馆阅读时的常用方式。直接检索的优点是可以直接选择学习的内容,适合持续不断地进行某项课程的学习。但是,如果需要解决特定问题,就必须从数量庞大、高度分散的文献中搜索问题的答案或解决方法,这就需要借助检索系统。

(二)间接检索

间接检索是通过检索系统获取所需信息的过程。检索系统是多种多样的,但检索原理大同小异。间接检索的原理就是将检索者的检索词与检索系统中从文献抽取的检索词进行比较,凡是含有相同检索词的文献就被输出,输出的文献按照某种规则进行排列。

1. 选择检索词

间接检索的关键是正确选择检索词,有时需要检索者调整检索词或设计检索式。

倘若检索结果的文献数量不少,但其中有相当部分与课题所需要的信息关系不密切,这就表明检索词的概念可能过宽。

倘若检索结果的文献内容与检索目标很符合,但文献数量太少,则说明检索词的概念可能太窄。

倘若获得的检索结果是一些似是而非的文献,甚至根本没有所需要的文献,说明选择的检索词有问题,或者因为查找的文献类型或年代不当。

2. 调整数据库

如果多次调整检索词仍然不能获得满意的结果,不要灰心丧气,不要放弃,也不要继续盲目检索,而是应该冷静地分析一下其中原因。如果不是检索词的问题,可能就是筛选的文献类型不对,或者需要调整数据库或检索系统。

二、信息检索的策略

制定检索策略就是制订一个合理的检索方案,使检索行动能有目的、有计划、有步骤地进行。任何检索都是有目的的检索,都是在一定检索范围内的检索,也都是依据已知线索去查知未知信息的检索。因此,检索目的越明确、范围越具体、线索越多,获取所需信息的可能性也就越大。

要明确检索的目的,确定检索范围,掌握检索线索,就必须进行深入细致的分析。

(一) 分析主题内容

对主题内容进行分析,是所有检索分析中最重要的一步。因为通过主题分析,我们可以明确检索的主题性质,确定检索的主题范围,掌握检索的主题线索,形成一个明确的检索路线。因此,做好主题分析是使信息检索具有目的性、合理性、有效性的重要环节。

通过主题分析,可以达到以下目的:

(1) 熟悉检索的目的和要求,包括课题所需的信息内容、性质、特点和水平等;

(2) 形成所需信息的主要概念,包括检索词的数量、主要检索词和次要检索词等;

(3) 确定检索的学科范围,包括学科的类号和类目,越具体越有利;

(4) 选择相应的检索系统和途径,包括数据库的文献类型及检索方法。

(二) 分析文献类型

分析文献类型的目的在于确定检索的文献类型范围。这是因为所需要的特定信息既可能分散在各种类型的文献之中,也可能集中于某些类型的文献之中。

期刊是信息检索的主要文献类型,也是本书设置的重要章节。

(三) 分析查找年代

分析查找年代的目的在于确定检索的时间范围,查找年代不当,就会浪费大量的时间和精力。通常,科研的热点周期为 5～10 年。选准了热点周期,检索就会事半功倍。

三、信息检索的途径

信息检索的途径依据文献的外部特征和内容特征,可分为外表途径和内容途径。

（一）外表途径

外表途径是依据文献的外部特征进行检索的途径。文献的外部特征主要包括题名、作者、代码和出版项。

1. 题名途径

题名途径是以文献的题名（书名、刊名、篇名等）作为检索词（计算机检索称为字段）进行的检索。

2. 作者途径

作者途径是以文献的作者（编者、著者、发明人、起草人、第一作者、合作者、指导教师等）作为检索词（字段）进行的检索。

3. 代码途径

代码途径是以文献的代码（书号、刊号、文献收藏号、专利号、标准号等）作为检索词（字段）进行的检索。

4. 出版社途径

出版社途径是以出版项（出版地、出版社、出版年）作为检索范围（字段）进行的检索。

（二）内容途径

内容途径是指以反映文献内容特征的主题词和分类号为检索词进行的检索。由于大多数情况下，检索者对所需文献的外表特征不太清楚，因而只能根据所需文献的内容特征进行检索，所以内容途径是文献检索的主要途径。不仅文献数据库的检索系统把内容途径设计为主要途径，而且各大网站的主页都设计有检索窗口和导航栏，前者用于主题途径检索，后者用于分类途径检索。

1. 主题途径

主题是指对文献内容的概括，主题途径是使用反映文献内容的检索词进行检索的过程。检索词可以是反映主题内容的叙词和关键词。叙词是选自自然语言和学术词语并编入主题词表的规范用词；关键词是随机使用的检索词。

利用主题途径检索，往往能获得较高的查准率（衡量某一类文献检索系统的信号噪声比的一种指标，它的数值等于 w/m，式中 w 是用户鉴别检出的 m 篇文献时，认为实际对口径的文献篇数）。主题检索的关键在于选准揭示主题内容的检索词，稍有不慎，就会"失之毫厘，差之千里"。根据计量学三定律之一的"省力法则"（齐夫定律），如果使用大多数人都用的词进行检索，检索结果事半功倍；如果选择生僻的词进行检索，则事倍功半。

2. 分类途径

分类途径是按照文献内容所属的学科分类进行检索的方法。利用分类途径关键在于熟悉相关的分类表，如中国图书馆分类法、国际专利分类法、国际标准分类法等，需要预先从分类表中查出所需类目的分类号。

齐夫定律

利用分类途径检索,往往能获得较高的查全率(衡量某一情报检索系统从特定文献集合中检出相关文献成功度的一项指标,它的数值等于 w/x,式中 w 是用户鉴别检出的 m 篇文献时,认为实际对口径的文献篇数,x 为特定检索系统中所包括的全部 n 篇文献中实际与某一课题相关的文献篇数)。采用这种方法关键是事先确定准确的文献分类号,但文献主题有时会涉及多个分类号。

对检索的要求一般是既快、又准、又全,但三者之间存在着一定的矛盾。要快,就可能影响准和全,要准和全就可能影响快。准和全之间也存在着一定的矛盾,要准就可能影响全,要全就可能影响准,三者难以兼得。检索者可以根据实际需要采用不同的检索途径。

四、信息检索的过程

就信息检索的过程来说,不同的检索系统提供的检索功能大同小异,都是以主题检索途径为主(包括文献的外表途径),以分类途径为辅。下面分别说明文献数据库检索系统和部门网站的信息检索过程。

(一) 数据库的检索过程

数据库的检索页面设置检索窗口,用于从主题途径快速检索文献。为了加强主题检索功能,通常还设置了高级检索、专业检索等二级检索界面。检索窗口的旁边(通常是左边)设置分类栏,分类栏按照分类法(或大众习惯)自上而下列出了各学科的类目(不列出类号),用于从分类途径检索文献。

1. 主题途径的检索过程

根据检索要求,需要确定检索过程中查新、查全、查准的重要性排序。如果是查新和查准要求较高,则使用主题检索途径。

(1)分析课题,明确检索需求。首先检索者要认真分析课题,根据检索目的确定学科范围、文献类型和时间跨度。

(2)选择检索系统。不同的检索系统收藏的文献学科范围和类型有所不同,检索途径和功能用途也有差异,检索者应该根据检索经验和使用习惯选择相应的检索系统。

(3)确定检索途径。检索者要根据课题的已知条件和课题要求检索的深度和广度选择检索途径。通常选择最快捷的检索途径,重点保证查准率,适当考虑查全率。

(4)选择检索词(构造检索式)。检索词来自课题的已知条件,根据检索范围(题名、作者、关键词、文摘、单位、类号、书刊号、全文、参考文献等)来确定。必要时,可把多个检索词组成检索式。

(5)实施检索。检索词输入后,要正确选择检索范围(字段),防止"张冠李戴"。检查无误后,点击"检索"按钮,获得检索结果。

(6)浏览文献信息(调整检索策略)。初次检索结果往往无法预料,可以按照相关度进行排序,如果浏览排在前边的文献的摘要,感觉内容比较满意,即可进一步获取文献全文。

如果检索结果过多、过少或答非所问,则需要重新调整检索策略。

（7）获取文献全文。文献全文包含着许多数据事实性的信息,比如术语、符号、定义、数据、公式、图表、材料、器件、设备、线路、结构等,这些信息所包含的知识具有一定的先进性、新颖性和创造性。因此,获取文献全文是检索的最终目的。

然而,有的文献中混杂了低质的、无用的、不可靠的信息,这就需要有一个复杂的知识加工的过程,即在综合归纳、分析、对比的基础上进行,去粗取精,去伪存真,析出有用的、高质量的信息。

注意,为了宏观掌握课题的发展动向,选择一些述评和综述类的文献是非常必要的。

（8）选择重要文献。重要文献是指在重要期刊上发表的文献,或者在相关学科领域具有较大影响力的文献。

布拉德福定律

① 根据计量学三定律中的文献分布定律（布拉德福定律）得知,期刊分为核心期刊和一般期刊。一般在核心期刊上发表的文献可视为具有一定权威性的重要文献。

例如在自然科学领域,世界上最著名的期刊当属 CNS:《细胞》《自然》《科学》。国内期刊按照学科进行年度排名,排名主要依据的是期刊的影响因子。社会科学期刊的排名情况可参见《CSSCI 来源期刊（XXXX－XXXX）分级目录》,科技期刊的排名情况可参见《我国高质量科技期刊分级目录》。

洛特卡定律

② 根据计量学的科学生产率定律（洛特卡定律）,文献作者的科学生产率与作者数量成反比。因此,各学科都有撰写大量文献的知名专家,这些专家的著述得到业界的普遍认可。因此,大学生关注所学专业知名专家的著述可获益匪浅,少走弯路。

2. 分类途径的检索过程

根据检索要求,如果是查全率要求较高,则使用分类检索途径。

（1）在检索窗口输入类号。如果能够查到准确的分类号,则把分类号作为检索词输入检索窗口进行检索。

（2）使用主页的分类区。在检索系统设置的分类区内,认真浏览提供的各项类目,先选择合适的大类,在大类下再选择合适的小类目,在小类目中再继续选择细类,以此类推。

数据库通常设置到四级类目。

（二）部门网站的信息查询

部门网站是部门（机关或企事业单位）在互联网上的"喉舌",主要发布新闻、数据、文件等社会公开信息,总信息量不大,但具有权威性和特殊性。

部门网站的主页主要显示最新信息,往日信息需要通过检索窗口和导航栏进行查询才能获得。导航栏一般位于标题栏下方。对于相关部门的信息查询,可以使用主页下方的相关链接功能。

1. 检索窗口查询

检索窗口查询相当于主题检索。检索窗口通常位于主页右上角,只占据整个网页的很小位置,说明不作为主要查询途径使用。

使用检索窗口查询信息时,只需在窗口输入检索词,点击"查询"按钮即可获得检索结果,一般称之为快速检索或简单检索。有的部门网站还在检索窗口右边提供高级检索按钮,点击即可进入相应的二级检索页面。

2. 导航栏查询

导航栏查询相当于分类检索,只不过不使用分类法,而是按照人们的思维习惯进行分类。导航栏通常分成 10 个以内的栏目,每个栏目下设二级或更多页面,检索者可以按照逐级细分的类目层层展开查询。

3. 相关链接

涉及跨部门的信息查询,可以使用部门网站主页下方的网站链接功能。网站链接提供的相关网站大都是该部门的直接上级部门或相关同级部门的网站,可用于扩展信息的查询。

小　结

本节介绍了信息检索的原理、策略、途径和基本检索过程,这是一个根据知识构建要求由已知信息查询相关文献全文的过程。

大学生通常采用直接检索和间接检索两种办法获取所需信息,两者的区别在于是否利用检索工具(系统)。直接检索是在阅读过程中查阅信息;间接检索是利用检索工具(系统)检索文献全文。

信息检索的主要目的是获取合适的文献原文,并借助其中的经验知识和参考数据,用于克服学习中的困难和解决科研中的问题。因此,信息检索主要是文献检索。检索词的选择来自文献的外部特征和内容特征。

文献数据库是大学生主要的检索对象,数据库的检索系统提供了全面的检索途径,用于各种已知信息的输入,主题检索途径具有专指度高的特点,所以是使用最多的检索途径;同时,检索系统也提供多种检索结果的排列方式,便于检索者对检索结果进行选择。

获取文献原文是检索的最终目标,但阅读文献原文需要花费大量的时间和精力,还需要依据检索者自身知识对文献进行去粗取精、去伪存真的处理。因此,选择文献原文要有一定的针对性。文献出处的级别和作者的知名度是初步选择的重要依据。

习　题

一、实践操作题

要求：上网选择较满意的解释并注明信息的来源或网址。

1. 查询"信息检索原理"。

2. 查询"信息检索策略"。

3. 查询"主题检索途径"。

4. 查询"检索系统"。

5. 认真浏览情报学三定律。

二、讨论题

1. 为什么信息检索主要是文献检索？

2. 直接检索和间接检索的使用背景有哪些？

3. 主题检索途径和分类检索途径对检索结果有哪些影响？

三、思考题

1. 图书馆的图书排架为什么不按书名排序？

2. 数据库文献检索为什么以主题方式为主？

3. 情报学三定律对信息检索有哪些指导意义？

第三章

互联网信息检索

hao123　地图　贴吧　视频　图片　网盘　更多　　　　　　　　　　　　　　设置　登录

Bai du 百度

百度一下

百度热搜 >　　　　　　　　　　　　　　换一换

互联网是一个信息汇聚而成的虚拟世界,汇聚了人类的知识和思想,蕴含无数的网络"知识碎片",构成了一部跨越时代、跨越种族、跨越国界、跨越学科的"大百科全书",而这部全书的索引就是搜索引擎。

得益于网络技术的迅猛发展,搜索引擎的强大功能犹如童话故事中的"魔镜",只需坐在计算机前动动手指,想要的信息便会瞬间出现在窗口,实现了古人"秀才不出门,便知天下事"的梦想。

当代大学生是幸运的,因为互联网提供了一个"高科技学习平台",既有不尽的知识资源,又有现代的学习工具。对于结合课堂知识的学习、加快知识构建的速度、拓宽知识存储的广度、取得优良学习成绩、提升自学能力,都是非常有利的。

需要提醒的是,广大网民的思想和知识差异巨大,网络信息良莠不齐,真相与谣言、精华与糟粕同生共存。大学生应该培养自己辨别是非的能力,通过自强、自律、自尊、自爱来规范自己的网络行为。

第一节　互联网的信息资源

本节重点：互联网的利用
主要内容：互联网与信息资源
教学目的：全面认识互联网

互联网是由无数计算机相互连接而成的通信网络，无数计算机储存的信息交织汇集形成了一个网络虚拟世界。这个网络世界不受现实世界地域和时域的限制，全球的网民随时可以上网发布、交流、搜索和获取信息产品。

大学生是活跃的网民群体，既是网络世界的重要建设者，又是网络信息产品的主要消费者，这构成了大学生与网络的相互依赖关系。每个大学生的理想、志向、所学专业、兴趣爱好等都有所不同，对网络信息的需求也会因人而异，但登顶"知识金字塔"是大家共同的目标。谁能够在较短的时间内获取更多的知识营养，加快知识构建的速度，谁就能够更快到达"知识金字塔"的塔顶。

因此，熟悉网络的构成元素、认识网络媒体的种类，进而查询优良信息资源、获取网络知识，是当代大学生必须具有的基本知识和自学能力。

一、如何认识互联网

计算机屏幕内的互联网犹如一个"万花筒"，在鼠标和键盘的操作下变化无穷。受到窗口尺寸的限制，人们只能是"管中窥豹"，既看不到互联网的全貌，也触摸不到它的存在，互联网完全是一个亦真亦幻的虚拟世界。

既然互联网是虚拟世界，就不能用物质世界的立体思维和时空观去解释它。我们可以根据网络产生的物理依据和技术，并充分发挥想象力，把虚拟世界与现实世界联系起来，分别从宏观和微观的角度去客观认识互联网。

（一）宏观联想互联网

用宏观的视野认识互联网，能够扩大网络世界观，有助于大学生发挥"战略"思维，保持正确的人生方向。有了正确的方向，大学生才能在上网时保持大脑清醒，进行正确的信息查询和资源选择。

1. 网络世界是现实世界的映像

网络世界是怎么产生的？是亿万网民通过计算机、利用网络技术把现实世界虚拟化的结果。虚拟的手段是用现代技术把现实世界用文字、符号、图片、音响、视频等形式信息化传输到网上，日积月累就形成了现实世界的"朦胧映像"。随着网络技术的发展和网络信息的激增，网络世界与现实世界也越来越"相像"。例如，浏览街景地图犹如亲临其境。

需要提醒的是,网络世界的人物、机构和事件大都有现实世界的原型,没有现实世界的物理依托就没有虚拟的网络世界。

2. 客观世界与网络世界的不同

(1)客观世界是立体空间,网络世界是视窗平面。客观世界是大自然的产物,巨大的空间超出了人们的视野和想象,需要人们不断地探索和发现;网络世界是人造的,受到技术的限制。

(2)客观世界有时间空间的局限,网络世界可以跨越时空。客观世界有过去、现在和未来;网络世界能够跨越时空同时展现过去和现在的信息。

(3)客观世界是物质世界,网络世界是信息世界。客观世界中任何物体都是唯一的,人的生命也只有一次。网络世界的信息可以更新复制,网络人物形象也可以千变万化。

(4)客观世界使用国别、距离、体积、重量、温度、深度、厚度、化学成分等物理概念,网络世界的基本元素是人类听觉、视觉能够感受和接受的文字、图片、音频、视频等。

(5)客观世界存在于宇宙之中,网络世界建立在计算机存储器中。客观世界是人类生存的物质家园;网络世界的存在依赖于人类和客观世界,一旦计算机网络出现故障,网络世界就会受到严重影响。

(二)微观解析互联网

网络是由无数网站相互连接构成的,网站是由众多的网页组成的。网页是互联网的基本单元,微观分析互联网就是逐步将互联网进行分解,先分解成网站,再分解成网页,进而解析网页的组成部分。

1. 网络世界是由网站组成的

网络世界中的各国政府、高校及各行业甚至个人都是以网站形式出现的,网站的种类、级别、风格和形象千差万别:政府网站代表政府的形象,外观严肃整洁,设计严谨认真,发布的内容是官方信息(时事新闻、法律法规、政策文件、统计数据等),权威性强;高校网站设计规范,面向高校师生发布信息,有教学科研信息,也有行政管理信息;而个人网站则良莠不齐,有的网站甚至仅有 1 个网页,运营情况也不稳定。

还有一种导航网站,是专门帮助人们查找网站的网站。导航网站把各种网站按功能划分成实用工具类、生活服务类、休闲娱乐类、安全健康类等。

2. 网站是由网页组成的

网站是由不同数量的网页相互连接组成的,统领其他网页的页面称为主页。网页是网络的基本单元,每个网页都有网址编码。搜索引擎正是通过存储网页的网址编码进行快速搜索的(称为全文搜索)。

网页是由文字、图片、音频、视频等媒体元素组成的,搜索引擎也提供媒体元素的分类查询途径(称为垂直搜索),常见的网络媒体元素包括文字、图片、地图、音乐、视频等。

（1）文字。文字是最基础的信息表现形式，是网页最基本的媒体元素，也是互联网最基本的媒体元素。互联网上的文字超过 100 个语种，最常用的是英语。

（2）图片。俗话说，百闻不如一见，图片也是常见的媒体元素之一。图片具有证实性、装饰性和视觉冲击性。网络图片主要有照片、漫画、图示、图饰等形式。

（3）地图。网络地图是利用计算机技术，以数字方式存储和查阅的地图。网络地图具有搜索速度快和功能强大的特点，它不仅可以为人们的出行提供便利，更有助于人们对物理世界和虚拟世界的联想。目前，网络地图包括平面图、卫星图、三维图和街景图等。

（4）音乐。网络音乐是最受青年学生喜爱的网络媒体之一，兴趣让大家无师自通。

（5）视频。网络影视声像俱全，是人们最易接受的媒体形式。在海量的网络视频中，有大量名校名师的教学视频，可以免费获取，这些都是大学生开展自主学习的优质资源。

（三）客观理解互联网

互联网是亿万网民共同建设的产物，网民们都有自己的"小世界"，他们的思想和知识各不相同，网上的信息必然精华与糟粕共生共存。

1. 互联网并非无所不包，无所不能

信息媒体对人类思想的展现都是有限的，所以互联网信息不可能穷尽人类大脑的全部思想。

2. 互联网并非完全公开，免费浏览

其一，任何个人、任何组织都有不愿和不宜公开的秘密；其二，相当一部分网站是依靠信息收费来维持生存和发展的。

二、如何利用互联网

互联网是一个高速膨胀的信息世界，内容包罗万象，包含的知识极其丰富。大学生体力充沛、精力旺盛、思维活跃、接受能力强，正处于知识结构形成的关键时期，是互联网上最活跃的网民群体之一。毫无疑问，互联网应该是大学生最大的课外学习空间和最好的高科技自学平台。这个学习平台内容丰富、趣味性强，既有助于消化课堂学习的内容，又能够补充和拓展更多的知识。

然而，互联网的娱乐功能异常强大，网络视频和网络游戏对青年人有着强烈的吸引力。调查数据表明，大多数大学生利用互联网进行学习的时间少于娱乐的时间。因此，如何提升大学生网络学习的"自驱力"非常关键。

（一）增强信息意识

西方的信息素养（质）教育与我国的信息检索课在内容上相似，都是为了提升信息

时代人们的信息素养。信息素养包括信息意识、信息知识、信息能力和信息道德等内容，信息意识是本课程培养的重点目标之一。

1. 信息意识支配行为

信息素养教育重视培养学生的信息意识，因为信息意识支配信息行为。良好的信息意识应该是一种对人生理想的追求，只有坚持不懈地追求才能保持连续不断的信息行为，只有持续的信息行为才能产生终身受益的学习效果。

2. 信息意识提供动力

周恩来青年时代"为中华之崛起而读书"的豪言曾影响了无数人，我国教育事业的财政投入每年都在增加，大学生也应该增强信息意识，坚持正确的信息行为，把报效祖国、报效父母、立志成才当作自己的责任。

3. 信息意识指引方向

古人云：少壮不努力，老大徒伤悲。大学生只有努力学习才能自强自立，这是颠扑不破的真理。互联网是个百家争鸣的平台，充斥着多元化的价值观，涉世不深的大学生应尽量避免在网上受到不良风气的影响，迷失前进的方向。

大学生应该把握住一条基本原则，经常访问为学习提供正能量的网站，远离那些传递不良信息的网站。

（二）提升查询能力

利用网络进行学习，就必须提升查询能力。因为要从浩如烟海的网络信息中获取所需要的信息并不容易，这需要大学生充分认识和熟悉网络工具，而且要进行大量的查询实践。

1. 利用网络工具

工欲善其事必先利其器，获取网络信息需要使用多种网络工具。搜索引擎是综合性的网络查询工具，搜索引擎也能够提供专科类的网络工具，如软件站点可提供数以万计的软件工具；翻译站点能提供上百种语言的互译；网络工具书能够提供我们需要的大部分问题的答案。

2. 掌握查询技巧

查询技巧是指各种查询工具的操作方法，不同的查询工具设计的功能有所不同。搜索引擎使用的查询技巧主要是布尔逻辑运算符和查询结果限定词，逻辑运算符能够有效限制查询范围的大小，限定词则能够限制查询的网络区域和查询结果的文件格式等。

（三）熟悉知识资源

1. 政府文献资源

政府文献包含政治、政策信息以及各行业的宏观发展规划等，是指导大学生知识构建的指南针。国内最权威的政府网站是中华人民共和国中央人民政府网，此外大学生还需要特别关注的是教育部网站。

2. 经济数据资源

经济数据反映了经济发展程度,主要用于国家和地区间经济发展的比较分析或定量分析。经济数据信息具有信息量大、发布速度快、更新频率高等特点,如各种国民经济的统计数据、科技和工程数据等。目前,国内权威的经济数据发布网站是国家统计局官网。

3. 网络课程资源

网上的课程资源大都是国内外名校名师的教学视频和教学资料,既有助于大学生理解和消化本专业的知识,也能够帮助大学生自学跨专业的知识。目前,网上的中文课程资源以教育部的"爱课程"网、清华大学的"学堂在线"为代表,外文优秀课程资源主要有国道数据的 MeTeL 教学资源平台等。

4. 科学文献资源

网上的科学文献资源是指那些同时具有责任者、出版者等信息的学术文献类型,主要包括科技图书、期刊论文、会议论文、学位论文、科研报告等。科学文献资源按照文献类型归属不同的数据库,如数字图书馆、期刊全文数据库、会议论文数据库、学位论文数据库等。文献数据库一般价格昂贵,由高校图书馆选择购买,在校园网范围内免费使用。

5. 技术文献资源

网上的技术文献资源主要指各类企业在生产实际中使用的应用文献类型,主要包括专利文献、标准文献和产品资料等。专利文献比较特殊,世界各国的专利文献都可以从网上免费查询和获取;而在标准文献中,中国国家标准是公开免费的,有些标准文献的索取是要收费的。

6. 百科知识资源

百科知识包括事件、人物、地名、术语等各学科的常识,掌握更多的百科知识有助于大学生打破学科壁垒,扩展知识面,丰富和完善自身的知识结构。中国大百科全书出版社网站设有百科全书的电子版供网民使用,但词汇量偏少;搜索引擎提供网民共建的海量维基百科全书,几乎无所不包。

(四)遵守网络公约

《中华人民共和国全国青少年网络文明公约》要求青少年"要善于网上学习,不浏览不良信息;要诚实友好交流,不侮辱欺诈他人;要增强自护意识,不随意约会网友;要维护网络安全,不破坏网络秩序;要有益身心健康,不沉溺虚拟时空"。

大学生是网民中的高学历群体,长期接受思想政治教育,初步形成了正确的世界观、人生观和价值观,应该带头遵守网络文明公约,自觉维护网络的安全稳定,形成网上学习的良好风气,为其他网民群体做出表率。

三、如何选择信息

大数据时代,虽然丰富的信息为大学生提供了更多的答案和选择,但也会耗费大家更多的时间和精力,正如诺贝尔经济学奖获得者赫伯特·西蒙所说:"过量的信息会导致注意力的贫乏。"当我们面对搜索引擎提供的成千上万条查询结果时,常常会无所适从,这时候信息的评价能力就显得至关重要。

(一)如何选择信息源

信息源即信息发布的原始网站,只有原始的信息才能既新颖又真实。因为信息在传递的过程中难免会失真,所以我们应该注重原始信息。信息源有着不同的级别,级别越高的信息源稳定性越好,发布的信息越权威。

1. 权威度要高

权威性信息源是指在社会级别、影响力、知名度和学术水平等方面处于支配地位的信息源,权威性信息源发布的信息具有高端性、原创性、真实性、科学性、完整性和典型性,如国家和各级政府的网站,教学科研单位网站,等等。

2. 稳定性要好

信息源的稳定性是指信息发布的连续性,要求信息来源充足、设备运行正常、网络链接良好。显然,政府部门官网和正规组织的官网级别更高,稳定性也更好。

此外,好的信息源还应该查询入口多、信息获取通畅、提供下载和打印,而且注册登录方便。

(二)如何选择信息

大学生选择信息应该充分调动自己的知识储备,全面系统地分析,冷静思考后决定取舍。不应凭兴趣、爱好、情感等个人好恶选择信息,也不应盲目从众,以讹传讹。

1. 看作者

如果作者是该主题领域中公认的专家和权威人士,且教育经历、专业背景、研究方向和工作经验与发布的信息内容相关,特别是公开发表的信息,意味着得到了同行们广泛的认可,这样的信息可信度较高。

切忌盲目信任网上所谓的"专家"和"大师",尤其要警惕一切与金钱利益有关的所谓"名人"的具有迷惑性的宣传。

2. 看网站

如果网站是一个知名学术团体的宣传平台,网页内容有明确的主题和主要的学科范围,提供了可信的统计数据来支持结论,没有明显的错误和遗漏,当然也没有明显的商业意图,这样的网站可信度较高。

3. 看文献

文献的产生需要经过多级审查过程,所以内容比普通信息更值得信赖。当然,文献的内容也因作者的不同和产生时间的先后,存在可信度的差异,一般说来:

专业书刊比科普读物可信,科普读物比新闻报道可信;

科技图书比学术期刊可信,学术期刊比学位论文可信;

纸质图书比网络图书可信,百科全书比普通读物可信;

标准文献比专利文献可信,技术档案比公开资料可信。

小 结

宏观认识互联网,有助于大学生建立客观物理世界与虚拟网络世界的联系。微观认识互联网,有助于理解计算机和网络技术的时代贡献。

互联网虽然是现实世界的映像,但是比现实世界与人们的生活和学习联系更为密切。互联网是一个高科技学习平台,提供先进的学习工具,为大学生自主学习提供了极大的方便。

互联网拥有海量的信息资源,大学生要学会利用知识含量高的信息资源,包括政府文献、经济数据、网络课程、科学文献、技术文献、百科知识等。

互联网丰富的信息资源固然是时代馈赠的礼物,但对人们的信息查询、分析、判断能力提出了更高的要求。

习 题

一、实践操作题

1. 列出低年级大学生常用的信息资源。

2. 列出高年级大学生主要的信息资源。

3. 列出研究生需要的信息资源。

4. 搜索浏览美国高等教育信息素养能力标准。

5. 搜索李开复的信《大学四年应是这样度过》。

二、讨论题

1. 如何从宏观和微观两个方面认识互联网?

2. 如何学习利用互联网的信息资源?

三、思考题

1. 如何把互联网当作高科技学习平台?

2. 如何保持网络学习的注意力?

第二节 搜索引擎的利用

本节重点：搜索引擎的助学功能

主要内容：搜索引擎的常用功能

教学目的：熟悉搜索引擎的助学和助研功能

搜索引擎是自动从互联网搜集信息,经过整理后提供信息查询的系统。搜索引擎搜集的信息以网页文字为主,按照媒体分类存入相关的数据库,并在查询页面设置多种搜索频道。当用户查询信息时,首先选择对应的查询频道,然后输入合适的检索词,搜索引擎会在对应的数据库中搜寻,与检索词相匹配的查询结果会按照相关度排列出来。因此,人们遇到问题时,往往首先想到上网查询。

常用的知名搜索引擎有谷歌和百度。谷歌是全球最大的搜索引擎,百度则是中文第一搜索引擎,国内前三名的搜索引擎还有搜狗和 360 搜索。

下面重点介绍搜索引擎的助学功能和助研功能。

一、搜索引擎的助学功能(以百度为例)

百度

搜索引擎功能十分强大,犹如一个"万事通",能够帮助大学生答疑解惑,消除学习中的"拦路虎"。搜索引擎擅长针对跨学科、跨专业的事物(what)、人物(who)、时间(when)、地点(where)等常识性问题,快速给出多个参考解释,这些解释来自亿万网民的认知。

(一)工具书功能

《辞海》把工具书定义为:按一定方式汇编有关知识信息,供检索查考的书籍。工具书包括字典、词典、百科全书、手册、年鉴、表谱、书目、索引、图录、图谱等。其中以词典为最多,用途最广。工具书也被称为"不会讲话的老师"。

过去,当人们在学习中遇到"拦路虎",就会在不同的工具书中寻求答案,这是大学生选择图书馆学习的原因之一。但工具书存在以下不足:词典的词汇量有限(中型工具书的词汇量在十几万个);修订周期较长(如《辞海》10 年修订一次),新词难以查到;纸质工具书体积庞大,使用费时费力;工具书是图书馆不允许外借的图书种类。

搜索引擎的出现极大地方便了大学生随时随地进行自学的需求,搜索引擎的工具书功能集多种工具书之大成,词汇量远远超出《辞海》的词汇量,而且可提供最新的、多种相关解释和答案。更重要的是使用十分便捷,检索者只需在搜索引擎的窗口输入合适的检索词,鼠标一点就能立刻得到搜索结果。

1. 使用查询窗口

检索者在查询窗口输入检索词,点击"百度一下",即可返回查询结果。

检索词通常是文字、数字、符号等,可以是中文,也可以是外文。如果对搜索结果有特殊要求,可以在查询窗口输入多个检索词组成的逻辑检索式,也可以把自然语句当作检索词。

(1)使用单个检索词。使用单个检索词时,必须慎重选择。如果检索词选择不准确,可能会出现差之千里的查询结果。

① 选用专业词汇。选择正规的学术用语,查询的专指度较高。专业词汇越新越专,查询结果越少越准。而通用词汇覆盖许多学科,有的通用词汇有多个同义词和近

义词,查询结果往往非常宽泛。

②选用普通词汇。普通词汇使用的人多,网络提供的答案也多。应尽量避免使用生僻词语,生僻词使用的人少,搜索的结果也少。

③选用完整词汇。使用完整词汇术语可以减少歧义,使用缩略语查询则容易导致多学科的解释。

④使用姓名。姓名可以作为检索词,如屠呦呦。

查询示例:查询屠呦呦研究员获得诺贝尔奖的报道

第一步:输入检索词。在搜索窗口输入"屠呦呦"(图3.2.1)。

第二步:选择查询结果。图3.2.1显示的查询结果没有出现歧义,可选择第二条信息进行浏览(图3.2.2)。

图3.2.1　"屠呦呦"的查询结果　　　　图3.2.2　选择的查询结果

(2)使用组合词(检索技巧)。当单个检索词不能完成查询任务时,就要增加检索词。使用多个检索词查询时,需要确定各个词之间的逻辑关系。搜索引擎通用逻辑运算规则(与、或、非),用指定的字符代表逻辑算符,把多个检索词结合起来,组成逻辑检索式进行查询。三种逻辑运算符的含义如图3.2.3所示:

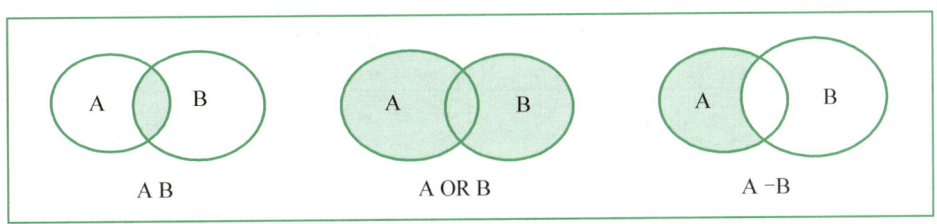

图3.2.3　三种运算示意图

①"与"运算。图 3.2.3 中,"A B"表示"A 与 B"。"与"的运算符通常用空格或"+"号表示,查询结果要求同时出现 A 和 B 两个概念。"与"运算用得越多,查询结果越少。例如,要求"计算机"和"网络"两个词同时出现在查询结果中时,可在查询框中输入"计算机　网络"。注意:"与"运算可用于多个检索词,检索词之间的空格数量与运算结果无关。

②"或"运算。"A OR B"表示查询结果中包含 A 或 B 均可。"或"运算符用"OR"表示,"或"运算用得越多,查询结果越多。例如,要求"计算机"或"网络"任一词出现在查询结果中时,可在查询框中输入"计算机 OR 网络"。注意:第一个检索词与"OR"之间必须留有空格,否则"OR"不作为运算符使用。

③"非"运算。"A -B"表示命中信息只包括 A,不包括 B,也不包括同时包含 A 和 B 的信息。"非"运算使用"-"号代替,"非"运算会使查询结果逐步减少。例如,要求查询结果只出现"计算机"而不能出现"网络"时,可在查询框中输入"计算机 -网络"。注意:"-"前边的检索词与"-"之间必须留有空格,"-"后边的检索词与"-"之间不允许留有空格,否则"-"不作为运算符号使用。

在使用搜索引擎查询人名时,有些人名重复严重,如王选,查询结果往往难遂人意,因此需要增加检索词,使用组合词查询。

查询示例:查询王选院士获得国家最高科学技术奖的信息

第一步:输入检索词。在查询窗口输入"王选",查询结果包括北京大学王选、中国社会活动家王选等多个"王选"(图 3.2.4)。

第二步:输入辅助词。把"国家最高科学技术奖"作为辅助词,用逻辑"与"(空格)与"王选"形成组合词,查询结果没有歧义(图 3.2.5)。

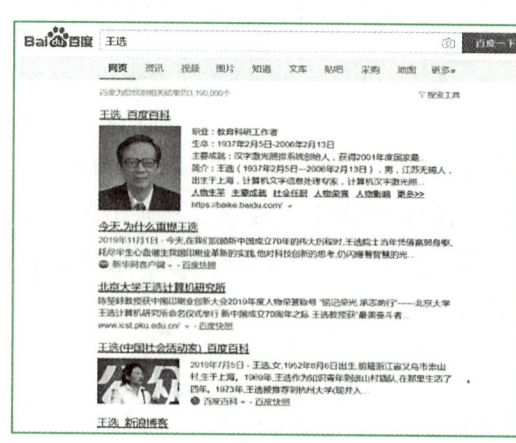

图 3.2.4　单个词查询结果

图 3.2.5　组合词查询结果

(3)使用自然语句。自然语句是由名词、副词、助词、量词等组成的语句。自然语句可长可短,可能包括多个检索词。在难以选择合适检索词的情况下,使用自然语句往往出现奇效。

查询示例：查找"篪"字的读音

在不认识"篪"字的情况下，可以在搜索窗口输入"一个竹头一个虎读什么"，也可得到查询结果（图 3.2.6）。

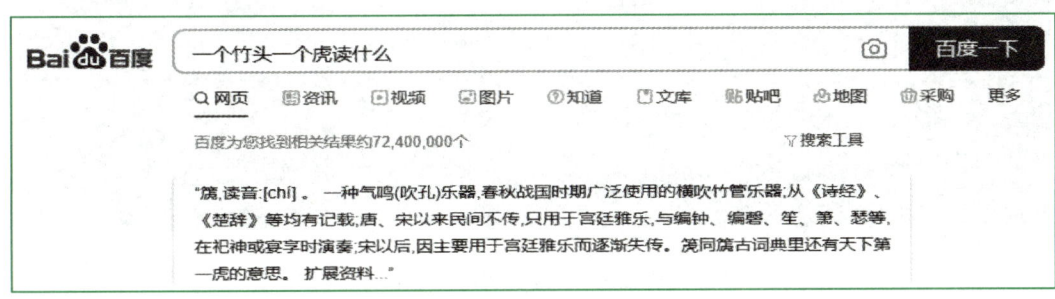

图 3.2.6　自然语句的查询结果

（4）使用完整语句。如果希望自然语句在查询结果中完整出现，可以在两端使用精确匹配符——双引号""。例如，在查询框中输入"书籍是人类进步的阶梯"，得到的查询结果必须包含完整的字句（图 3.2.7）。

图 3.2.7　使用双引号的搜索结果

2. 利用分类功能

（1）百度百科。百度百科于 2006 年上线，旨在调动互联网用户的力量，创造一个涵盖各领域知识的中文信息收集平台，让所有中文互联网用户都能找到自己想要的全面、准确、客观的定义性信息。百度百科设有一个查询窗口，后边设有"进入词条""全站搜索"两个查询按钮（图 3.2.8）和"帮助"二级页面（图 3.2.9）。检索词应选择规范化的词语，点击"进入词条"按钮，可以打开词条释义页面；若点击"全站搜索"按钮，则会得到大量的相关词条。

图 3.2.8　百度百科查询窗口

图 3.2.9　百度百科帮助中心

值得注意的是,在词条的权威性和可信度方面,网络百科全书与正式出版的百科全书有较大差异。《中国大百科全书》有 2 万多名专家参与编著,收录词条仅 7.8 万个,历时 15 年成书;而百度百科有 700 多万网民参与编写,词条数量井喷式增长,但维护更新比较困难。国内有学者研究表明,百度百科词条更新缓慢,有 50% 以上的词条没有更新过。

（2）百度知道。百度知道于 2005 年上线,是一个基于搜索的互动式知识问答分享平台（图 3.2.10）,旨在把用户的隐性知识转化成显性知识。用户可根据具体需求有针对性地提出问题,由其他网民来提供该问题的答案,达到分享知识的目的。

百度知道只是提供一些常见问题的答案,这些答案仅供参考。大学生可借助自己的知识结构进行优选,进而扩展自己的知识面。

图 3.2.10　百度知道

（3）百度经验。百度经验于 2010 年上线,重在解决"具体怎么做"的问题。百度经验通常包括概述、工具/原料、步骤/方法、注意事项、参考资料等几个部分,其中步骤/方法详细地描述了达到目的的操作过程,便于学习和模仿。

注意:百度是商业网站,排在前面的查询结果常常是广告,有时令人啼笑皆非。

例如,输入"如何提升开机速度"（图 3.2.11）。

又如,输入"如何屏蔽广告"（图 3.2.12）。

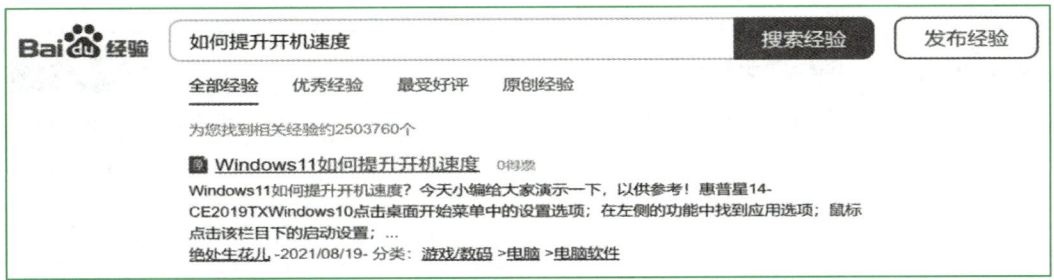

图 3.2.11 百度经验

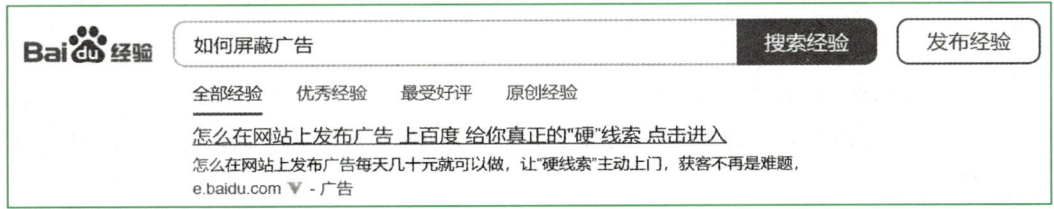

图 3.2.12 获得答非所问的结果

（4）百度文库。百度文库是百度发布的供网友在线分享文档的平台,虽然文档种类全面、数量庞大,但由于许多文档涉及版权问题,仅供参考,谨慎引用。

（二）计算器功能

1. 计算功能

搜索引擎可以当作计算机使用,只需在搜索窗口输入计算题,点击鼠标就会出现计算器的页面,并得出答案。例如,输入"123 * 123 = ?"(图 3.2.13)。

图 3.2.13 搜索引擎的计算功能

2. 换算功能

搜索引擎提供单位换算,而且增加了计算功能。例如,输入"5 盎司等于多少克"(图 3.2.14)。

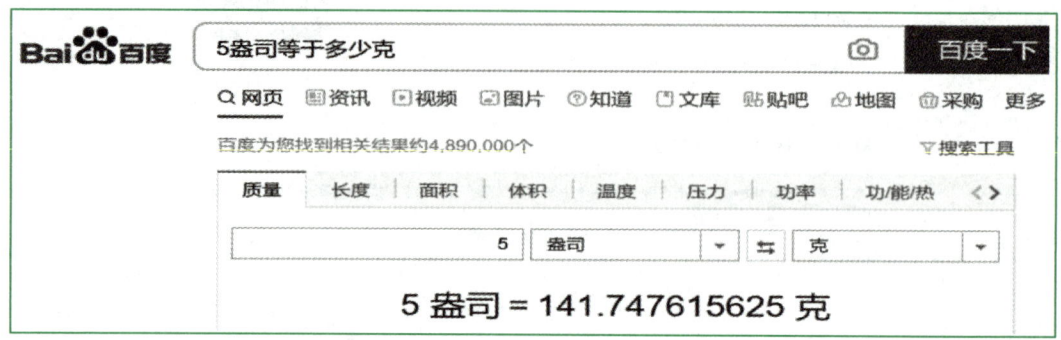

图 3.2.14　搜索引擎的单位换算功能

（三）查询结果的限定（查询技巧）

搜索引擎给出的查询结果往往以千万计，令人难以选择。搜索引擎提供两种方式用于限定查询结果。

1. 使用限定词

限定词是指用来限定查询结果的网域、搜索位置、文件类型的英文词。搜索引擎的常用限定词如表 3.2.1 所示。

表 3.2.1　常用限定词一览表

限　定　词	含　　义	示　　例
define：	搜索网上的定义	define：计算机
site：	在指定的网站或网域中搜索	site：moe.edu.cn 教育部
inurl：	该词必须出现在 URL 中	allinurl：足球
intitle：	该词必须出现在网页标题中	intitle：刘翔
intext：	该词必须出现在网页正文中	allintext：清华大学
filetype：	搜索特定的文件类型（支持 ppt、doc、swf 等常用格式）	文献检索 filetype：ppt

使用限定词可以使查询结果尽可能接近查询要求，同时减少查询步骤。例如，在教育部网站（http://www.moe.gov.cn）查找"信息素养教育"的内容，可在查询框输入"'信息素养教育'site：moe.gov.cn"，即可得到有关查询结果（图 3.2.15）。

2. 筛选搜索结果

对于成千上万的搜索结果，有没有筛选的办法呢？答案是肯定的。百度查询结果页面右上方有一个"搜索工具"按钮，能够对搜索结果的时间段、文件格式和搜索站点进行限定。例如，在百度搜索窗口输入"搜索引擎"，会得到 1 亿个查询结果（图 3.2.16）。

图 3.2.15　使用限定词的查询结果

图 3.2.16　输入"搜索引擎"的查询结果

点击图 3.2.16 中的"搜索工具",会变成"收起工具",同时左边出现了 3 个选择下拉菜单,分别是时间不限、所有网页和文件、站点内检索(图 3.2.17)。

图 3.2.17　查询结果的 3 个下拉菜单

"时间不限"菜单提供一天内、一周内、一月内、一年内和自定义时间范围等 5 种选择;"所有网页和文件"菜单提供 PDF、DOC、XLS、PPT 和 RTF 等 5 种文件格式选择;"站点内检索"提供一个查询窗口,可以输入某站点的网址。

二、搜索引擎的助研功能

搜索引擎的助研功能即学术功能,提供有关"why"和"how"方面的隐性知识。

(一)百度学术

百度学术于 2014 年 6 月上线,是百度旗下的免费学术资源搜索平台。多年来,百度学术设置的项目虽多次变动,但由于版权限制不能免费提供文献原文,难以满足用户免费获得完整文献的需求,故其学术功能一直在较低层面徘徊。

尽管如此,百度学术依托搜索引擎的强大功能,展现出信息来源广、新知识传播快的特点,有助于广大师生全方位地了解和获取最新科研信息。

1. 查询功能

(1)简单搜索。百度学术页面只有一个搜索窗口,能够识别并且满足多种不同表达方式的查询需求,检索者只需输入反映文献特征和内容的检索词(如题目、关键词、作者、单位、刊名、DOI 等),点击"百度一下"即可得到查询结果(图 3.2.18)。

图 3.2.18　百度学术搜索窗口

(2)高级搜索。检索者如要输入多个检索词,可以点击窗口左边的"高级搜索"进入高级搜索页面。高级搜索页面提供包含全部检索词、包含精确检索词、包含至少一个检索词、不包含检索词、出现检索词的位置、作者和机构等 7 个查询窗口,另外提供出版物、发表时间和语言检索范围 3 种选择(图 3.2.19)。

图 3.2.19　高级搜索窗口

2. 其他功能

百度学术页面的设置项目经常变动,最新页面设置论文查重、学术分析、期刊频道、学者主页、开题分析和文献互助等 6 项功能。

(1)论文查重。百度学术的论文查重是网络各大查重软件的集合平台(不包括知网),提供收费服务。

(2)学术分析。该栏目按学科、学者和期刊 3 个方面提供其学术产出力、学术影响力、合作共创力等分析。

(3)期刊频道。该栏目提供查询窗口和按学科分类两种查询途径,用于中文期刊的查询。

(4)学者主页。该栏目提供学者查询窗口,可查询学术名人;也报导当今的热门学者及影响力情况。

（5）开题分析。开题分析将输入的功能点从研究走势、关联研究、学科渗透、相关学者、相关机构5个方面进行可视化分析。

（6）文献互助。该栏目用于一般网民求助需要的文献，而大学生可以从校园网的数据库免费索取文献，对此功能需求不大。

3. 使用指导

百度学术页面下方提供常见问题、论文知识、学术视界和合作活动4个模块。

（1）常见问题。该模块内容不多，只是说明百度学术使用中的常见问题。例如，"手把手教你由初级到高级的文献检索方式"介绍了百度学术查询窗口的使用方法。

（2）论文知识。该模块包括文献管理、论文写作、论文发表、论文查重和论文实操5个部分。例如，"硕博学子高效阅读文献的正确打开姿势"介绍了如何选择文献和阅读文献。

（3）学术视界。该模块包括专业前沿、政策时讯、学术热点和人文阅读4个部分。例如，"Nature丨二维材料：TMD、石墨烯、2D－MOF！"介绍了最新的二维材料研究现状。

（4）合作活动。该模块主要是提供各类企事业单位吸引青年人才的会议信息等。

（二）谷歌翻译

谷歌翻译是目前互联网上最好的翻译软件之一，可以提供完全免费的在线翻译服务，包括中、英、法、俄、德等多达100余种语言的互译，以及中文繁简体之间的转换（图3.2.20）。

图3.2.20 谷歌翻译页面

谷歌翻译对中文词汇的收录和更新速度非常快，虽然翻译结果难尽人意，但海量的词汇和快速的翻译速度极大地方便了世界各国人民在互联网上的交流沟通。

谷歌翻译页面提供左右两个窗口。先在左边窗口输入待翻译的文字（如"站在巨人的肩膀上"），在窗口上方的下拉菜单中选择对应的语种（如中文）；然后在右边窗口上方的下拉菜单中选择翻译的目标语种（如英语），点击右边的"翻译"，即可得到翻译结果。

两个窗口的左下角均有喇叭图标,点击喇叭图标即可发出标准读音。

对不熟悉的语种的输入,谷歌翻译提供以下帮助:在输入窗口下方提供麦克风、手写板和键盘(中文不用)图标。选择不同的图标点击,即可进行对应的输入。例如,输入俄语,先在检测语言栏选择"俄语",再选择俄语的三种输入方式(图 3.2.21)。

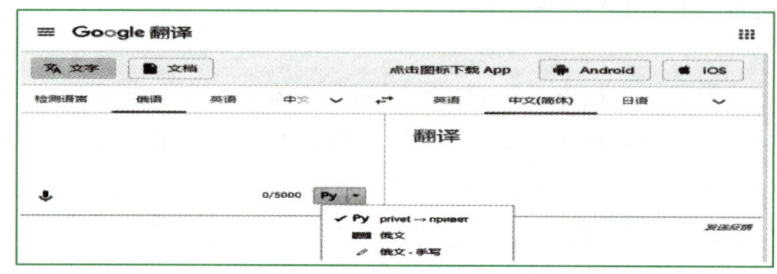

图 3.2.21　选择输入方式

三、搜索引擎的其他功能

搜索引擎的功能还有很多,下面简单列出百度常用的几种媒体搜索。

(一)图片搜索

对于某些用语言难以表达清楚的细节,图片作为一种特殊的信息媒介能够起到一目了然的作用。百度图片拥有上亿张的中文图片,搜索窗口接受文字和图片输入,能够瞬间提供无数幅图片以供选择。

(二)地图搜索

百度地图覆盖了国内近 400 个城市、数千个区县,为用户提供了完备的地点搜索、公交搜索和周边搜索等功能,用户可以轻松找到最近的学校、餐馆、银行、公园等,最新又推出智能路线规划、路线雷达、路线切换、实时路况等功能,方便了驾车导航,还增加了三维地图,给人以身临其境的感觉。

(三)视频搜索

搜索引擎的视频资源正在快速增长,种类包括电影、电视、动漫、综艺、娱乐、游戏、生活、美食等,供用户搜索选择。

小　结

搜索引擎的助学功能主要是工具书功能和计算器功能,有助于低年级大学生自主解决学习中遇到的问题,不断提升自学能力,扩大知识面。

搜索引擎的助研功能主要是百度学术提供的宏观科技信息,有助于高年级大学生跨专业获取学术资料和专家信息,便于有的放矢地选择主攻方向,为进一步深造打下基础。同时,它也能够帮助研究生及时获取最新科研信息并掌握科研动向。

搜索引擎提供的知识信息是"知识碎片",这些"知识碎片"大都是各个学科的基本常识,有助于大学生扩大知识面,但对于提升知识的高度帮助不大。因此,大学生只有通过正规的课程学习,建立起系统的知识架构,才能更好地吸收和利用来自搜索引擎的知识营养。

通过百度知道、百度百科和百度经验先后上线的时间可以了解三者之间的关系。百度知道最先上线,最大限度发掘用户的隐性知识;百度百科随后上线,对用户提供的知识进行集中归纳;百度经验最后上线,内容来源于具有较高知识水平的用户(行业机构、专家、学者、民间高手)的亲身经验。

谷歌翻译能够实现网上 100 多种语言的互译,极大地消除了网民的语言隔阂,有助于世界各国人们的思想文化沟通和科学技术交流,也有助于学生加速掌握和利用多种语言工具。

习　题

一、实践操作题

1. 利用谷歌翻译练习多语种互译。

2. 利用地图软件熟悉学校周边环境。

3. 袁隆平为何获得"共和国勋章"?

4. 世界密码领域"神一般存在"的人是谁?

5. 我国量子纠缠技术的领军人物是谁?

二、讨论题

1. 搜索引擎对大学生知识构建有什么帮助?

2. 如何减少和处理搜索引擎海量的搜索结果?

三、思考题

1. 搜索引擎能够取代现有教学机构吗?

2. 屠呦呦和王选的主要贡献是什么?

第四章
政府文献检索

政府网站能够提供权威、真实、有效的信息，对于在校大学生明确学习的努力方向、构建坚实的知识基础、形成健全的人生观价值观，都是非常重要的。经常浏览国家各部委的官方网站，浏览权威信息，了解最新政策，能够让我们认清事实，不受网络谣言迷惑，进而端正意识，避免人生陷阱，少走科研弯路，不断攀登人生高峰。

国家政府网站发布的信息具有宏观指导性强、数据可靠、事实客观、内容新颖等特点。

本章主要介绍中国政府网、教育部网站、国家统计局网站，旨在引导大学生关注权威的政治、教育和经济信息。

第一节　中国政府网

本节重点：中国政府网的导航栏
主要内容：中国政府网的信息查询
教学目的：树立政府文献的权威意识

中华人民共和国中央人民政府门户网站（以下简称中国政府网，https：//www.gov.cn/）于 2006 年 1 月 1 日正式开通。中国政府网是国务院和国务院各部门，以及各省、自治区、直辖市人民政府在国际互联网上发布政府信息和提供在线服务的综合平台（图 4.1.1）。

图 4.1.1　中国政府网主页

中国政府网

一、中国政府网的信息内容

（一）政府信息

《中华人民共和国政府信息公开条例》（以下简称《条例》）第二条：所谓政府信息，是指行政机关在履行行政管理职能过程中制作或者获取的，以一定形式记录、保存的信息。

政府信息来自各个行政机关，公开平台应为政府信息提供检索、查阅、下载等功能，并通过各种渠道对政府信息进行宣传报道。

（二）政府公开信息

《条例》第二十条要求各级行政机关公开的信息如表 4.1.1 所示。

表 4.1.1　行政机关公开的信息

序号	内容
1	行政法规、规章和规范性文件
2	机关职能、机构设置、办公地址、办公时间、联系方式、负责人姓名
3	国民经济和社会发展规划、专项规划、区域规划及相关政策
4	国民经济和社会发展统计信息
5	办理行政许可和其他对外管理服务事项的依据、条件、程序以及办理结果

续　表

序号	内　　容
6	实施行政处罚、行政强制的依据、条件、程序以及本行政机关认为具有一定社会影响的行政处罚决定
7	财政预算、决算信息
8	行政事业性收费项目及其依据、标准
9	政府集中采购项目的目录、标准及实施情况
10	重大建设项目的批准和实施情况
11	扶贫、教育、医疗、社会保障、促进就业等方面的政策、措施及其实施情况
12	突发公共事件的应急预案、预警信息及应对情况
13	环境保护、公共卫生、安全生产、食品药品、产品质量的监督检查情况
14	公务员招考的职位、名额、报考条件等事项以及录用结果
15	法律、法规、规章和国家有关规定规定应当主动公开的其他政府信息

二、中国政府网信息的检索

中国政府网信息的检索有快速搜索窗口和导航栏查询两种途径,网站提供检索词和分类检索。

(一)快速搜索

快速搜索窗口位于主页右上方,可用于检索中国政府网发布过的信息。

检索示例:查找《中华人民共和国高等教育法》对大学生的要求

课题分析:大学生是成年人了,在校期间应该增强法律意识。

第一步:输入检索词。在检索窗口输入"高等教育法"(图4.1.1),点击检索镜(图4.1.2)。

图 4.1.2　搜索结果

第二步：查看检索结果。点击第一条"中华人民共和国高等教育法"进入文件正文（图 4.1.3）。

图 4.1.3　《中华人民共和国高等教育法》正文

第三步：浏览正文。浏览《中华人民共和国高等教育法》正文，选择"第六章　高等学校的学生"阅读（图 4.1.4）。

第六章　高等学校的学生

第五十三条　高等学校的学生应当遵守法律、法规，遵守学生行为规范和学校的各项管理制度，尊敬师长，刻苦学习，增强体质，树立爱国主义、集体主义和社会主义思想，努力学习马克思列宁主义、毛泽东思想、邓小平理论，具有良好的思想品德，掌握较高的科学文化知识和专业技能。

高等学校学生的合法权益，受法律保护。

第五十四条　高等学校的学生应当按照国家规定缴纳学费。

家庭经济困难的学生，可以申请补助或者减免学费。

第五十五条　国家设立奖学金，并鼓励高等学校、企业事业组织、社会团体以及其他社会组织和个人按照国家有关规定设立各种形式的奖学金，对品学兼优的学生、国家规定的专业的学生以及到国家规定的地区工作的学生给予奖励。

国家设立高等学校学生勤工助学基金和贷学金，并鼓励高等学校、企业事业组织、社会团体以及其他社会组织和个人设立各种形式的助学金，对家庭经济困难的学生提供帮助。

获得贷学金及助学金的学生，应当履行相应的义务。

第五十六条　高等学校的学生在课余时间可以参加社会服务和勤工助学活动，但不得影响学业任务的完成。

高等学校应当对学生的社会服务和勤工助学活动给予鼓励和支持，并进行引导和管理。

第五十七条　高等学校的学生，可以在校内组织学生团体。学生团体在法律、法规规定的范围内活动，服从学校的领导和管理。

第五十八条　高等学校的学生思想品德合格，在规定的修业年限内学完规定的课程，成绩合格或者修满相应的学分，准予毕业。

第五十九条　高等学校应当为毕业生、结业生提供就业指导和服务。

国家鼓励高等学校毕业生到边远、艰苦地区工作。

图 4.1.4　《中华人民共和国高等教育法》第六章

《中华人民共和国高等教育法》第六章涉及高等学校的学生条例共7条。

（二）导航栏查询

中国政府网标题栏设置国务院、总理、新闻、政策、互动、服务、数据、国情等栏目。

1. 国务院栏目

国务院页面主要介绍国务院领导及工作活动情况,同时介绍国务院各部委的动态信息。

2. 总理栏目

总理栏目主要登载总理的讲话、文章、动态、视频、图片库等。

3. 新闻栏目

新闻页面是我国最权威的新闻发布平台,内容包括要闻、专题、政务联播、新闻发布和人事信息等。

4. 政策栏目

政策栏目内容包括国务院最新政策、政策解读、中央有关文件、国务院公报、政府信息公开等。

政策栏目设有搜索窗口,提供简单搜索(图4.1.5)和高级搜索功能(图4.1.6)。

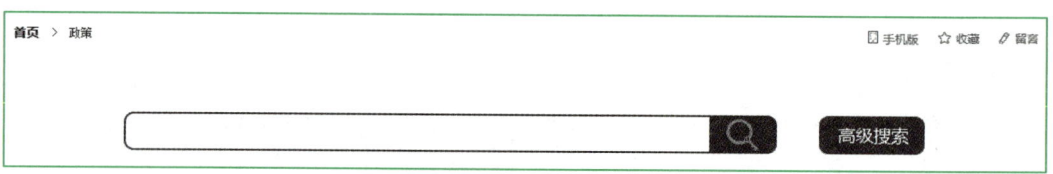

图 4.1.5　简单搜索窗口

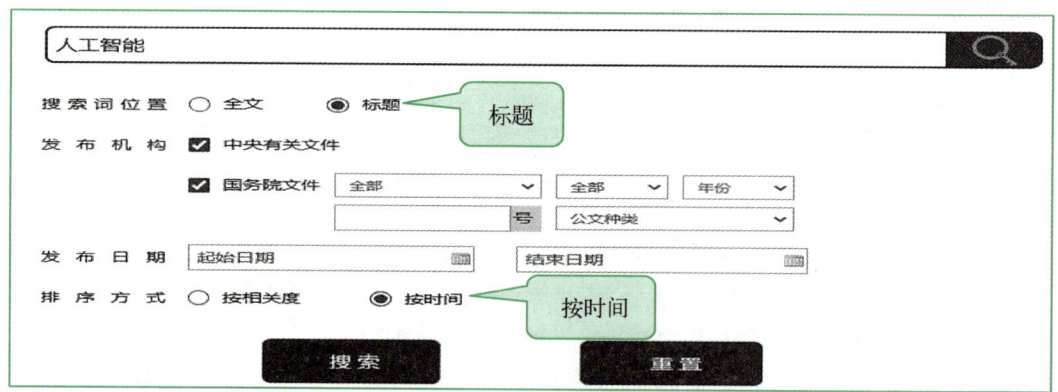

图 4.1.6　高级搜索窗口

检索示例:人工智能列入国家发展规划的启示

课题分析:人工智能的发展受到世界各国的重视,我国非常注重培养这方面的人才。

第一步：输入检索词。在高级检索窗口输入"人工智能"（图4.1.6）。

第二步：选择检索字段。选择"标题"。

第三步：选择排序方式。选择"按时间"。

第四步：查看检索结果。选择"国务院关于印发新一代人工智能发展规划的通知"，得到通知正文（图4.1.7）。

图4.1.7　检索结果

第五步：掌握规划精神。通过浏览规划正文，获得高校要设置"人工智能学科"的信息（4.1.8）。

建设人工智能学科。完善人工智能领域学科布局，设立人工智能专业，推动人工智能领域一级学科建设，尽快在试点院校建立人工智能学院，增加人工智能相关学科方向的博士、硕士招生名额。鼓励高校在原有基础上拓宽人工智能专业教育内容，形成"人工智能+X"复合专业培养新模式，重视人工智能与数学、计算机科学、物理学、生物学、心理学、社会学、法学等学科专业教育的交叉融合。加强产学研合作，鼓励高校、科研院所与企业等机构合作开展人工智能学科建设。

图4.1.8　规划正文页面

5. 互动栏目

互动栏目的宣传语是"我向总理说句话"，主要设置了留言回复、留言选登以及我要留言、留言办理、留言统计等选项。

6. 服务栏目

服务栏目的页面上方是一个检索窗口（图4.1.9）。窗口下方的主题服务包括教育

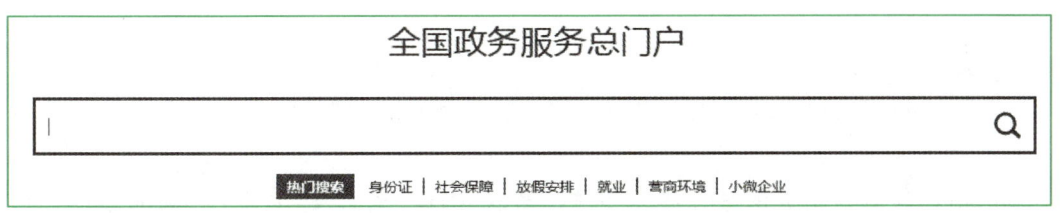

图4.1.9　服务页面检索窗口

科研、就业创业、户籍人口、税收财务、社会保障、出境入境、养老服务、交通运输和医疗卫生等内容。

检索示例：出国学习如何办理护照？

课题分析：我国每年都有大量学生去国外学习，出国的第一步程序是办理护照，大学生可以从网上熟悉护照办理过程。

第一步：输入检索词。在检索窗口输入"护照"（图4.1.10）。

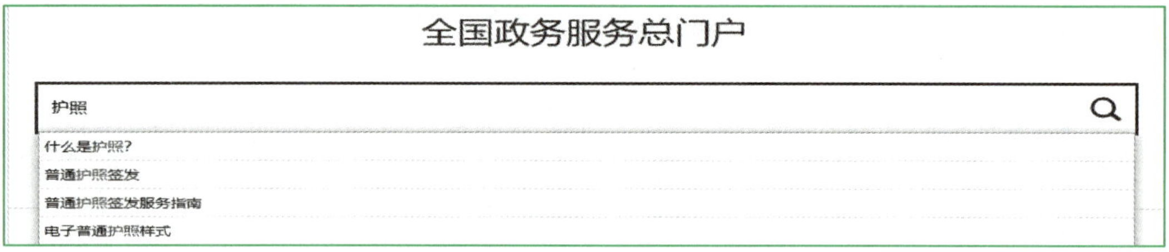

全国政务服务总门户

| 护照 | 🔍 |

什么是护照？
普通护照签发
普通护照签发服务指南
电子普通护照样式

图4.1.10　与检索词相关的提示

第二步：选择检索结果。选择"普通护照签发"。

第三步：选择《普通护照签发服务指南》。

第四步：浏览检索结果。浏览《普通护照签发服务指南》得知：

第四条申请条件：在校学生出国学习，可以凭身份证办理普通护照（图4.1.11）。

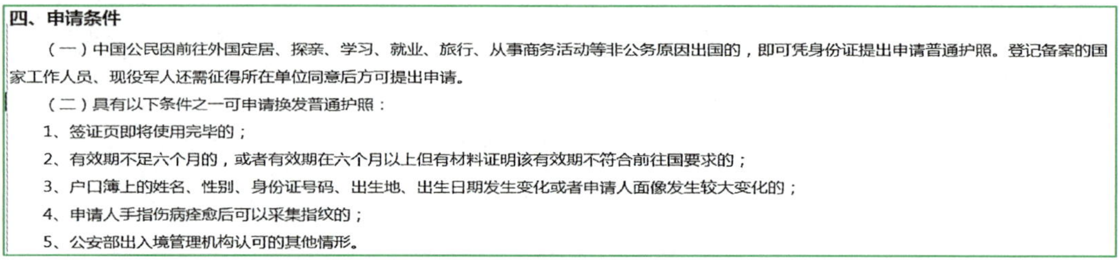

四、申请条件

（一）中国公民因前往外国定居、探亲、学习、就业、旅行、从事商务活动等非公务原因出国的，即可凭身份证提出申请普通护照。登记备案的国家工作人员、现役军人还需征得所在单位同意后方可提出申请。

（二）具有以下条件之一可申请换发普通护照：

1、签证页即将使用完毕的；

2、有效期不足六个月的，或者有效期在六个月以上但有材料证明该有效期不符合前往国要求的；

3、户口簿上的姓名、性别、身份证号码、出生地、出生日期发生变化或者申请人面像发生较大变化的；

4、申请人手指伤病痊愈后可以采集指纹的；

5、公安部出入境管理机构认可的其他情形。

图4.1.11　普通护照的申请条件

第六条申请材料：准备照片、申请表、身份证。

第八条基本流程：去公安机关出入境管理机构提交材料、采集指纹。

第九条办结时限：省内7个工作日签发，跨省申请需20个工作日。

7. 数据栏目

数据栏目主要提供国家统计局发布的各项经济发展数据（图4.1.12）。

8. 国情栏目

国情栏目主要介绍我国的宪法、国旗、国歌、国徽、语言文字、国庆、首都、版图、货币、行政区划等内容。

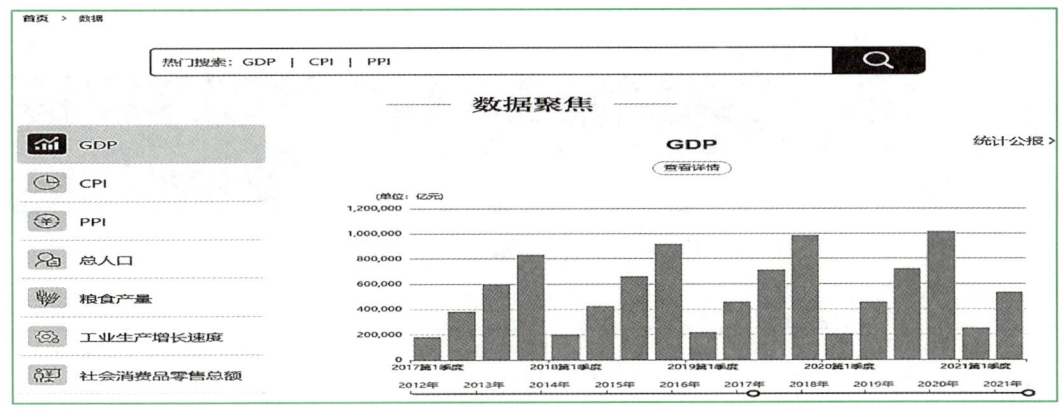

图 4.1.12　2017—2021 年前 2 季度的 GDP 数据

三、中国政府网的主要链接

中国政府网首页的下方提供重要网站的链接,列在显要位置的分别是全国人民代表大会(图 4.1.13)、中国人民政治协商会议全国委员会、国家监察委员会、最高人民法院和最高人民检察院。

图 4.1.13　全国人民代表大会网站

全国人民代表大会网站首页左栏设有"国家法律法规数据库",可以方便查询有关的法律法规文献。国家法律法规数据库提供中华人民共和国现行有效的宪法(含修正案)、法律、行政法规、地方性法规、自治条例和单行条例、经济特区法规、司法解释电子文本。

检索示例：查询高等学校升挂国旗的有关要求

课题分析:《中华人民共和国国旗法》对于国旗的升挂有严格的要求,国旗法属于国家的重要法律文献,应该使用"国家法律法规数据库"查询。

第一步：确定检索词。选择"国旗法"作为检索词。

第二步：选择数据库。选择"国家法律法规数据库"。

第三步：实施检索。在数据库窗口输入检索词,点击检索镜(图 4.1.14)。

第四步：选择检索结果。选择最新的《中华人民共和国国旗法》(图 4.1.15)。

图 4.1.14　国家法律法规数据库检索窗口

序号	标题	制定机关 ⬍	法律性质 ⬍	时效性 ⬍	公布日期 ⬍
1	中华人民共和国国旗法	全国人民代表大会常务委员会	法律	有效	[2020-10-17]
2	中华人民共和国国旗法	全国人民代表大会常务委员会	法律	已修改	[2009-08-27]

图 4.1.15　检索结果

第五步：浏览国旗法全文。使用相关阅览软件可以打开 PDF 格式的国旗法全文进行浏览(图 4.1.16,图 4.1.17)。

中华人民共和国国旗法

(1990 年 6 月 28 日第七届全国人民代表大会常务委员会第十四次会议通过　根据 2009 年 8 月 27 日第十一届全国人民代表大会常务委员会第十次会议《关于修改部分法律的决定》第一次修正　根据 2020 年 10 月 17 日第十三届全国人民代表大会常务委员会第二十二次会议《关于修改〈中华人民共和国国旗法〉的决定》第二次修正)

图 4.1.16　中华人民共和国国旗法

学校除寒假、暑假和休息日外,应当每日升挂国旗。有条件的幼儿园参照学校的规定升挂国旗。

图 4.1.17　国旗法对学校升挂国旗的要求

小　结

政府在社会中的领导地位决定了政府信息的指导作用。中国政府网是国务院及下属部委对外发布信息的网络平台,发布的信息具有权威性强、事实面广、数据可靠、宏观指导性强等特点。大学生经常访问浏览国家政府信息,便于熟悉和了解国家方针政策的导向,提升战略思维和全局意识,对个人的学习成长有重要的指导意义。

大学生关注政府主要领导人的讲话,能够自觉在思想上和行动上和党中央保持一致,不断增强自身政治素养,对于建立正确的人生观和价值观,明确个人生活和发展方向,都是非常关键和必要的。

中国政府网能够提供综合性的知识和应用服务。

中国政府网提供快速检索和导航栏查询两种信息检索途径。前者适用于明确检索词的情况,但搜索结果往往难以控制;后者适用于逐步缩小范围的查询,适合大多数情况下使用。

中国政府网提供相关重要网站的链接,如查询国家法律法规数据库可链接中国人民代表大会网站。

习　题

一、实践操作题

1. 浏览中国政府网主页下方的"关于本网"。

2. 浏览中国政府网的最新国务院公报。

3. 查找《中华人民共和国学位条例暂行实施办法》中授予学科门类的数量。

4. 查询我国高校数量位于前三位的省份。

5. 查询《来华留学生高等教育质量规范(试行)》对生活设施的要求。

二、讨论题

1. 为什么要熟悉中国政府网?

2. 国家法律法规数据库的重要性体现在哪些方面?

三、思考题

1. 权威信息对于知识构建有何重要指导作用?

2. 大学生为什么要重点关注政府信息网?

第二节　国家教育部网

本节重点:教育部网的导航栏

主要内容:教育部网的信息查询

教学目的:关注教育部的高等教育信息

中华人民共和国教育部(以下简称国家教育部)是主管我国教育事业和语言文字工作的政府部门,主要职责包括拟订教育改革与发展的方针、政策和规划,起草有关法律法规草案并监督实施,负责各级各类教育的统筹规划和协调管理,会同有关部门制定各级各类学校的设置标准,指导各级各类学校的教育教学改革等工作。

国家教育部网站(http://www.moe.gov.cn)及时发布我国重要教育信息,其中的教育法规、公报公告、教育数据和教育文献等内容能够宏观指导和展示我国教育的发展,有助于大学生查询和了解相关信息,制定学习目标和规划人生方向。

教育部网站的信息可以通过快速搜索窗口和导航栏进行查询(图 4.2.1),网站提供检索词和分类检索。

国家教育部
网站

图 4.2.1　教育部主页导航栏

一、快速搜索

快速搜索是指在搜索窗口直接输入检索词进行搜索。搜索窗口位于首页右上角,提供检索词途径。在确定检索词的情况下,使用该窗口能够迅速快捷地得到检索结果。

有时快速搜索的结果难以预料,需使用限制条件,对搜索结果进行逐步筛选后,再逐条进行选择。

检索示例:查询《普通高等学校学生管理规定》有关学籍管理的内容

课题分析:《普通高等学校学生管理规定》属于教育部正式文件,文件名的重复性很小,作为检索词比较合适。

第一步:输入检索词。在搜索窗口输入"普通高等学校学生管理规定",点击"搜索"(图 4.2.2)。

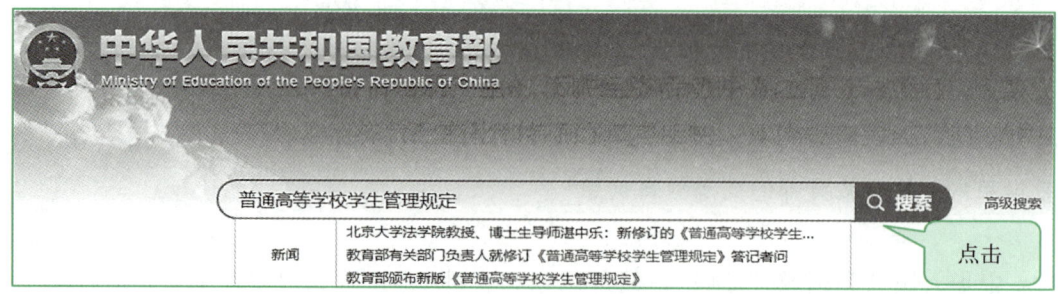

图 4.2.2　快速搜索结果

第二步：浏览检索结果。检索结果没有直接出现《普通高等学校学生管理规定》正文，只是检索到《普通高等学校学生管理规定》的链接，点击进入（图 4.2.3）。

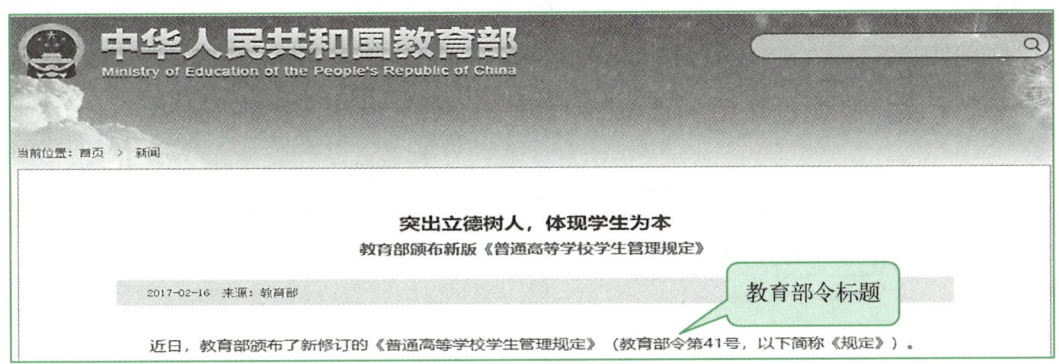

图 4.2.3　检索结果

第三步：选择新的检索途径。图 4.2.3 最后一行显示教育部颁布新版《普通高等学校学生管理规定》的文号是"教育部令第 41 号"，进而选择导航栏"公开"下拉菜单的"教育部文件"点击（图 4.2.4，图 4.2.5）。

第四步：搜索教育部文件。选择"部令"点击，进入"部令"页面（图 4.2.6）。

图 4.2.4　导航栏公开栏目

图 4.2.5　教育部文件页面

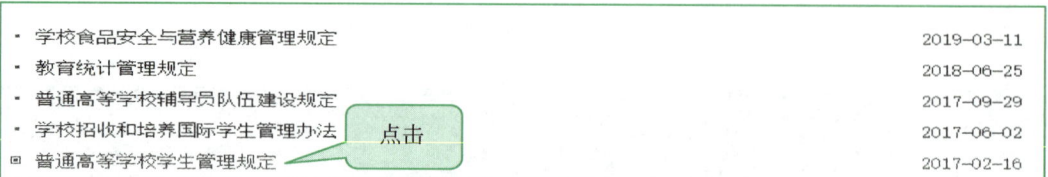

图 4.2.6　"部令"页面

第五步：打开文件浏览。选择"普通高等学校学生管理规定"打开（图 4.2.7，图 4.2.8）。

图 4.2.7　教育部令第 41 号　　　　　图 4.2.8　规定正文

第六步：记录重要内容。逐条浏览文件内容，记录"第三章学籍管理"相关规定（表 4.2.1）。

表 4.2.1　大学生学籍管理的相关规定

第一节	入学与注册	第五节	退学
第二节	考核与成绩记载	第六节	毕业与结业
第三节	转专业与转学	第七节	学业证书管理
第四节	休学与复学		

检索示例：查询教育部 2021 年研究生招生考试国家分数线

课题分析：本课题可分解出多个检索词（如研究生、招生、考试等），可以使用逻辑运算功能。

第一步：输入检索词。输入多个检索词（顺序无关），中间用空格分开（"与"运算），点击检索镜（图 4.2.9）。

图 4.2.9　教育部网站的检索窗口

第二步：整理检索结果。为了把最相关的检索结果排在前边,选择按"相关度"排序;搜索位置选择"标题",时间选择"一年内",得到检索结果。

点击第一条"2021年全国硕士研究生招生考试国家分数线公布 教育部部署做好复试录取工作"(图4.2.10)。

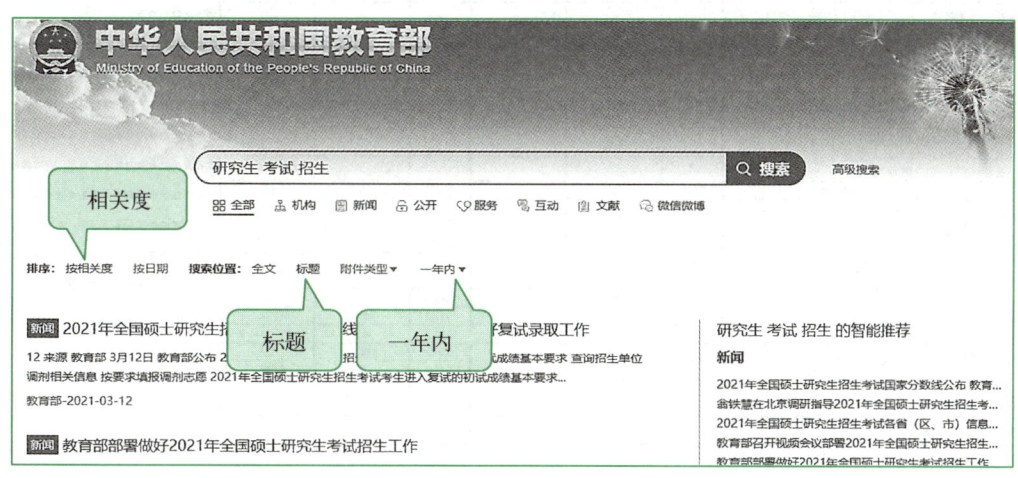

图 4.2.10　整理后的检索结果

第三步：查看检索结果。在本页下方找到"《2021年全国硕士研究生招生考试考生进入复试的初试成绩基本要求》(国家分数线)"点击,即可浏览各个学科的录取分数线(图4.2.11,图4.2.12)。

学科门类(专业)名称	A类考生①			B类考生②			备　注
	总分	单科(满分=100分)	单科(满分>100分)	总分	单科(满分=100分)	单科(满分>100分)	
哲学	299	41	62	289	38	57	①A类考生：报考地处一区招生单位的考生。一区系北京、天津、河北、山西、辽宁、吉林、黑龙江、上海、江苏、浙江、安徽、福建、江西、山东、河南、湖北、湖南、广东、重庆、四川、陕西等21省(市)。
经济学	348	49	74	338	46	69	
法学	321	44	66	311	41	62	
教育学(不含体育学)	337	47	141	327	44	132	
文学	355	53	80	345	50	75	②B类考生：报考地处二区招生单位的考生。二区系内蒙古、广西、海南、贵州、云南、西藏、甘肃、青海、宁夏、新疆等10省(区)。
历史学	321	43	129	311	40	120	
理学	280	37	56	270	34	51	
工学(不含工学照顾专业)	263	37	56	253	34	51	③工学照顾专业：力学[0801]、冶金工程[0806]、动力工程及工程热物理[0807]、水利工程[0815]、地质资源与地质工程[0818]、矿业工程[0819]、船舶与海洋工程[0824]、航空宇航科学与技术[0825]、兵器科学与技术[0826]、核科学与技术[0827]、农业工程[0828]。
农学	252	33	50	242	30	45	
医学(不含中医类照顾专业)	299	41	123	289	38	114	
军事学	265	37	56	255	34	51	
管理学	341	48	72	331	45	68	④中医类照顾专业：中医学[1005]、中西医结合[1006]。
艺术学	346	38	57	336	35	53	
体育学	281	35	105	271	32	96	⑤享受少数民族照顾政策的考生：报考地处二区招生单位,且毕业后在国务院公布的民族区域自治地方定向就业的少数民族普通高校应届本科毕业生考生；或者工作单位在户籍地或户籍地为上述民族自治地方,且定向就业单位为原单位的少数民族在职人员考生。
工学照顾专业③	253	34	51	243	31	47	
中医类照顾专业④	299	40	120	289	37	111	
享受少数民族照顾政策的考生⑤	249	30	45	249	30	45	
报考"少数民族高层次骨干人才计划"考生进入复试的初试成绩基本要求为总分不低于249分。							

2021年全国硕士研究生招生考试考生进入复试的初试成绩基本要求(学术学位类)

图 4.2.11　学术学位研究生录取分数线

专业学位名称	A类考生			B类考生			备注
	总分	单科(满分=100分)	单科(满分>100分)	总分	单科(满分=100分)	单科(满分>100分)	
金融、应用统计、税务、国际商务、保险、资产评估	348	49	74	338	46	69	①临床医学[1051]、②口腔医学[1052]、③中医[1057]专业： 根据相关规定，"招生单位自主确定并对外公布报考本单位临床医学类专业学位硕士研究生进入复试的初试成绩要求。以接受报考其他单位临床医学类专业学位硕士研究生调剂的成绩要求。教育部划定临床医学类专业学位硕士研究生初试成绩基本要求供招生单位使用，同时作为报考临床医学类专业学位硕士研究生的专业调剂到其他专业的基本成绩要求。" ④同①
审计	179	46	92	169	41	82	
法律（非法学）、法律（法学）、社会工作、警务	321	44	66	311	41	62	
教育、汉语国际教育	337	47	71	327	44	66	
应用心理	337	47	141	327	44	132	
体育	281	35	105	271	32	96	
翻译、新闻与传播、出版	355	53	80	345	50	75	
文物与博物馆	321	43	129	311	40	120	
建筑学、城市规划、电子信息、机械、材料与化工、资源与环境、能源动力、土木水利、生物与医药、交通运输	263	37	56	253	34	51	
农业、兽医、风景园林、林业	252	33	50	242	30	45	
临床医学①、口腔医学②、公共卫生、护理、药学、中药学	299	41	123	289	38	114	
中医③	299	40	120	289	37	111	
军事	265	37	56	255	34	51	
工商管理	170	42	84	160	37	74	
公共管理	174	43	86	164	38	76	
会计	179	46	92	169	41	82	
旅游管理	170	42	84	160	37	74	
图书情报	179	46	92	169	41	82	
工程管理	174	43	86	164	38	76	
艺术	346	38	57	336	35	53	
享受少数民族照顾政策的考生④	249	30	45	249	30	45	
报考"少数民族高层次骨干人才计划"考生进入复试的初试成绩基本要求为总分不低于249分。							

图 4.2.12　专业学位研究生录取分数线

检索示例：查询评审国家奖学金和助学金的文件

课题分析：国家奖学金和助学金的评审应该属于同一文件，可以选择"国家奖学金"和"助学金"作为检索词。

第一步：输入检索词。把"国家奖学金"和"助学金"输入检索窗口，点击检索镜（图 4.2.13）。

图 4.2.13　检索窗口页面

第二步：缩小检索结果。在检索结果过多（647 条）、逐条选择费时费力的情况下，可以通过改变结果排序或改变搜索位置重新排列检索结果，也可通过选择文件类型或选择时间以缩小检索结果范围。此例可以在"附件类型"选择 PDF 格式以获取正式文件（图 4.2.14）。

第三步：浏览检索结果。PDF 文件只有一条"学生资助资金管理办法"（图 4.2.15），点击浏览并记录主要内容（图 4.2.16，图 4.2.17，表 4.2.2）。

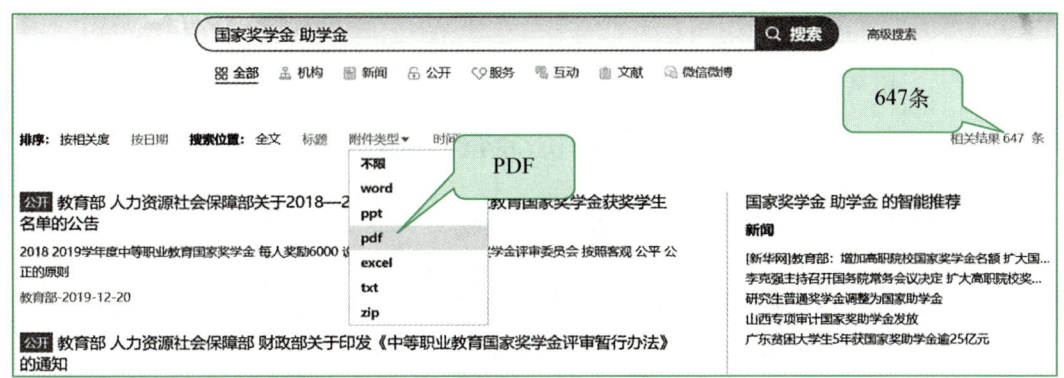

图 4.2.14　选择 PDF 格式文件

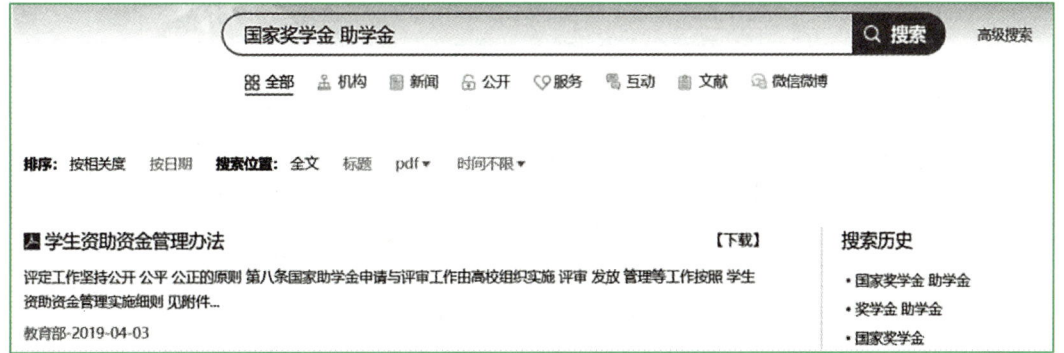

图 4.2.15　检索结果

关于印发《学生资助资金管理办法》的通知

财科教〔2019〕19号

有关中央预算单位，各省、自治区、直辖市、计划单列市财政厅（局）、教育厅（教委、教育局）、人力资源社会保障厅（局）、退役军人事务厅（局）、征兵办公室，新疆生产建设兵团财政局、教育局、人力资源社会保障局，各省军区（卫戍区、警备区）：

为规范和加强学生资助资金管理，提高资金使用效益，确保资助工作顺利开展，根据国家有关法律制度规定，财政部、教育部、人力资源社会保障部、退役军人部、中央军委国防动员部制定了《学生资助资金管理办法》，现予印发，请遵照执行。

附件：学生资助资金管理办法

图 4.2.16　《学生资助资金管理办法》的通知

附件

学生资助资金管理办法

第一章 总则

第一条 为规范和加强学生资助资金管理,提高资金使用效益,确保资助工作顺利开展,按照《中华人民共和国预算法》《国务院关于建立健全普通本科高校高等职业学校和中等职业学校家庭经济困难学生资助政策体系的意见》(国发〔2007〕13号)等文件以及预算管理有关规定,制定本办法。

图 4.2.17　学生资助资金管理办法

表 4.2.2　高等学校学生国家奖学金和助学金的有关数据

层　　次	类　　别	奖励人数	奖励比例	奖励额度	备　　注
本专科生	国家奖学金	50 000 名/年		8 000 元/生	二选一
	励志奖学金		3%	5 000 元/生	
	国家助学金		20%	3 000 元/生	
硕士生	国家奖学金	35 000 名/年		2 0000 元/生	
	学业奖学金			8 000 元/生	中央高校
	国家助学金			6 000 元/生	地方高校
博士生	国家奖学金	10 000 名/年		30 000 元/生	
	学业奖学金			10 000 元/生	中央高校
	国家助学金			15 000 元/生	中央高校
				13 000 元/生	地方高校

二、导航栏查询

教育部网站首页的导航栏有机构、新闻、公开、服务、互动和文献6个栏目,提供不同类型的信息(表4.2.3)。

表 4.2.3　导航栏设置与二级栏目

导航栏设置	二 级 栏 目
机构	教育部领导、司局机构、直属单位、国家语委、直属高校、驻部纪检监察组
新闻	工作动态、新闻发布会、政策解读、专题专栏、媒体聚焦、教育评论、图说新闻、图解教育、访谈
公开	党务公开目录、政府信息公开、教育部文件、依申请公开
服务	教育部网上服务大厅（试运行）
互动	部长信箱、政策咨询、投诉举报、征求意见
文献	教育部令、教育部工作要点、中国教育概况、中国语言文字概况、教育部公报、教育部简报、教育统计数据、教育发展统计公报、教育经费执行公告、中国教育年鉴

（一）教育统计数据

教育统计数据以表格形式列出历年的教育统计数据，包括各级各类学校、教职工、学历教育和非学历教育学生数量等。

检索示例：查询 2019 年我国大学生和研究生的毕业数量

课题分析：从宏观上了解我国高等教育的发展情况，可以设想就业压力，从而激发学习的动力。

第一步：在文献栏目选择"教育统计数据"，再选择"2019 年教育统计数据"，点击"全国基本情况"（图 4.2.18）。

第二步：选择"各级各类学历教育学生情况"点击，查得 2019 年普通高校毕业生

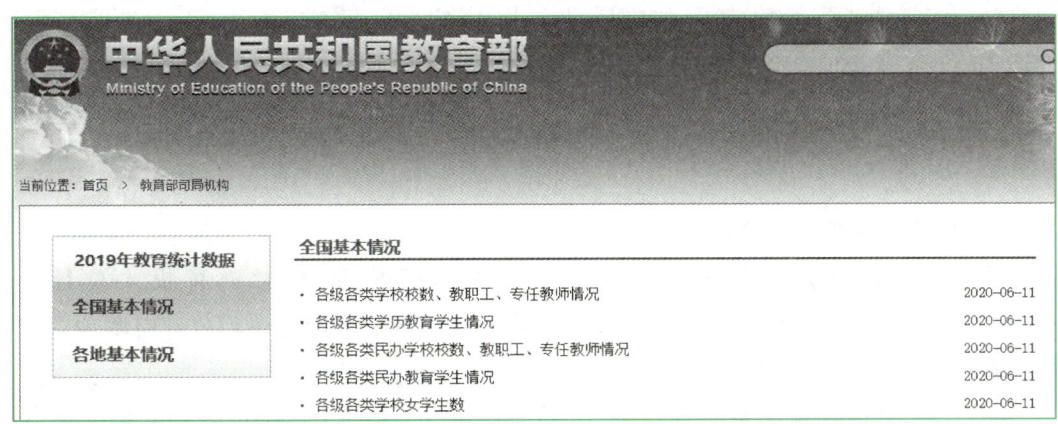

图 4.2.18　全国基本情况页面

73

7 585 298 人（本科 3 947 157 人，专科 3 638 141 人）；研究生毕业 639 666 人（硕士 577 088 人，博士毕业 62 578 人（图 4.2.19）。

各级各类学历教育学生情况
Number of Students of Formal Education by Type and Level

单位：人
unit:person

	毕业生数 Graduates	招生数 Entrants	在校生数 Enrolment
一、高等教育 Higher Education			
（一）研究生 Postgraduates	639666	916503	2863712
博　士 Doctor's Degree	62578	105169	424182
硕　士 Master's Degree	577088	811334	2439530
（二）普通本专科 Undergraduate in Regular HEIs	7585298	9149026	30315262
本　科 Normal Courses	3947157	4312880	17508204
专　科 Short-cycle Courses	3638141	4836146	12807058

图 4.2.19　2019 年教育统计数据

（二）教育发展统计公报

教育发展统计公报以文字形式列出历年的主要教育发展统计数据，内容包括从学前教育到高等教育的招生和毕业情况。"2019 年全国教育事业发展统计公报"中的数据表明，我国各类高等教育总规模达到 4 002 万人，我国高等教育毛入学率达到 51.6%（图 4.2.20）。

六、高等教育

全国各类高等教育在学总规模[18]4002万人，高等教育毛入学率51.6%。全国共有普通高等学校2688所(含独立学院257所)，比上年增加25所，增长0.94%。其中，本科院校1265所，比上年增加20所；高职（专科）院校1423所，比上年增加5所。全国共有成人高等学校268所，比上年减少9所；研究生培养机构828个，其中，普通高等学校593个，科研机构235个。普通高等学校校均规模[19]11260人，其中，本科院校15179人，高职（专科）院校7776人。

图 4.2.20　2019 年全国教育事业发展统计公报

（三）教育经费执行公告

教育经费执行公告列出历年的教育经费执行情况，包括教育投入总经费（图 4.2.21）、各级教育生均公共财政预算教育事业费和各级教育生均公共财政预算公用经费等。

2019 年，全国教育经费总投入为 50 178.12 亿元，比上年的 46 143.00 亿元增长 8.74%。

教育部 国家统计局 财政部关于2019年
全国教育经费执行情况统计公告

教财〔2020〕8号

一、全国教育经费情况

2019年，全国教育经费总投入为50178.12亿元，比上年的46143.00亿元增长8.74%。其中，国家财政性教育经费（主要包括一般公共预算安排的教育经费，政府性基金预算安排的教育经费，国有及国有控股企业办学中的企业拨款，校办产业和社会服务收入用于教育的经费等）为40046.55亿元，比上年的36995.77亿元增长8.25%。

图 4.2.21　2019 年全国教育经费执行情况统计公告

三、最新信息的浏览

通常情况下，从教育部发文到省市教育厅、教委传达，再到各高校执行，间隔周期一般为 3~6 个月，甚至更长。经常浏览教育部的信息，能够尽快了解上级的工作动向，及早作出反应，掌握信息的主动权。

小　结

国家教育部网站发布我国最权威的教育信息，包括教育动态、教育文件、教育数据、教学资源等，经常访问教育部网站浏览相关信息，能够从宏观层面熟悉全国的教育发展状况，便于及时调整个人的奋斗目标，对高校师生的学习和发展有着重要的指导作用。

国家教育部网站提供搜索窗口和导航栏查询两种检索途径。

为了减轻学生的经济负担，帮助学生完成学业，国家提供了多种助学资金。学历层次越高，资助面越广，资助幅度也越大。

凡事预则立，不预则废。普通高校的大学生应该积极了解教育部的文件，了解国家教育发展和各学科发展的方向趋势。例如，了解研究生的考试过程和培养程序，及早做好考研准备。

习　题

一、实践操作题

1. 查询并浏览《普通高等学校学生管理规定》。

2. 查询 2021 年全国首届优秀教材评选出的高等教育教材（记录本专业优秀教材）。

3. 查询2019年我国普通高等学校的生均一般公共预算教育事业费。

4. 查询《学生资助资金管理办法》。

5. 计算中央高校博士研究生人均学业奖学金和助学金资助总数与地方高校博士研究生人均相应资助的比例。

二、讨论题

1. 为什么要关注教育部网站？

2. 教育部对大学生有哪些管理要求？

三、思考题

1. 我国高等教育学生人数快速增长有哪些影响？

2. 考研和就业对人生发展各有什么影响？

第三节　国家统计局网

本节重点：统计局网的导航栏

主要内容：统计局网的数据查询

教学目的：熟悉统计局网的数据资源

国家统计局
网站

　　国家统计局的主要职责是承担组织领导和协调全国统计工作，确保统计数据真实、准确、及时，制定统计政策、规划、全国基本统计制度和国家统计标准，起草统计法律法规草案，制定部门规章，指导全国统计工作等。

　　国家统计局网站（http://www.stats.gov.cn）是国家统计局对外发布信息、服务社会公众的窗口，具有数据量大、权威度高、更新速度快的特点，且免费使用，是获取国内外经济信息的主要数据来源。

　　数据资源是一种特殊的信息资源，在科学研究的定量研究中有着不可替代的作用。网上的数据资源虽然数量巨大，数据更新很快，但来源不清，真伪难分，难以作为科学研究的支撑信息。因此，熟悉权威的数据发布网站是非常必要的。国家统计局网提供了我国经济发展的权威数据，为经济理论研究和市场调研提供了极大的方便，大学生们应该予以关注。

一、统计局信息的检索

　　国家统计局网站主页右上方设有搜索窗口，用于快速搜索（图4.3.1）。窗口下方设置导航栏，用于从分类途径进行信息检索。

（一）搜索窗口

　　国家统计局主页右上方的搜索窗口，用于主题途径查询网站的内容信息。检索窗口

图 4.3.1　国家统计局导航栏

设有"检索"和"高级"两个按钮,"检索"按钮用于快速检索,"高级"按钮用于高级检索。

1. 快速检索

在搜索窗口输入任意检索词,直接点击"检索"按钮,即可获得检索结果。

2. 高级检索

点击检索窗口右边的"高级"按钮,可进入高级检索页面(图 4.3.2)。

图 4.3.2　高级检索页面

(二)导航栏查询

导航栏提供了走进统计、统计数据、统计工作、统计知识、统计服务、信息公开等 6 个模块,每个模块又进行细分(表 4.3.1),既可查全国性的国民经济发展统计数据,也可查行业性的统计数据。

表 4.3.1　导航栏内容分类

导　航　栏	分　类　内　容
走进统计	国家统计局、派驻纪检组、机构职能、统计法规
统计数据	最新发布、数据查询、数据解读、新闻发布会、统计制度、统计标准、指标解释、统计公报、统计出版物
统计工作	统计动态、通知公告、图片新闻、视频新闻、专题集粹、行政审批、网站年报
统计知识	统计百科、统计词典、常见问题解答、视频点播、统计刊物
统计服务	微观数据申请、曝光台、行政处罚信息、失信企业公示、人员失信公示、执法证公示、网上办事、涉外调查许可、统计咨询、局长信箱、意见征集、在线访谈、统计违法举报
信息公开	政策、公开指南、公开制度、主动公开内容、公开年报、公开申请

1. 数据查询

数据查询功能主要通过导航栏途径实现。查询者根据主页导航栏提供的各个栏目,可以选择合适的检索内容,逐步缩小检索目标,完成检索过程。

检索示例:从 2020 年统计公报中查询我国高等教育的发展数据

课题分析:统计公报全面提供国家经济和社会发展的各项数据。

第一步:点击导航栏的"统计数据",选择"统计公报"(图 4.3.3)。

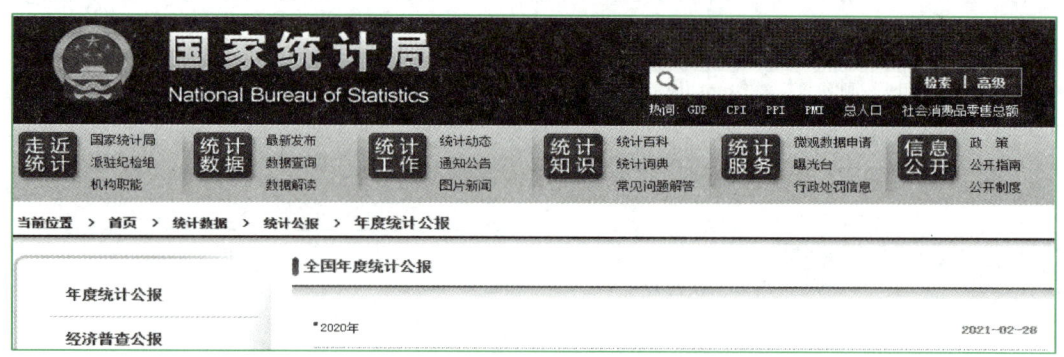

图 4.3.3　国家统计公报页面

第二步:在"全国年度统计公报"栏点击"2020 年",进而找到"十、科学技术和教育"(图 4.3.4)。

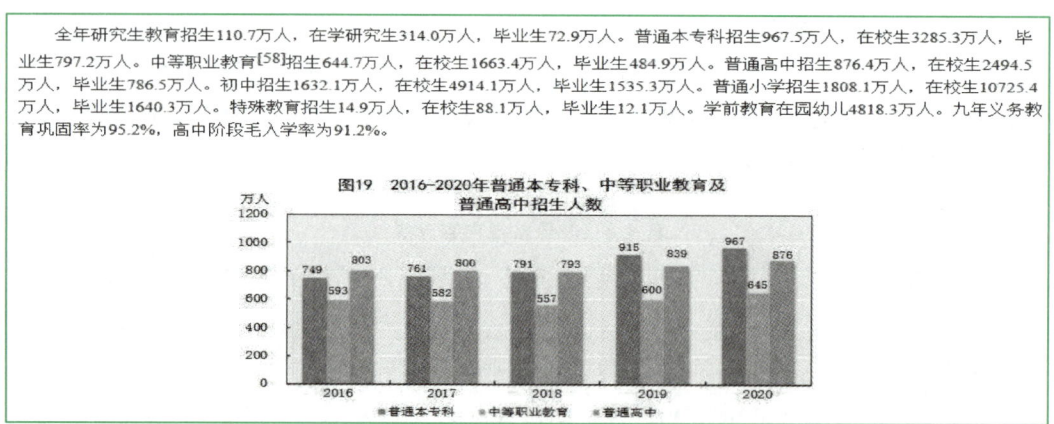

图 4.3.4　2020 年我国教育发展数据

图 4.3.4 显示:2020 年研究生教育招生 110.7 万人,在学研究生 314.0 万人,毕业生 72.9 万人。普通本专科招生 967.5 万人,在校生 3 285.3 万人,毕业生 797.2 万人。

2. 中国统计年鉴

中国统计年鉴是一部全面反映我国经济和社会发展情况的资料性年刊,系统收录了全国和各省、自治区、直辖市上年经济、社会各方面的统计数据,以及多个重要历史年份和近年全国主要统计数据,也提供世界各国的重要经济数据。

检索示例:查询 2019 年我国国内生产总值和世界生产总值

课题分析:查找国内生产总值应该使用中国统计年鉴,查找世界生产总值也应借助统计年鉴。

第一步:在导航栏的"统计数据"中选择"统计出版物"。

第二步:在"统计出版物"页面左栏下方选择"中国统计年鉴"(图 4.3.5)。

中国统计年鉴				
2020年	2019年	2018年	2017年	2016年
2015年	2014年	2013年	2012年	2011年
2010年	2009年	2008年	2007年	2006年
2005年	2004年	2003年	2002年	2001年
2000年	1999年			

图 4.3.5　中国统计年鉴页面

第三步:因为查找 2019 年的数据,所以应选择 2020 年的统计年鉴,点击"2020年"(图 4.3.6)。

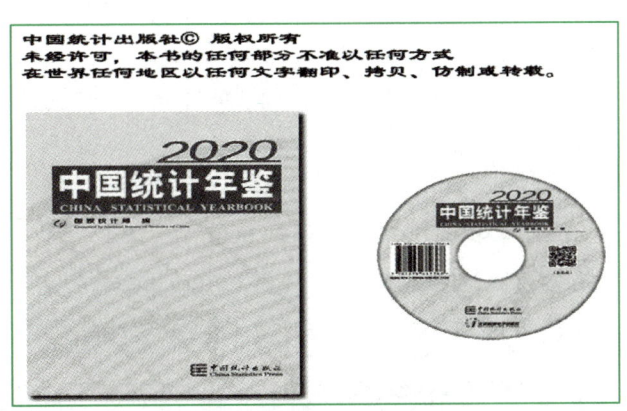

图 4.3.6　2020 年中国统计年鉴页面

第四步:在左栏下方选择"附录:国际主要社会经济指标"点击,然后点击左栏下方的"附录 1-4:国内生产总值及其增长率"(图 4.3.7)。

图 4.3.7 显示,2019 年的世界生产总值为 877 515 亿美元,增长率为 2.5%;我国2019 年生产总值为 143 429 亿美元(约占世界生产总值 877 515 亿美元的 16%),增长率为 6.1%。

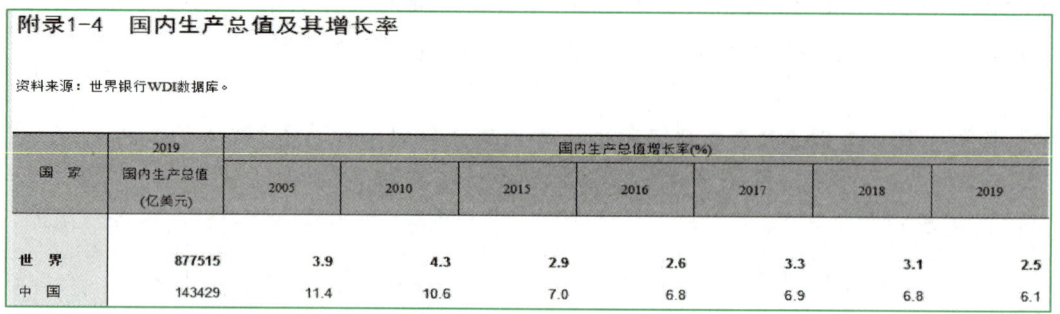

图 4.3.7 国内生产总值及其增长率

二、网站链接

网站链接位于主页下方,设有地方统计网站、地方政府网站、政府机构网站、国外统计网站和国际组织网站等栏目(图 4.3.8)。

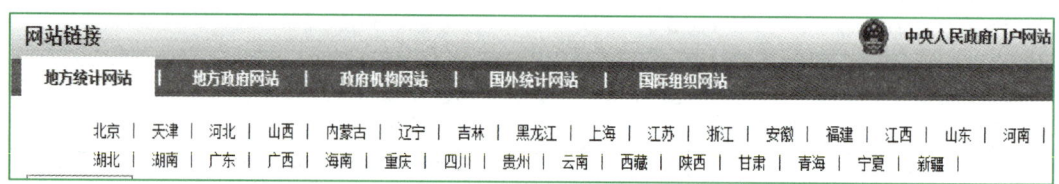

图 4.3.8 网站链接

(一)地方统计网站

地方统计网站包括我国 30 个省市自治区(港澳台除外)的统计信息网,选择点击可进入相应的统计局页面。

检索示例:查询 2020 年我国广东省的生产总值

课题分析:广东省的生产总值长期居国内各省市的首位。

第一步:选择地方统计网站。点击"广东"进入广东省统计局网站(图 4.3.9)。

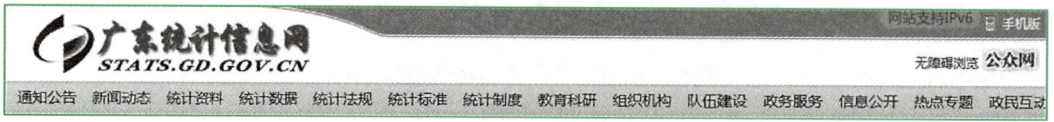

图 4.3.9 广东省统计局页面

第二步:选择相关栏目。点击"统计数据"进入相关页面(图 4.3.10)。

第三步:选择查询内容。点击"综合"可浏览 2020 年广东省主要统计指标(图 4.3.11)。

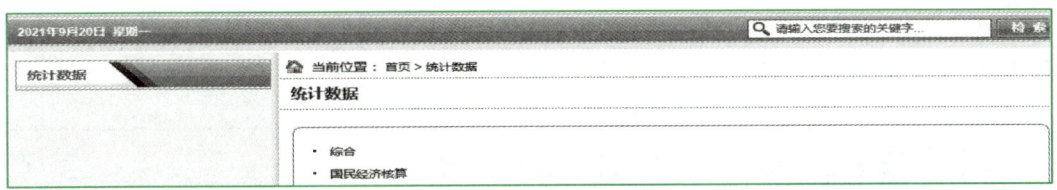

图 4.3.10　统计数据页面

2020年1-12月广东主要统计指标

发布日期：2021-01-27　来源：本网

指标	1-12月	增长%
地区生产总值（亿元）	110760.94	2.3
第一产业	4769.99	3.8
第二产业	43450.17	1.8
#建筑业	4651.50	7.5
第三产业	62540.78	2.5
#批发和零售业	10634.94	-4.4
交通运输、仓储和邮政业	3360.13	-3.4
住宿和餐饮业	1605.14	-22.0
金融业	9906.99	9.2

图 4.3.11　2020 年广东省主要经济指标

第四步：获得查询结果。2020 年广东省的生产总值达到 110 760.94 亿元。

（二）国外统计网站

国外统计网站包括世界 100 多个国家的统计网站。国际组织网站包括联合国系统、联合国基金和方案、联合国区域委员会、联合国专门机构、其他国家组织等栏目（图 4.3.12）。

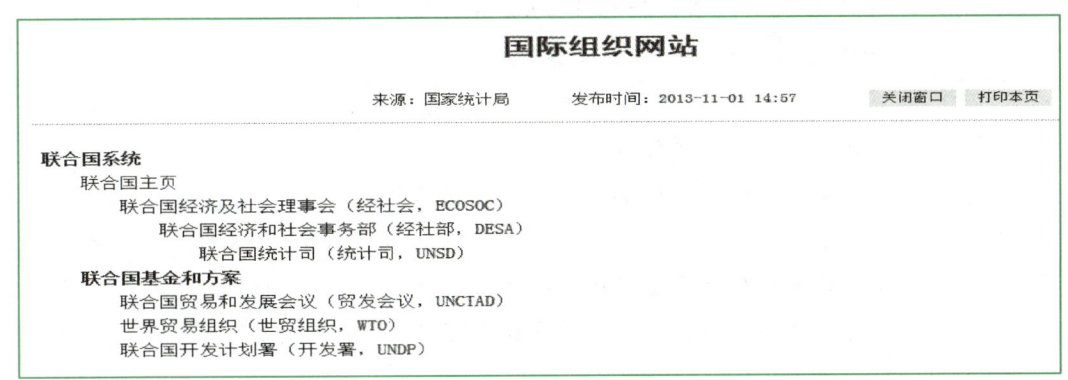

图 4.3.12　国际组织网站页面

联合国主页设有阿、中、英、法、俄、西等 6 种语言的页面,进入中文页面,即可浏览联合国的信息(图 4.3.13)。

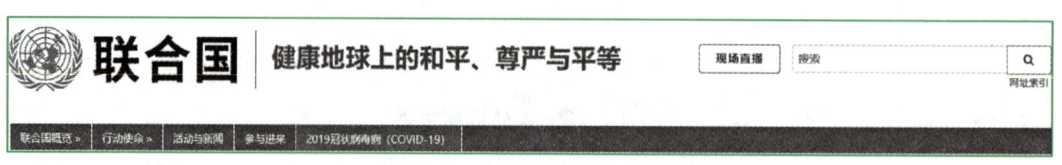

图 4.3.13　联合国主页中文页面

小　结

国家统计局网站提供权威数据,不但全面提供国内第一手经济数据,而且链接了联合国和许多国家的统计网站,可以大范围地获取国际经济数据。

国家统计局网站提供的数据属于官方公开数据,不仅可以免费使用,而且可以作为科学研究的数据支撑,可以出现在各种文献之中。

国家统计局网站主要提供搜索窗口和导航栏两种检索途径,前者主要用于站内信息查询,后者主要用于数据查询。大多数情况下,登录国家统计局网站是为了检索数据,使用导航栏更多,这种途径也比较容易掌握。

由于简单便捷,高校学生习惯使用互联网获取各种数据,但有些网络渠道的数据可信度不高。如果用于著述或其他学术目的,还是要尽量采用官方数据。

习　题

一、实践操作题

1. 查询中、美、德、日 2019 年的经济发展数据。

2. 查询 2019 年我国图书出版总数(包括品种数和印数)。

3. 查询 2019 年我国居民人均收支情况。

二、讨论题

1. 为什么要熟悉国家统计局网站?

2. 查询经济数据用检索窗口方便还是用导航栏更方便?

三、思考题

1. 权威经济数据对知识构建有何重要作用?

2. 统计局的教育数据和教育部的教育数据有何差异?为什么?

第五章

网络课程资源

课堂教学是最基本的知识传授方式，老师在课堂上把学科知识的重点和难点进行解析，学生通过老师的语言、动作接受知识，实践证明这是最有效的学习方式之一。随着网络技术的快速发展，越来越多的教学视频传到了网上，同时许多教学课件、作业习题等数字化教学资源被用于教学，形成了网络课程。

成千上万的网络课程可能来自不同的国家，使用不同的语言，而且许多课程是免费的。这些网络课程几乎覆盖所有学科，可以随时随地选择学习，这无疑是当代教育者和受教育者的共同福音。

与传统的课堂学习模式相比，进行网络课程学习具有许多优势：不受时间地点的限制，课程的选择空间更大，可以根据自己的兴趣、需求和时间选择学习内容，有助于协调学习与工作、生活的关系，实现自我知识更新和精神升华。

我国高校网络课程的发展大致经历了精品课程、视频公开课、精品资源共享课、慕课等几个阶段：

（1）精品课程。精品课程是教育部在"十五"和"十一五"期间组织高校建设的具有"五个一流"（一流教师队伍、一流教学内容、一流教学方法、一流教材、一流教学管理）特点的示范性课程。精品课程的建设没有任何规定的模板，完全是各学校课程主持人的自主探索，因此也体现了各校的课程特色。

精品课程资源包括教学视频、电子讲义、教学课件、课堂作业、考试试卷，以及大量的教学辅助资料（如图片、笔记、问卷等），是主讲教师多年来教学实践的总结和积累。

（2）视频公开课。"爱课程网"的视频公开课（http://www.icourses.cn/cuoc/）是教育部在"十二五"期间组织国内知名高校的优秀教师拍摄的高质量授课视频。

（3）精品资源共享课。"爱课程网"的精品资源共享课（http://www.icourses.cn/mooc/）也是教育部在"十二五"期间组织建设的，是在国家精品课程的基础上升级而来的，其教学资源更加丰富，包括教学视频、教材、课件、作业、试题等多种教学资料。

（4）慕课（MOOC）。慕课即大规模在线开放课程，在"十三五"期间迅速增长，是"互联网+教育"的新兴代表。大学慕课资源的主要代表是教育部的"中国大学慕课"和清华大学的"学堂在线"（https://www.xuetangx.com/）。

第一节 爱课程网

本节重点： 精品资源共享课
主要内容： 网络课程的类型
教学目的： 熟悉爱课程网的教学资源

爱课程网(https://www.icourses.cn/home/)是教育部、财政部"十二五"期间启动实施的"高等学校本科教学质量与教学改革工程"委托高等教育出版社建设的高等教育课程资源共享平台，承担国家精品开放课程的建设、应用与管理工作。自 2011 年 11 月 9 日开通以来，相继推出三项标志性成果——中国大学视频公开课、中国大学资源共享课和中国大学 MOOC，受到学习者广泛好评，这也是国内最具影响力的高等教育在线开放课程平台。

爱课程网

爱课程网的课程集中了国内优秀的师资和高校的人力物力，按照统一规范的要求制作，经过了层层的审核筛选。2014 年，爱课程网获得中国政府出版奖。

爱课程网主页上方是搜索窗口，窗口下边的导航栏设有在线开放课程、视频公开课、资源共享课、学校云等栏目(图 5.1.1)。大学生通过主页右上角的"注册"进入，使用手机或邮箱完成注册(图 5.1.2)，注册成功后，即可"登录"爱课程网进行学习。

图 5.1.1 "爱课程"页面

图 5.1.2 注册页面

一、在线开放课程栏目

在线开放课程栏目设置中国大学 MOOC、中国职教 MOOC、中国大学先修课、教师教育、考研、思政课、一流大学系列课程、AI 专业培养方案等模块，用于从不同的途径查询 MOOC 资源。

MOOC，顾名思义，"M"代表 massive（大规模）；"O"代表 open（开放），不分国籍，只需一个邮箱，就可注册参与；"O"代表 online（在线），学习在网上完成，不受时空限制；"C"代表 course（课程）。

MOOC 教学平台就是大规模开放在线课堂，人们可以跨越时空的限制，通过网络进行学习。MOOC 建设以大学生文化素质教育课、受众面广量大的公共课和专业核心课程为重点。

（一）中国大学 MOOC

中国大学 MOOC 主要是面向大学生的慕课教学平台，登录其主页，各类课程按学科大致分成计算机、经济管理等 10 多个类目，以便用户按照课程分类选择学习。同时，上述课程又按照授课时间分成在授课程、即将上线和结束课程三类，主页右下方提供课程和学校的搜索窗口（图 5.1.3）。

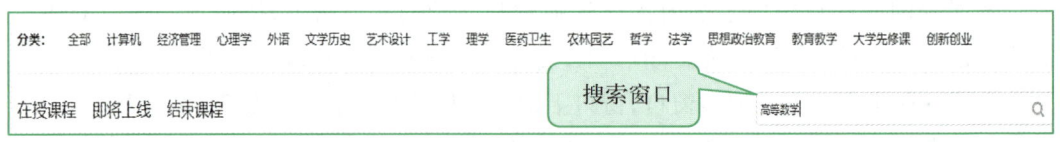

图 5.1.3 中国大学 MOOC 的分类

用户可登录网站浏览，选择想要学习的课程，先仔细阅读课程的学习目标，据此判断该课程是否适合自己，然后进行注册报名。用户可以只学习一部分感兴趣的课程内容，但是不能获得认证证书，只有完成全部课程，通过考核，才能获得认证证书。

检索示例：如何学习《高等数学》在线课程

课题分析：《高等数学》是高校理工科学生重要的基础课之一，利用网络课程学习《高等数学》，有助于巩固课堂学习的效果。

第一步：选择在授课程。在图 5.1.3 左下角选择"在授课程"。右下角的搜索窗口中输入"高等数学"，点击搜索镜，得到搜索结果（图 5.1.4）。

图 5.1.4 搜索结果页面

第二步：选择课程。选择第一门"高等数学（一）"，点击进入课程页面（图5.1.5）。

图 5.1.5　课程页面

第三步：浏览课程介绍。打开课程介绍浏览，以决定是否继续学习（图5.1.6）。

> **课程概述**
>
> 　　高等数学是大多数大学生都必须学习的一门基础课，也是进一步学习其他课程的基础。
> 　　由"锋哥有约"教师团队领衔，华中农业大学一线教师倾力打造的高等数学MOOC共分为两个部分：
> 高等数学一（一元极限、连续、导数和微分及其应用，不定积分、定积分及其应用和常微分方程），
> 高等数学二（空间解析几何、多元函数微分学、二重积分、三重积分、曲线曲面积分、无穷级数）。
> 　　本课程将为学习者提供课程的教学大纲、视频、PPT、直播学习指导、在线测试等多种教学内容，具有较强的指导意义。
> "锋哥有约"团队老师无私的课下辅助助你学好高等数学！

图 5.1.6　课程介绍

第四步：注册并报名学习（图5.1.2）。

（二）中国职教 MOOC

中国职教 MOOC 是面向高职高专学生的在线开放课程，其页面设置与中国大学MOOC 相同，但课程分类不同，分为职业通识、创新创业等10多个类目。

（三）中国大学先修课

中国大学先修课程（CAP）主要是面对高中学生开设的具有大学水平的课程，旨在让学有余力的高中生及早接触大学课程内容，帮助其为大学学习乃至未来的职业生涯做好准备。中国大学先修课程只分成学科导学、经典领读、计算机基础与前沿和 CAP考试4个类目。

（四）教师教育

教师教育页面左栏提供所有课程、教学方法、教学能力、信息化教学、职业素养和班主任系列等模块，点击不同的模块，页面会出现相对应的课程群。

（五）考研

考研类课程主要包括数学、政治和经管类课程，用户学习这些课程需要支付一定

的费用。

（六）思政

思政栏目集中了"高校思想政治理论课"全部在线开放课程,包括本科课程51门、高职课程11门,研究生课程7门。另有中国系列课程6门,形势与政策课程5门。

（七）一流大学系列课程

一流大学系列课程分为一流大学建设高校系列(27所)、一流学科建设高校系列(32所)、行业特色院校系列(12所)和特色专题系列等4个类目。

二、视频公开课

视频公开课于2011年11月9日上线,集中了我国两院院士和名校名师面向高校学生授课的高清晰教学录像。视频公开课的课程大多是通识教育课程,有些课程知识性和趣味性非常强,名师授课极具感染力和渗透力,适合于不同学科专业的学生观看学习。视频公开课分为哲学、经济学、法学、教育学、文学、历史学、理学、工学、农学、医学、管理学、艺术学、就业创业课等13个类别(图5.1.7)。

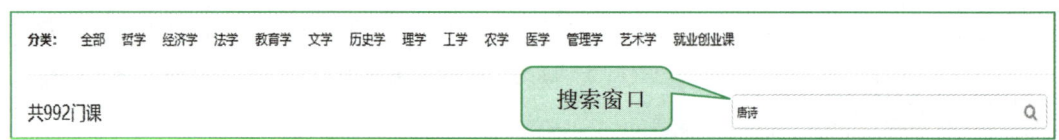

图5.1.7　视频公开课类目

（一）视频公开课的查询

同在线开放课程一样,视频公开课页面设有搜索框,提供课程、作者和学校的检索。在检索窗口输入检索词,即可得到相关的检索结果(图5.1.7)。

检索示例：如何学习文学国粹唐诗

第一步：输入检索词。在搜索窗口输入"唐诗",点击搜索镜,进入搜索结果页面(图5.1.8)。

图5.1.8　检索结果

第二步：选择课程。如选择"唐诗鉴赏"，进入课程页面即可观看学习（图5.1.9）。

图 5.1.9　"唐诗鉴赏"课程页面

（二）视频公开课的观看

中国大学视频公开课制作精良，音质效果好，有字幕提示，非常适合大学生进行自主学习。每门公开课按照章节分成数集视频，可以随意选择有关章节观看（图5.1.10）。

图 5.1.10　"唐诗鉴赏"章节选择

三、资源共享课

资源共享课于2013年6月26日上线，与视频公开课不同，资源共享课既有视频，也有教学资料。不仅适合学生学习和掌握课程知识，对教师参考备课也非常有帮助。

资源共享课页面把课程分为本科、高职高专、教师教育和网络教育4类，同时提供各省、直辖市和自治区的课程建设情况，也提供检索窗口，可以选择课程、学校和教师任一种途径进行搜索（图5.1.11）。

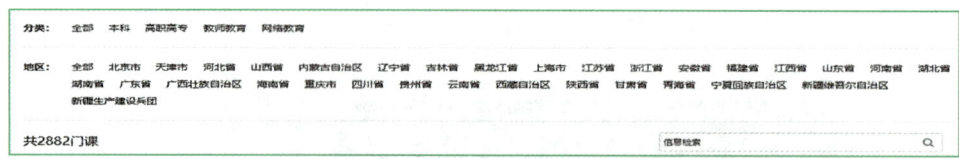

图 5.1.11　资源共享课页面

检索示例：查找"信息检索"课程

课题分析：查找"信息检索"的网络课程有助于全面理解和掌握本课程。

第一步：输入检索词。在课程搜索窗口输入"信息检索"，点击搜索镜，得到 4 个搜索结果（图 5.1.12）。

图 5.1.12　检索结果

第二步：选择课程。如点击第一门葛敬民老师的课程（图 5.1.13）。

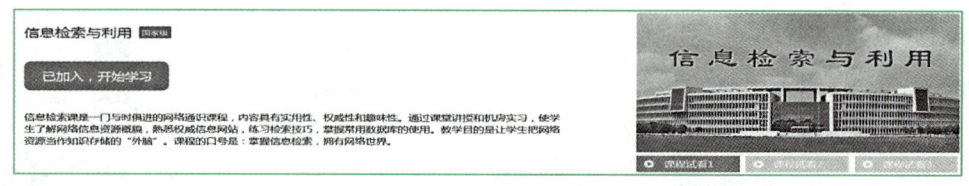

图 5.1.13　课程页面

第三步：开始学习。点击"已加入，开始学习"，进入学习页面（图 5.1.14），进而选择学习内容，如点击第一章的 PPT 课件（图 5.1.15）。

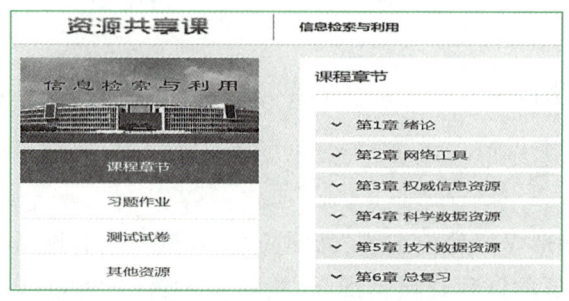

图 5.1.14　课程页面

图 5.1.15　PPT 课件

小　结

课堂学习是获取知识最有效的学习方式,丰富的网络课程资源是网络时代给大学生的知识赋能,使得大学生不受时空限制,能够学习名校名师的课程。

爱课程网目前是我国最具权威、访问量最大的教学网站。爱课程网的课程资源分为在线开放课程(MOOC)、视频公开课和资源共享课三种。在线开放课程是建设重点。视频公开课集中了高校名师的演讲视频。资源共享课是国家精品课程的统一升级模式,教学资源规范而齐全。需要特别指出的是,精品资源共享课是爱课程网独有的课程种类。

爱课程网的在线开放课程分期分批上线,学习者可随看随学,但只有学完全部课程并通过考核才能获取认证证书。

习　题

一、实践操作题

1. 注册并登录爱课程网选择 MOOC 学习。

2. 浏览视频公开课"唐诗鉴赏"。

3. 浏览共享课"信息检索"。

4. 浏览 MOOC"人工智能与信息社会"。

5. 选择浏览 22 个教育部推荐网课站点。

二、讨论题

1. 比较公开课、共享课和 MOOC 各自的优缺点。

2. 比较线上和线下教学的优缺点。

三、思考题

1. 如何利用爱课程网的视频公开课资源?

2. 如何利用爱课程网的资源共享课助力本专业学习?

附录：

我国目前运营的常用在线课程平台一览

序号	在线课程平台名称	网　　址
1	爱课程——中国大学 MOOC	www.icourse163.org
2	学堂在线	www.xuetangx.com
3	智慧树网	www.zhihuishu.com
4	学银在线	xueyinonline.com/
5	超星尔雅网络通识课平台	erya.mooc.chaoxing.com/
6	人卫慕课	www.pmphmooc.com
7	优课联盟	www.uooc.net.cn
8	好大学在线	www.cnmooc.org
9	融优学堂	www.livedu.com.cn
10	华文慕课	www.chinesemooc.org
11	中国高校外语慕课平台	https：//moocs.unipus.cn
12	高校邦	https：//imooc.gaoxiaobang.com/
13	优学院	www.ulearning.cn
14	人民公开课	http：//mooc.people.cn/publicCourse/index.html#/index/portal
15	智慧职教	www.icve.com.cn
16	高校一体化教学平台	http：//chinaacc.edu.chinaacc.com/
17	正保云课堂	https：//edu.netinnet.cn/
18	浙江省高等学校在线开放课程共享平台	www.zjooc.cn
19	安徽省网络课程学习中心平台	www.ehuixue.cn
20	重庆高校在线开放课程平台	www.cqooc.com
21	实验空间—国家虚拟仿真实验教学课程共享平台	www.ilab-x.com
22	头歌在线实践教学平台	www.educoder.net

第二节　学　堂　在　线

本节重点：慕课
主要内容：学堂在线介绍
教学目的：利用学堂在线学习慕课

　　学堂在线是清华大学于 2013 年 10 月建立的慕课平台,是教育部在线教育研究中心的研究交流和成果应用平台,是国家 2016 年首批双创示范基地项目,也是联合国教科文组织(UNESCO)国际工程教育中心(ICEE)的在线教育平台。

　　目前,学堂在线运行了来自清华大学、北京大学、复旦大学、中国科技大学,以及麻省理工学院、斯坦福大学、加州大学伯克利分校等国内外一流大学的 4 300 多门优质课程,覆盖计算机、经管创业、理学、工程、文学、历史、艺术等 13 个学科门类。

学堂在线

　　学堂在线(https://www.xuetangx.com/)主页的导航栏和检索窗口位于一排。检索窗口右边提供登录和注册入口(图 5.2.1)。

图 5.2.1　学堂在线主页导航栏

一、学堂在线导航栏介绍

　　导航栏包括全部课程、合作院校、同等学力、职场商学、OnlineMBA 项目、雨课堂、教师发展、更多等栏目,右边的检索窗口用于课程或院校名称的搜索。

(一)全部课程

　　打开学堂在线的页面,左边部分是课程筛选栏目,约占页面的三分之一;右边部分是课程的排序,约占页面的三分之二(图 5.2.2)。

图 5.2.2　全部课程页面

1. 课程筛选

课程筛选栏目位于页面左侧,自上而下分为上课状态、学科分类、课程类型和学校4部分。

上课状态分为即将上课、开课中和已结束3种。

学科分类包括计算机、外语、管理学、哲学、经济学、法学、教育教学、文学文化、历史、理学、工学、农林园艺、医药卫生、艺术设计和其他等10多个大类。

课程类型包括微学位、训练营、直播课和清华认证4种。

学校包括清华大学、北京大学、麻省理工、斯坦福等20余所国内外著名高校。

2. 课程排序

截至2021年8月30日,学堂在线的全部课程共有4 334门,课程按照课程的报名人数排序。其中排在第一位的课程是湖北大学代方梅、史文文等老师主讲的"运动与健康",报名学习人数达到1 199 560人(图5.2.2)。

(二)雨课堂

雨课堂是学堂在线提供给教师和学生实施课堂互动的软件,教师可以通过雨课堂在课前发布PPT课件,也可以随时发布信息与学生交流。雨课堂使师生在课堂上实施互动非常方便,师生可以像使用微信一样使用雨课堂,使得往日沉闷的课堂变成以学生为中心的、非常有趣味性的互动课堂。

使用雨课堂需要下载雨课堂软件。

二、学堂在线学习平台的使用方法

登录学堂在线学习平台必须进行注册,注册时要求用户提供姓名、电子邮件地址和用户密码才能创建用户账号,且不能将用户账号信息泄露或分享给第三方,应妥善保管用户账号和密码。使用完毕后,应安全退出。

(一)注册

学堂在线提供了邮箱、手机、QQ、微信等多种注册途径(图5.2.3),用户在注册前先要认真阅读页面下方的"服务条款",熟悉学堂在线对每一个学生的基本要求,使用时要严格按照条款的要求,否则可能被取消学习资格。

(二)登录

用户注册成功后,即可选择登录页面进入学堂在线主页(图5.2.4)。登录成功后,用户通过导航栏提供的检索窗口,搜索感兴趣的课程进行学习(图5.2.5)。

(三)选课学习

用户可以直接在检索框内输入课程名称进行检索,也可以按照课程分类逐级查找。虽然检索框输入方式专指度更高,但由于慕课的课程名称往往独出心裁,而不是沿用高校的传统课程名称,所以需要全面选择检索词以保证搜索效果。

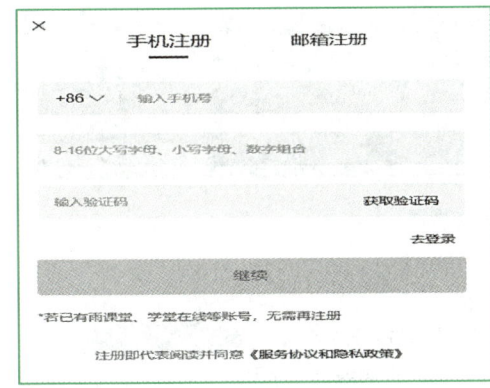

图 5.2.3　注册页面

图 5.2.4　登录页面

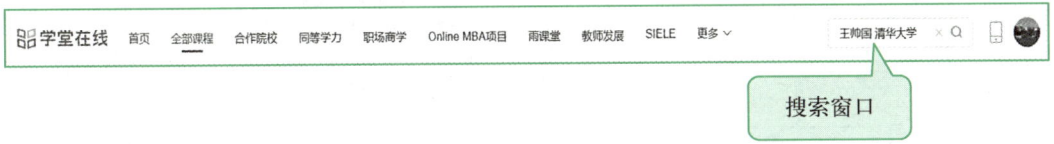

搜索窗口

图 5.2.5　登录成功页面

检索示例：查找清华大学王帅国老师讲授的慕课制作课程

课题分析：清华大学制作的慕课非常好，王帅国老师讲授的慕课制作课程深受欢迎。

第一步：输入检索词。在右上角的检索窗口输入"王帅国 清华大学"，点击检索镜，得到检索结果（图 5.2.6）。

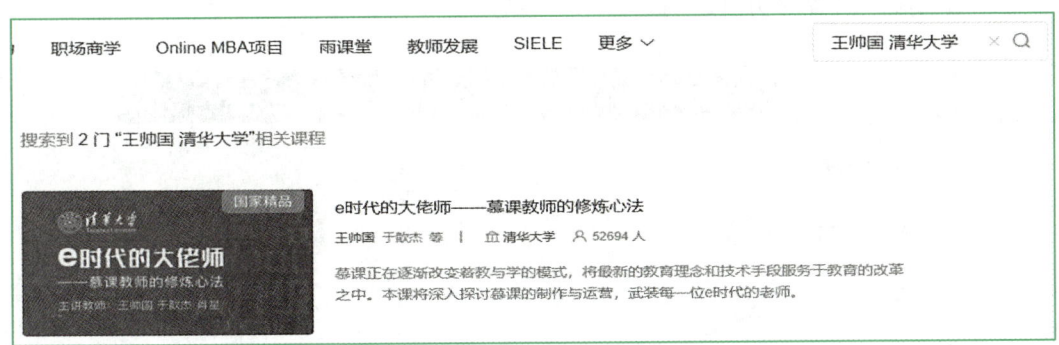

图 5.2.6　检索结果（2 门课程）

第二步：选择检索结果。清华大学王帅国老师的"e 时代的大佬师——慕课教师的修炼心法"属国家精品课程，是优先学习的课程（图 5.2.7）。

第三步：进入学习。点击"加入学习"（图 5.2.8）。如果想免费学习，可以选择左

图 5.2.7　课程页面

图 5.2.8　免费学习页面

图的"免费加入学习"，但学完后要求获取纸质认证证书则要付费；若要获得认证证书，则选择右图的"立即加入学习"，需要付费 299 元，付费后按照课程要求进行在线学习，学习完成通过考试后取得认证证书。

免费学习和认证学习是同步进行的，学习过程的不同之处在于是否有老师批改作业与讨论交流。两者的明显区别如图 5.2.9 所示。

	免费学习	认证学习
名师签名	无	有
实名认证	无	有
权威性	弱	强
纸质证书	付费购买	免费赠送

图 5.2.9　免费学习和认证学习的不同

免费学习是随时随地的自由学习，没有强制性，学生可以选择部分内容学习，也可以随时放弃学习，所以通过完整课程学习并获得结业认证书的人数低于 10％。

认证学习则需要严格按照课程的时间进度进行学习,其间要完成作业和考试,需要师生之间、学生之间进行交互和讨论。

小 结

学堂在线是国内目前运营非常成功的中文慕课(MOOC)网站,为大学生提供了优质的网络课程资源。学堂在线依托清华大学,技术团队强大;与世界知名大学联合,权威知名度高;课程师资力量雄厚,课程多、更新快。

慕课的学习方法与传统课程的学习有很大不同,这是一种完全建立在自觉基础和网络基础上的学习方式。可以简单地注册,免费自学,也可以缴纳适当的费用在课程助教的辅导下学习。当然,后一种学习方法的课程通过率要高得多。

慕课的极大开放性与交互性,有助于优质教育资源的广泛传播,逐步改变现阶段教育资源不均衡的状况。

习 题

一、实践操作题

1. 注册并登录学堂在线。
2. 模仿检索示例进入"免费加入学习"。
3. 浏览课程"大学英语写作方法指导"。
4. 免费学习"大学生生活方式与健康"。
5. 搜索与所学专业相关的慕课。

二、讨论题

1. 慕课是否能逐步取代课堂教学?
2. 学堂在线和爱课程网的资源有何差异?

三、思考题

1. 如何选择免费学习和认证学习?
2. 认证学习是否可以取代课堂教学?

第三节 MeTeL 教学平台

本节重点:MeTeL 的导航栏

主要内容:MeTeL 的课程资源

教学目的：熟悉国外优秀课程资源

MeTeL
教学资源平台

国道数据的 MeTeL（Multimedia eTeaching & eLearning，http：//www.metel.cn/）提供了约 9 万门中外课程，是全球学科最全的高校课程资源平台，也是国内最大的双语教学资源平台。MeTeL 主要收录美国、英国、澳大利亚、加拿大等国四百多所名校 21 世纪以来的教学资源，也有中文资源共享课、中文微课的链接，适合高校研究生、本科生、留学生进行自主学习。

MeTeL 主页提供三种搜索途径：搜索窗口、窗口右上方的导航栏和窗口下方的学科浏览（图 5.3.1）。

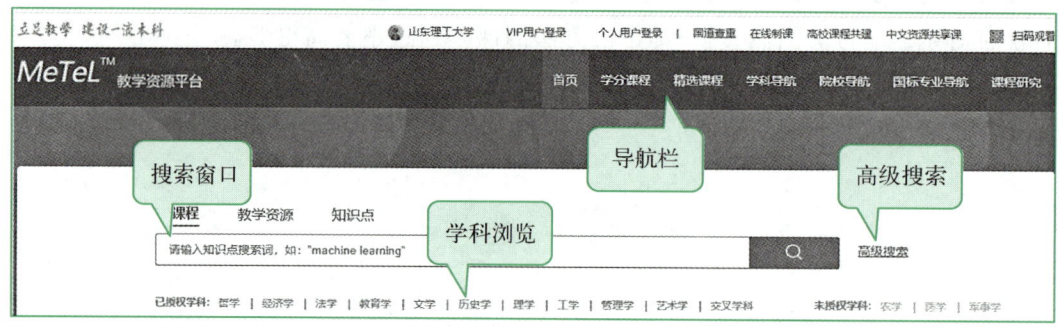

图 5.3.1　MeTeL 主页检索窗口

为了帮助初学者入门，网站还在主页下方设有在线教程。

一、搜索窗口

搜索窗口用于输入检索词，检索词可以是人名、课程名称、专业术语等中英文词汇。

（一）快速搜索

快速搜索是指在检索窗口输入检索词后直接点击检索镜的过程。输入检索词后，在窗口上方选择课程、教学资源或知识点，点击窗口右侧的检索镜，即得到搜索结果。如果需要输入多个检索词，可以点击检索镜右边的"高级搜索"按钮。

检索示例：查找高等数学课程

课题分析：可选择"高等数学"作为检索词。

第一步：输入检索词。在检索窗口输入"高等数学"。

第二步：选择检索频道。在窗口上方选择"课程"。

第三步：开始检索。点击检索镜，得到 30 门相关课程（图 5.3.2）。

第四步：选择课程。可以选择感兴趣的课程进行学习，如点击第一门课程名称（图 5.3.3）。

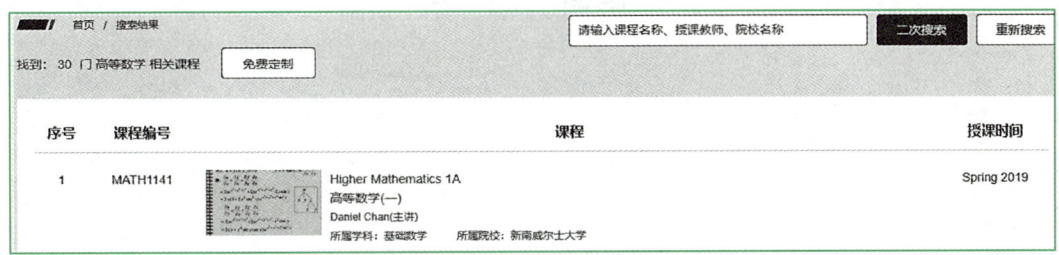

图5.3.2　检索结果页面

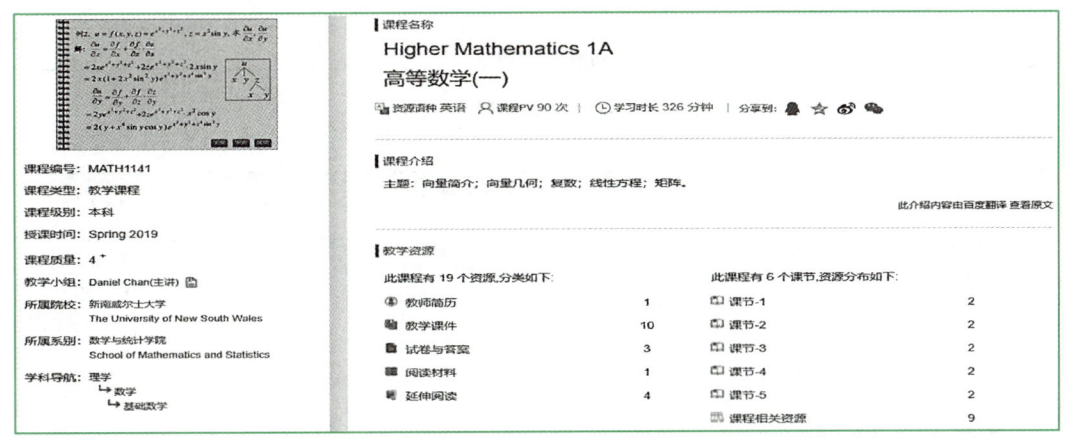

图5.3.3　课程介绍页面

如果对检索结果不满意,可以在右上角的检索窗口输入新的检索词,点击右边的"二次搜索"或"重新搜索"。

（二）高级搜索

点击检索窗口右边的"高级搜索",即可进入高级搜索页面。高级搜索包括两个页面,分别提供"课程搜索"和"教学资源搜索"的组合检索。

课程搜索提供课程名称、学科、院校、院系、年份、责任者、课程得分7个搜索窗口和课程级别、课节序列、资源类型3组选择项,可施行单项或组合检索（图5.3.4）。

教学资源搜索可对资源标题、学科、院校、院系、年份、文件格式、资源类型、责任者等8个检索项施行单项或组合检索（图5.3.5）。

二、导航栏

MeTeL导航栏位于主页右上角,设有学分课程、精选课程、学科导航、院校导航、国标专业导航、课程研究等内容。

（一）学分课程

学分课程是新增设的栏目,共有100多门课程,涉及工程科技、社会科学、人文艺

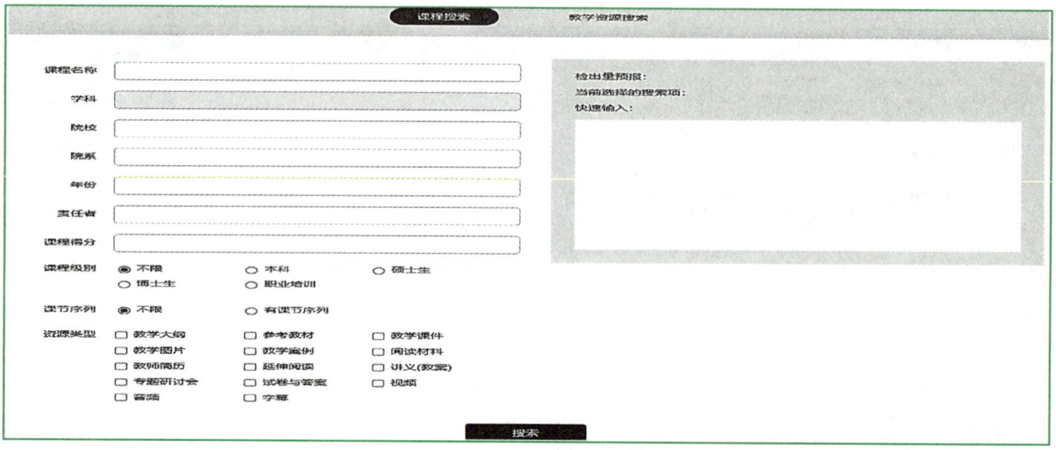

图 5.3.4　高级搜索（课程搜索）页面

图 5.3.5　高级搜索（教学资源搜索）页面

术、生命科学、自然科学等专业，提供综合排序（图 5.3.6）、学习热度和上线时间 3 种排序方式。

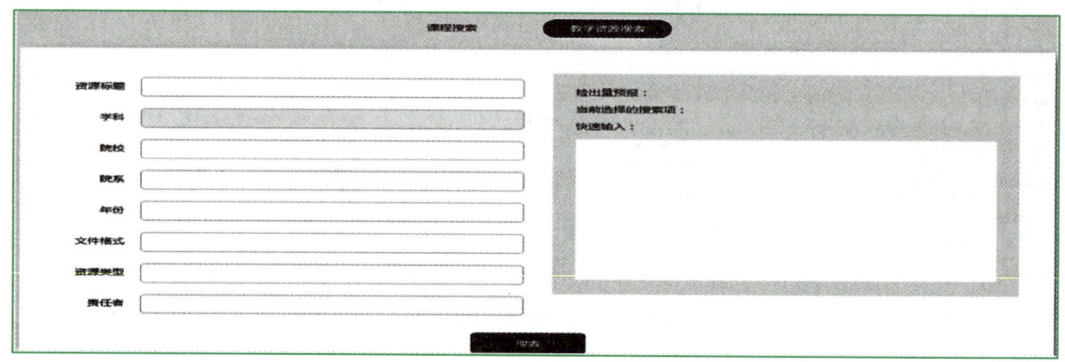

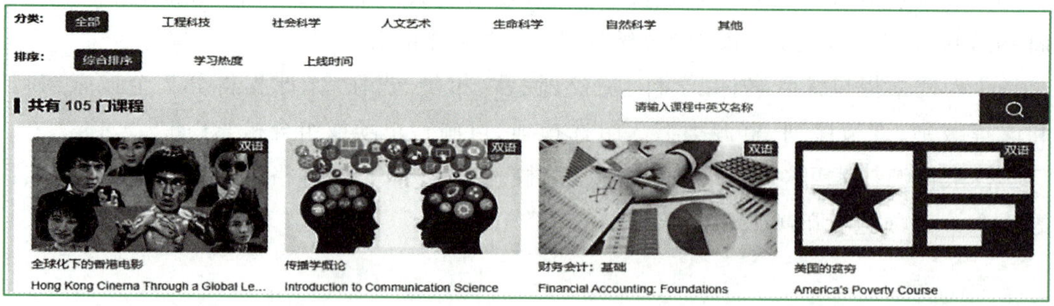

图 5.3.6　学分课程的综合排序

　　如果有兴趣学习其中的课程，如全球化下的香港电影（图 5.3.7），需要进行注册。初次进入 MeTeL 需要两次注册，第一次是注册账号进入 MeTeL（图 5.3.8）；第二次是学习课程注册（图 5.3.9）。

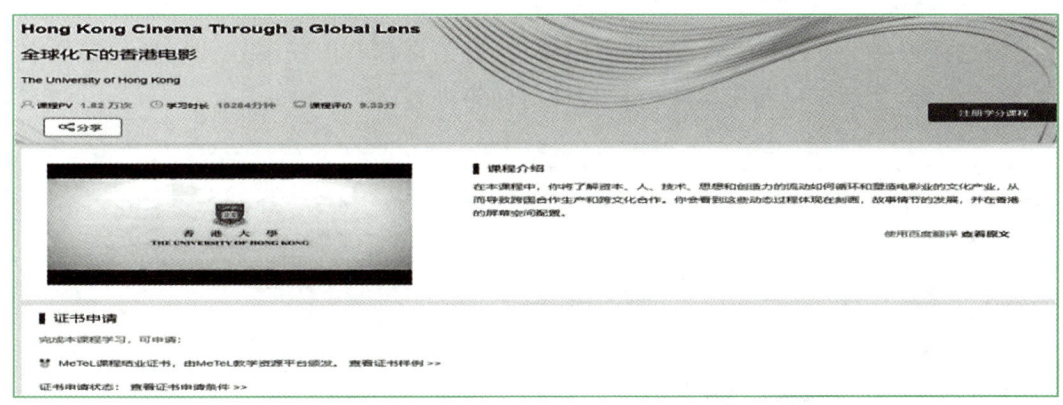

图 5.3.7　全球化下的香港电影课程页面

图 5.3.8　注册账号

图 5.3.9　学分课堂注册

完成课程学习后,如果通过考核标准(图 5.3.10),可以免费申请 MeTeL 平台颁发的电子结业证书(图 5.3.11)。

☆ **考核标准**

本门课程采用百分制计分,课程总成绩由以下几部分构成:

1、教学视频学习,指定教学视频需全部完成,得分占总评分数的50%。

2、测验/作业,此项得分需>=50分,达标后按比得分,得分占总评分数的40%;得分<50分,此项得分计为0分。

3、在线讨论,在讨论区回帖需>=2条,达标此项即得满分,得分占总评分数的10%;回帖<2条,此项得分计为0分。

60分<=总成绩<85分,课程成绩为"合格";

85分<=总成绩<=100分,课程成绩为"优秀"。

证书申请条件:
学习进度为100%,课程总成绩在60分以上,可免费申请MeTeL平台颁发的电子结业证书。

图 5.3.10　学分课程考核标准

图 5.3.11　结业证书

（二）精选课程

精选课程列出了近 5 年的 1 000 多门课程,每门课都有课程编号、课程(中英文名称、授课教师、所属学科和所属院校)、授课时间等内容(图 5.3.12)。

图 5.3.12 精选课程页面

（三）学科导航

学科导航将全部课程分成哲学、经济学等 11 个学科门类及交叉学科,82 个一级学科和 268 个二级学科(图 5.3.13)。

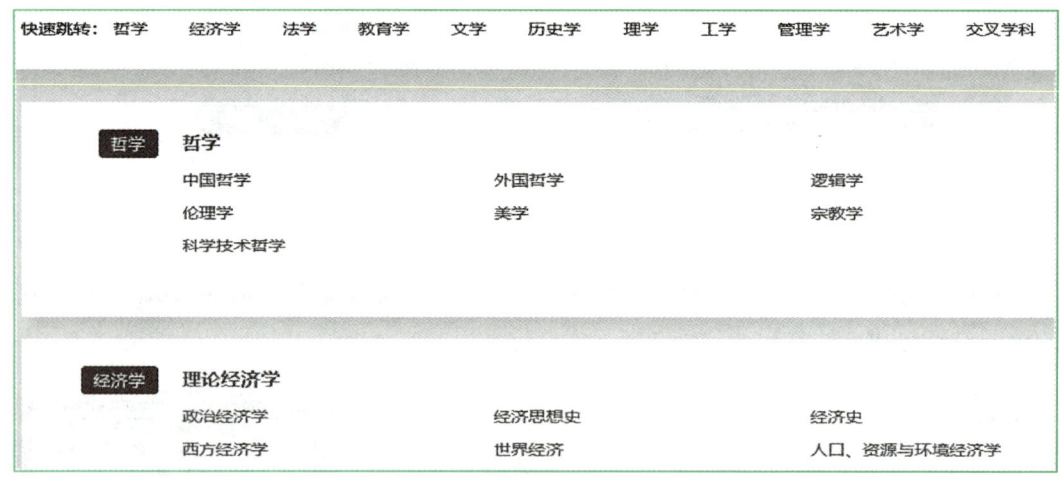

图 5.3.13 学科导航页面

（四）院校导航

院校导航按照字母顺序列出美国、加拿大、英国、澳大利亚等国的 400 多所高校的英文名称和中文名称,高校名称有中英文对照(图 5.3.14),移动鼠标至高校名称,即可弹出中英对照简介窗口,点击高校名称,即可查看其所有课程。

（五）国标专业导航

国标专业导航按照 2018 年教育部发布的《普通高等学校本科专业类教学质量国家标准》(以下简称《国标》),将世界各国高校优质课程进行分类(图 5.3.15)。

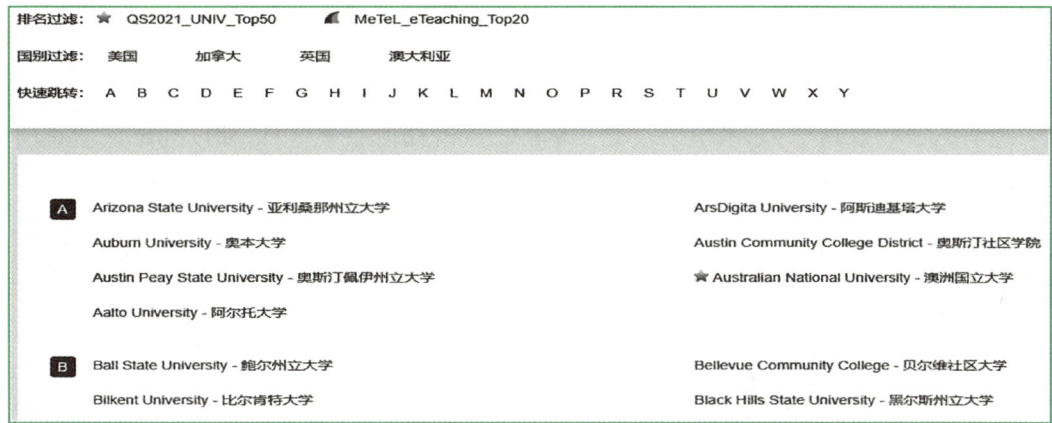

图 5.3.14　院校导航页面

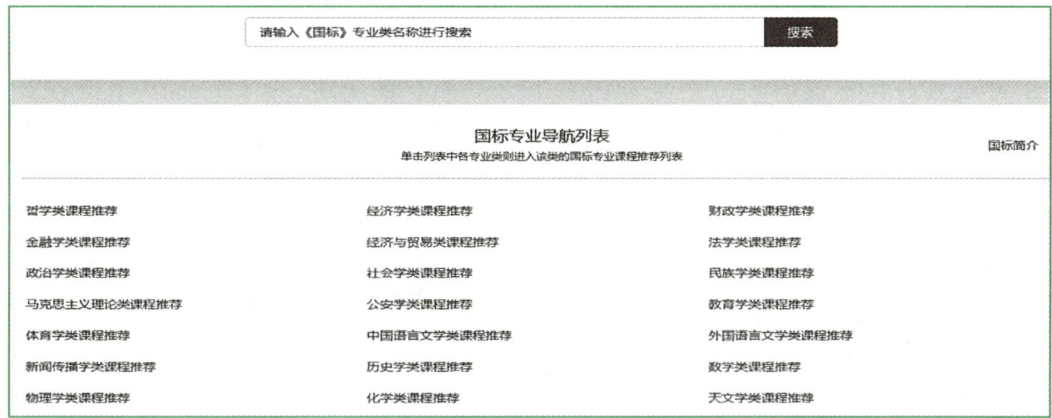

图 5.3.15　国标专业导航页面

（六）课程研究

课程研究是一个教学研究功能模块，可帮助高校教务教研人员及授课教师快速查询世界名校的课程设置情况，进而优化自己的课程设置体系。该页面提供快速检索窗口（图 5.3.16）和高级搜索页面，可输入课程、学校等中英文名称进行查询。

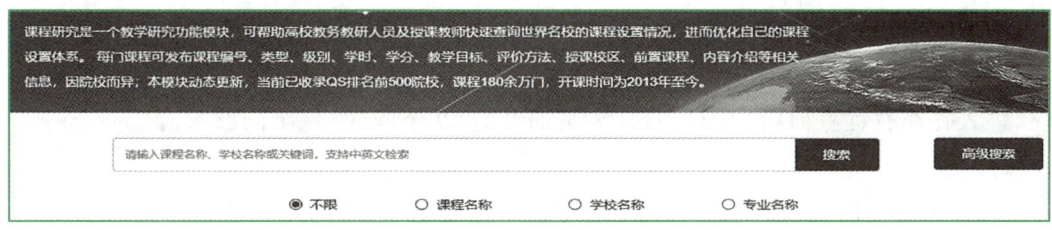

图 5.3.16　课程研究页面

三、学科浏览

主页搜索窗口下方列出了已授权学科：哲学、经济学、法学、教育学、文学、历史学、理学、工学、管理学、艺术学以及交叉学科。点击任何一个学科，即可列出该学科的所有课程，如理学有 21 164 门课程（图 5.3.17）。

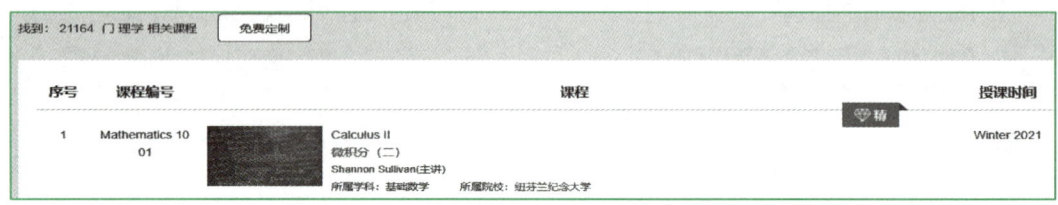

图 5.3.17　理学课程页面

四、中文资源共享课

中文资源共享课的入口在主页面右上方导航栏的上方，中文资源共享课程有67 000 多门课程（包括"爱课程网"现有的精品资源共享课和全民终身学习教育平台上教育部"十五"和"十一五"建设的国家级、省级和校级精品课程）。

网站的页面导航栏设有课程列表、院校导航和学科导航 3 个搜索标签，导航栏下边提供主讲人、学校名称和课程名称 3 个搜索窗口，搜索窗口前方设置学科和年份限制（图 5.3.18）。

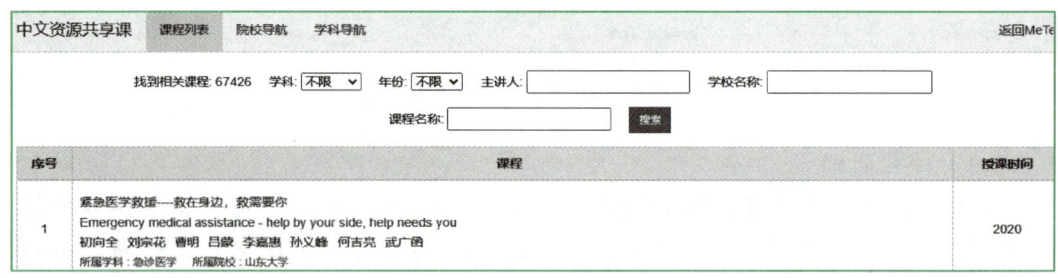

图 5.3.18　中文资源共享课页面

五、MeTeL 在线教程

MeTeL 在线教程可为初学者提供帮助，在线教程入口位于主页下方，点击"在线教程"进入在线教程页面（图 5.3.19）。该页面共有 29 个问题，每个问题都对应一个幻灯片课件。

选择某一个问题，如"05.MeTeL 使用指南完整版（带音乐）"，点击即可打开进行自学（图 5.3.20）。

图 5.3.19　在线教程页面

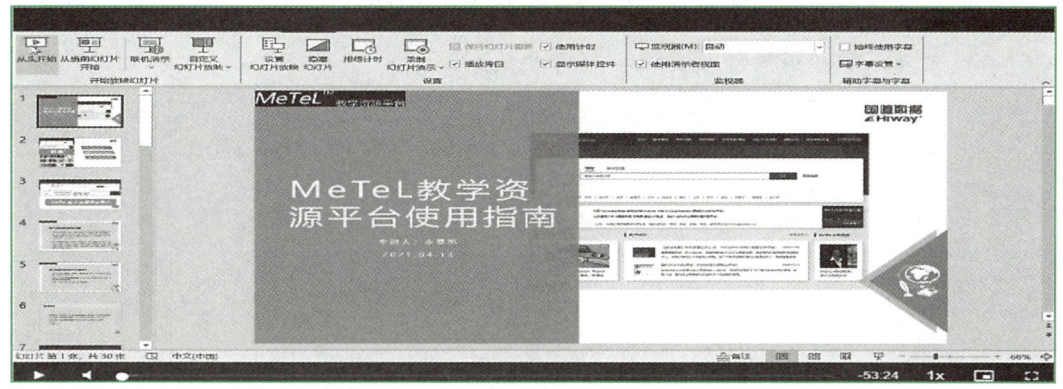

图 5.3.20　在线课堂页面［05.MeTeL 使用指南完整版（带音乐）］

小　结

　　MeTeL 是目前国内最大的双语教学多媒体课程数据库，主要收录美国、加拿大、英国、澳大利亚等国著名高校 21 世纪以来的教学资源，也提供中文精品资源共享课的链接。

　　MeTeL 主要提供快速搜索窗口、导航栏和学科浏览三种搜索途径。MeTeL 数据格式多样，图文声像俱全，生动活泼，适合高校研究生、本科生、留学生浏览和学习，对从事双语教学的教师也很有助益。

　　MeTeL 主页下方的在线教程提供了几十个课件，用以介绍 MeTeL 的资源及使用方法。

习　题

一、实践操作题

　　1. 搜索麻省理工的网络课程数量。

2. 查询国外信息检索的所属学科。

3. 查询 QS_Top10 的高校课程数。

4. 查询 2021 年的 A 级有字幕课程数。

5. 通过 MeTeL 在线教程自学"如何搜索到心仪课程"。

二、讨论题

1. 国外课程资源有哪些特色？

2. 外文课程对外语学习有哪些帮助？

三、思考题

1. 为什么国外课程资源质量差别较大？

2. 国外课程和国内外语类课程有哪些区别？

第六章

图书文献检索

图书馆是什么？《中国大百科全书》对图书馆的定义是"收集、整理、保存文献资料和其他信息资源并向读者提供利用的科学、文化、教育机构"。阿根廷国家图书馆馆长、著名作家博尔赫斯则说："如果有天堂，那一定是图书馆的模样。"

　　图书馆的主要馆藏是图书。莎士比亚说："书籍是世界的营养品。"高尔基说："书籍是人类进步的阶梯。"

第一节 高校图书馆利用

本节重点：中国图书馆分类法
主要内容：图书馆的排架标准
教学目的：学会利用图书馆的馆藏

高等学校图书馆是学校的文献信息资源中心，拥有各种文献的纸质和电子载体。图书馆馆藏最多的纸质文献是图书，由于高校图书馆评估标准是不少于 100 册/生，所以普通高校图书馆的藏书量都在百万级。海量的图书分布在不同的楼层，井井有条地摆放在书架上，形成了壮观的风景线。图书馆的阅览室宽敞明亮、安静优雅，为广大读者阅读求知提供了良好的学习环境。李开复说过："如果你大学四年很少去图书馆的话，你就等于自己浪费了一大笔财富。"

初次进入图书馆的大学生常常对一排排书架感到敬畏——成千上万的图书是怎么排列的？本节就重点介绍图书分类法，讲述如何检索寻找图书，并提出阅读建议。

一、图书排架的依据

图书馆的图书排架，是以方便读者查找和借阅为原则的。为此，中外图书馆都编制了图书分类法。图书分类法是根据不同学科，按照一定的归属原则将图书编排成一个逐级展开的科学分类体系。在这个体系中，一切图书都有属于自己的位置。图书分类表以学科为单位，按照一定的顺序排列，用字母或数字作为类号，用学科的术语作为类目。

图书馆的图书就是以学科分类为依据上架排列的，将同学科同专业的图书集中在一起，这样便于读者查找和比较，也利于保证图书的查全率。

（一）国外图书分类法简介

1. 杜威十进制图书分类法

《杜威十进制图书分类法》是世界上最早的图书分类法，也是使用国家最多的图书分类法，它的主要特征是用 0—9 十位数字作为类号（表 6.1.1）。

表 6.1.1 杜威十进制图书分类法（大类）

类　号	类　目	类　号	类　目
000	计算机科学、知识和总类	200	宗教
100	哲学与心理学	300	社会科学

类　号	类　目	类　号	类　目
400	语言	700	艺术与休闲
500	自然科学	800	文学
600	技术应用科学	900	历史、地理和传记

2. 国际十进分类法

《国际十进分类法》由《杜威十进制图书分类法》修改而来，目前主要是法、英、德、俄等国的图书馆采用。

3. 美国国会图书馆分类法

美国许多图书馆使用的是《美国国会图书馆分类法》，这种分类法的类号由"字母+数字"组成（表6.1.2）。

表6.1.2　美国国会图书馆分类法（大类）

类　号	类　目	类　号	类　目
A	总则	M	音乐
B	哲学、心理学、宗教	N	美术
C	历史学及相关科学	P	语言及文学
D	历史总论及欧洲史	Q	科学
E-F	美洲历史	R	医学
G	地理学、人类学、休闲	S	农业
H	社会科学	T	技术
J	政治学	U	军事科学
K	法律	V	航海科学
L	教育	Z	图书馆学、信息资源

（二）国内图书分类法简介

我国大多数图书馆使用的是《中国图书馆分类法》，中国科学院图书馆使用的是《中国科学院图书馆图书分类法》。

1. 中国图书馆分类法

《中国图书馆分类法》（以下简称《中图法》）的第五版共有22个大类和53 811个

小类。

（1）《中图法》的大类。

《中图法》的 22 个大类分别用 22 个大写字母表示类号，类目排列顺序的基本原则是社会科学类在前，自然科学类在后；基础科学在前，应用科学在后（表 6.1.3）。

表 6.1.3　中国图书馆分类法（大类）

类　号	类　　目	类　号	类　　目
A	马克思主义、列宁主义、毛泽东思想、邓小平理论	N	自然科学总论
		O	数理科学和化学
B	哲学、宗教	P	天文学、地球科学
C	社会科学总论	Q	生物科学
D	政治、法律	R	医药、卫生
E	军事	S	农业科学
F	经济	T	工业技术
G	文化、科学、教育、体育	U	交通运输
H	语言、文字	V	航空、航天
I	文学	X	环境科学、安全科学
J	艺术	Z	综合性图书
K	历史、地理		

（2）《中图法》的小类。

《中图法》的 53 811 个小类则是用"字母＋数字"表示，如：

……

H：语言、文字

H1：汉语

H3：常用外国语

H31：英语

…………

O：数理科学和化学

O1：数学

O11：古典数学

O12：初等数学

O13：高等数学

…………

2. 中国科学院图书馆图书分类法

《中国科学院图书馆图书分类法》的类目用 0—9 十位数字表示，仅在中国科学院系统图书馆使用。

（三）图书的排架

无论图书馆有多少藏书，每一本图书在书架上的位置都是有依据的。我国高校图书馆的图书排架位置由分类号和顺序号两组号码决定，前者是《中图法》中的学科类号，后者为同类图书的编排顺序。

到馆新书首先按照所属大类的字母排序，再按照下一级类目的数字排序，以此类推；对于相同类号的图书则按照入馆的先后顺序号进行排列。

这样图书排架有一个规律，新书总是排在该类图书最后的位置。

二、图书的检索

图书的检索可登录图书馆网站，使用计算机检索系统进行。图书馆的检索系统具有书目检索、热门推荐、分类浏览、新书通报等多种途径。以下以汇文图书管理系统为例。

（一）书目检索

书目检索页面提供馆藏检索、简单检索和多字段检索 3 种途径，默认状态是馆藏检索。

1. 馆藏检索

馆藏检索页面只提供一个检索窗口（图 6.1.1），可以输入任意检索词（如高等数学），注意窗口左边的选择项（检索字段）应该与检索词相对应（如题名）。

如果要选择高级检索，可以点击图 6.1.1 右边带"+"的检索镜。

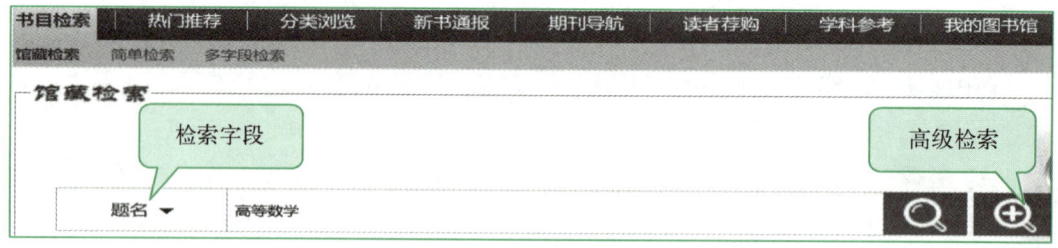

图 6.1.1 馆藏检索页面

2. 简单检索

简单检索页面只提供一个检索窗口（图 6.1.2），窗口左边增加了检索词位置的要求，窗口右边增加了"更多限制"按钮。

3. 多字段检索

多字段检索页面提供 8 个窗口，可以根据提示输入相应的检索词（图 6.1.3）。

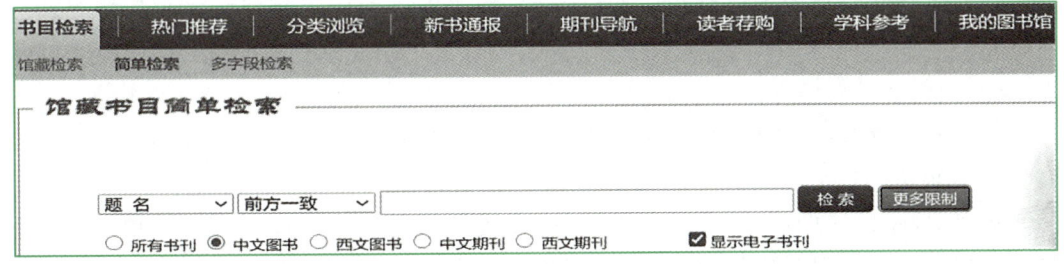

图 6.1.2　简单检索页面

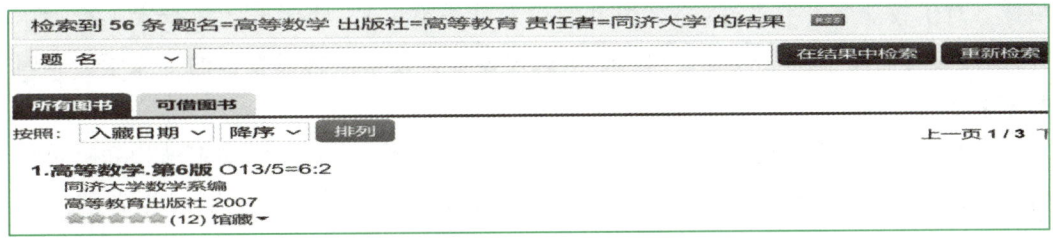

图 6.1.3　多字段检索页面

（二）选择检索页面

如果选择多字段检索页面,分别在题目窗口输入"高等数学",在出版社窗口输入"高等教育",在责任者窗口输入"同济大学"。点击检索按钮,可以查到同济大学数学系编写的《高等数学》(第 6 版)12 册(图 6.1.4)。

检索到 56 条 题名=高等数学 出版社=高等教育 责任者=同济大学 的结果

题 名　　　在结果中检索　重新检索

所有图书　可借图书

按照: 入藏日期 降序 排列　　　　　　　　　　上一页 1/3

1.高等数学.第6版 O13/5=6:2
同济大学数学系编
高等教育出版社 2007
★★★★★(12) 馆藏 ▼

图 6.1.4　检索结果

三、选择阅读图书

每一本书都有封面,提供书名、作者、出版社等信息,这些都可以作为图书检索的检索词使用。但版权页承载了图书最全面的信息。版权页通常位于书名页的反面(书名页是封面后的第二页),是图书的"身份证",图书封底则印有书号。图书一般要经过严格的审读和编辑加工流程,达到要求方可出版。因此图书相对于一些网络资料,更具有可读性和权威性。

(一)根据书名选书

书名是全书内容浓缩后的代表词汇,是检索图书最常用的检索词。

1. 基础学科

基础学科图书的书名与课程密切相关,甚至与课程名称一致,如数学、物理、化学等。如果上百本相同名称的图书排在一起,或许会占去大半个书架,那么应该选择哪一本阅读?

经验告诉大家,对于基础学科的图书,不断修订出版的书的阅读效果更好。因为基础学科图书的内容更新缓慢,不断修订出版,说明该书的发行量大,被市场和读者广泛认可,质量较有保证。例如,同济大学的《高等数学》1978 年 3 月由高等教育出版社出版,40 多年来多次修订出版,一直被公认为是高等数学课程的最佳教材,也是理工科学习高等数学和考研的推荐教材。

2. 专业学科

专业学科图书的书名可能与课程名称不完全一致,这是因为专业学科的内容更新较快,书名也会跟随时代发展而更新。因此,借阅专业图书应该越新越好。

3. 文学小说

文学小说的书名则百花齐放,有的可能与内容毫无联系,有的书名甚至会引起误解。如《牛虻》《钢铁是怎样炼成的》。因此学生要有一定的文学知识积累,熟悉经典文学小说的书名,如果看到陌生的文学小说书名,先看一下内容简介或目录,了解其大致内容再决定是否阅读。

(二)根据作者选书

图书的作者与单位是评价图书的重要参考。如果对作者不熟悉,可以参考其所在单位。对于教学参考书来说,同名图书的作者可能很多,这些作者的教学水平参差不齐,因此编写的图书质量也有差别。学生应选择学科领军人物或权威的专家学者编写的图书。

图书有独著与合著之分。独著的图书系统性好,能反映著者的知识结构和特色风格;合著的图书,由于不同的章节由不同的作者编写,有利于集中不同作者的知识优势。

(三)根据出版社选书

出版社的知名度和出版特色也是选择阅读图书的依据之一。阅读计算机类图书可选清华大学出版社,如谭浩强主编的《C 程序设计》。阅读外语教材可选择外语教学与研究出版社,如何莲珍主编的《新编大学英语(第四版)综合教程 1》。

(四)咨询图书馆员

图书馆员有着多年管理图书的经验,对馆藏有着全面的了解。图书馆设有咨询台,负责解答读者的问题,同时也推荐优质的馆藏图书。大学生们应该利用图书馆员的知识优势,有礼貌地向他们咨询问题,往往会收到事半功倍的效果。

四、如何阅读图书

书中的知识是以文字、符号、标点和图表等信息形式表达出来的,读者首先需要把书中的信息形式输入到大脑中,然后与大脑中的原有知识进行交流,这是一个认真思考的过程,需要一定时间和保持精力集中。

图书馆优雅舒适的阅览环境就是为读者静心阅读提供的,这是教室、宿舍等其他环境无法相比的。

(一) 如何阅读教学参考书

阅读教学参考书应该与课程学习同步进行。课程进行到教材的哪一章节,就阅览参考书的哪些章节,这样有助于巩固和理解课堂的教学内容。学有余力的学生也可以利用教学参考书进行预习。

1. 阅读基础课参考书

由于图书的定位不同,作者知识结构和语言表达也有差异,因此同一门课程的不同参考书会呈现不同的难度和特色,例如有的只用文字书写,有的图文并茂。因此,可以同时阅读几本参考书,选择相同的章节对照阅读。

2. 阅读专业课参考书

与基础课相比,专业课参考书的内容差别更大,这是由作者所在单位的实验条件不同决定的。因此,阅读专业参考书时应优先选择重点高校知名教授的著作,也可以挑选有关章节阅读,不一定循序渐进地逐章阅读。

(二) 如何阅读文学经典

阅读文学经典,主要是阅读人物传记、唐诗宋词、经典名著等作品。

1. 人物传记

人物传记记录了各行业名人的奋斗经历,阅读人物传记有助于励志。如邹韬奋的《经历》等。阅读人物传记要注意感悟人物精神,分析其成败得失的原因,汲取经验教训,从而完善自身,更好地学习、工作和生活。

2. 唐诗宋词

唐诗宋词是我国的国粹,是文化瑰宝和宝贵的文学遗产。大学生应阅读和背诵脍炙人口的名诗佳句,从而提升文化品位。

3. 经典名著

经典名著是人类思想艺术的精华,有着巨大的思想价值和文学价值。大学生应多阅读经典名著,从而提升人文修养,陶冶思想情操。

如果说专业课参考书苦涩难懂,像"安眠药"一样使人困倦;那么文学小说却特别提神,像"兴奋剂"一样使人精神。两类图书可以交替阅读,以保持良好的心情和足够的精力。同学们之间可以经常交流阅读心得体会,这既可以加深阅读理解和记忆,又能达到互相学习、互相促进的目的。

小 结

高等学校必须有图书馆,高校图书馆的馆藏是衡量一所高校教育质量的重要指标,一流大学首先要建一流图书馆。

图书分类体系是图书馆图书排架的依据,学习图书的分类体系可以宏观了解图书馆图书排列的规律,有助于大学生检索和寻找需要的图书。中外图书分类的原理大同小异,类号都是用字母或数字表示。

《中图法》是国内图书馆图书排架的标准,22 个字母的顺序基本反映了学科之间的位置和学科产生的顺序。只需记住本专业的类号,在国内任何图书馆都能迅速找到相关的图书。

图书封面的书名、作者和出版社通常是大家选择阅读图书的依据,版权页则是图书的"身份证",图书封底有国际标准书号。

时间对大家而言都是宝贵的,大学生有着不同的知识需求,来图书馆都想用最短的时间找到最合适的图书,这就需要综合掌握图书检索知识,灵活运用于实践中。此外,咨询图书馆借阅台的老师,也是寻找图书的捷径;检索基础课程和专业课的参考书,最好事先咨询任课老师,因为他们熟悉相关著作。同时,大学生需要熟悉本专业参考书的馆藏位置,经常去浏览一下,为更好地学习打下基础。

习 题

一、实践操作题

1. 熟悉本专业图书在图书馆内的藏书位置。

2. 熟悉本节附录推荐的获奖教材。

3. 如何阅读教学参考书?

二、讨论题

1. 图书依据分类法排架有哪些优缺点?

2.《杜威十进分类法》和《中图法》使用类号有哪些不同?

三、思考题

1.《美国国会图书馆分类法》和《中图法》类目顺序有哪些不同?

2.《中图法》适用于搜索引擎吗?

附录

首届全国优秀教材（高等教育类）部分获奖基础课教材

序号	书　　名	主编或修订	出 版 社	奖励等级
1	高校思想政治理论课必修课教材	本书编写组	高等教育出版社	特等奖
2	高等数学（第7版）上、下册	同济大学数学系	高等教育出版社	特等奖
3	大学语文（第11版）	华东师范大学	华东师范大学出版社	一等奖
4	新编大学英语（第4版）综合教程1	何莲珍	外语教学与研究出版社	一等奖
5	基础有机化学（第4版）上、下册	邢其毅等	北京大学出版社	一等奖
6	细胞生物学（第5版）	丁明孝等	高等教育出版社	一等奖
7	微生物学（第8版）	沈萍、陈向东	高等教育出版社	一等奖
8	概率论与数理统计教程（第3版）	茆诗松等	高等教育出版社	一等奖
9	理论力学（Ⅰ）、（Ⅱ）（第8版）	哈尔滨工业大学理论力学教研室	高等教育出版社	一等奖
10	机械原理（第8版）	孙桓等	高等教育出版社	一等奖
11	材料科学基础（第3版）	胡赓祥等	上海交通大学出版社	一等奖
12	电路（第5版）	邱关源、罗先觉	高等教育出版社	一等奖
13	通信原理（第7版）	樊昌信、曹丽娜	国防工业出版社	一等奖
14	模拟电子技术基础（第5版）	童诗白、华成英	高等教育出版社	一等奖
15	C++程序语言设计（第5版）	郑莉、董渊	清华大学出版社	一等奖
16	C程序设计（第5版）	谭浩强	清华大学出版社	一等奖
17	计算机组成原理（第3版）	唐朝飞	高等教育出版社	一等奖
18	机器学习（第1版）	周志华	清华大学出版社	一等奖
19	生理学（第9版）	王庭槐	人民卫生出版社	一等奖
20	内科学（第9版）	葛均波等	人民卫生出版社	一等奖
21	现代大学英语精读（第2版）1—6	杨立民等	外语教学与研究出版社	二等奖

续　表

序号	书　　名	主编或修订	出　版　社	奖励等级
22	大学数学教程 微积分 1、2（第 3 版）	刘建亚、吴臻	高等教育出版社	二等奖
23	大学数学—微积分（第 3 版）上、下册	李辉来等	高等教育出版社	二等奖
24	线性代数（第 2 版）	陈建龙等	科学出版社	二等奖
25	高等代数（第 3 版）上、下册	丘维声	高等教育出版社	二等奖
26	数学分析（第 5 版）上、下册	华东师范大学数学科学学院	高等教育出版社	二等奖
27	大学物理学（力学、热学）（第 4 版）大学物理学（电磁学、光学、量子物理）（第 4 版）	张三慧、安宇等	清华大学出版社	二等奖
28	普通物理学（第 7 版）	程守洙等	高等教育出版社	二等奖
29	无机化学（第 4 版）上、下册	宋天佑等	高等教育出版社	二等奖

第二节　常用中文数字图书馆

本节重点：超星数字图书馆
主要内容：数字图书馆功能介绍
教学目的：更好地利用数字图书馆

数字图书也称电子图书，是纸质图书的数字化表现形式。与印刷型图书相比，电子图书具有节省资源、传递方便、价格便宜、检索快捷等优点，因此发展十分迅速。

数字图书馆是以数字化资源为馆藏，以先进的信息处理技术与计算机设备为手段，以互联网为服务平台，以信息收集、开发、管理、存储并提供利用为目的的分布式巨型数字空间。当今时代，数字图书馆是运行在互联网上的超大规模、便于使用、没有时空限制的知识中心。

目前国内知名的数字图书馆有中国国家数字图书馆和超星数字图书馆等。

一、中国国家数字图书馆

中国国家数字图书馆（http://www.nlc.cn）的藏书覆盖国内所有图书种类，甚至链接各省级图书馆的地方特藏数据库，是能够展现中华民族博大精深历史文化的综合性网站，是当之无愧的中国文化超级市场。目前，国家数字图书馆正在积极探索为不同

中国国家
数字图书馆

地区、不同年龄、不同类型的读者提供不同的服务(图 6.2.1)。

图 6.2.1　中国国家数字图书馆主页

对于大学生来说,浏览国家数字图书馆网站有助于拓宽视野,积累知识,特别有助于了解历史、地理、文学和艺术类文献。

(一)免费注册

阅读中国国家数字图书馆的文献需要先进行免费注册。主页右侧提供"读者门户登录/注册"入口,进入"读者门户"页面后,注意阅读下方的"读者资源使用权限说明",然后点击右上角的"注册",按照提示进行注册。

(二)图书检索

1. 快速检索

国家数字图书馆主页设有检索窗口,用于输入检索词,窗口后边提供文津搜索、馆藏目录和特色资源 3 种搜索范围的选择(表 6.2.1)。

表 6.2.1　检索范围说明

检索选择项	检索范围
文津搜索	古今图书、期刊论文、学位论文、多媒体、缩微文献、文档、词条等
馆藏目录	中文图书、论文等
特色资源	史、地、文、古、音、像、字、画等馆藏

检索示例：查询国家数字图书馆收藏的文献检索类图书资料

课题分析：国家数字图书馆的馆藏涉及多种文献资源，检索范围应选择"文津检索"。

第一步：输入检索词。在检索窗口输入"文献检索"（图 6.2.2）。

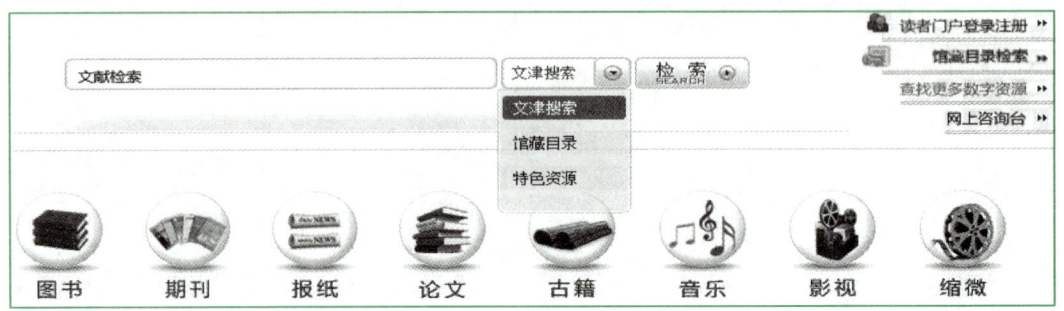

图 6.2.2　在检索窗口输入检索词

第二步：选择检索范围。选择"文津搜索"，检索结果 6 500 条（图 6.2.3），这是国家图书馆收藏的多种文献检索类资料（如图书、论文、多媒体、缩微文献等）的总和；若选择"馆藏目录"，检索结果为外文 9 条+中文 849 条（图 6.2.4），这仅是中外文献检索类图书种类之和。

图 6.2.3　"文津搜索"检索结果

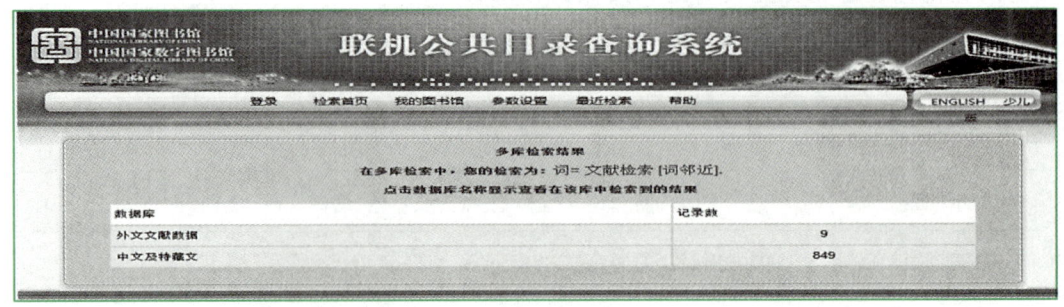

图 6.2.4　"馆藏目录"检索结果

2. 文献种类检索

在主页检索窗口下，设有图书、期刊、报纸、论文、古籍、音乐、影视和缩微等8个圆形图标，分别对应相应的文献数据库，体现了国家数字图书馆作为大型公共图书馆的特征。选择不同的文献图标进行点击，可以浏览国家图书馆各种馆藏文献的介绍。

点击"图书"图标，可进入图书资源库页面（图6.2.5），这里提供哲学、社科、善本、古籍、诗词、漫画、连环画等50多个古今中外图书数据库的选择，每个数据库右边都提供收录范围简介，内容提示清晰，并注明收录年限。

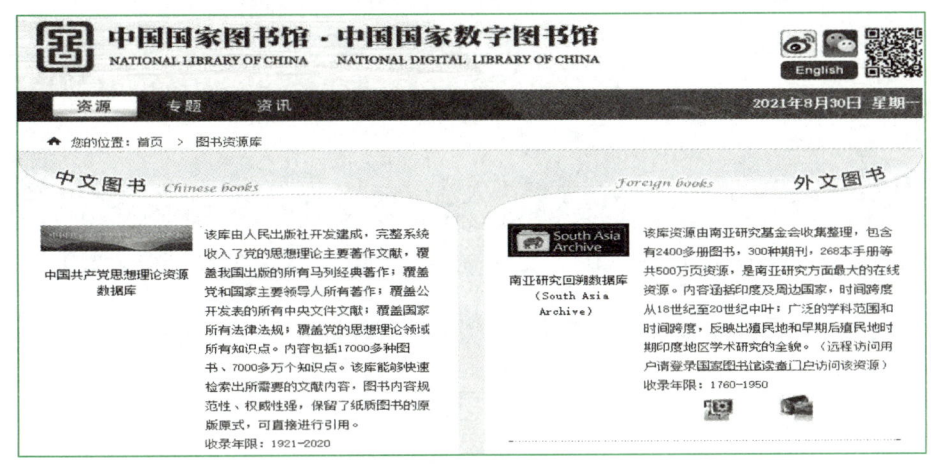

图6.2.5　图书资源库页面

3. 馆藏目录检索

主页的右边设有读者门户登录注册、馆藏目录检索、查找更多数字资源和网上咨询台等功能入口，选择点击可进入各自对应的页面。

国家图书馆是国内收藏中文图书最多的图书馆，馆藏目录检索提供了国家图书馆的全部藏书清单，利用国家数字图书馆的馆藏目录能够最大限度地搜索到已经正式出版的中文图书。

检索示例：清华大学谭浩强教授编著的计算机类图书

课题分析：谭浩强教授编著的计算机语言类图书在国内享有盛名。

第一步：选择馆藏目录检索。在主页右栏点击"馆藏目录检索"（图6.2.1），进入检索页面（图6.2.6）。

第二步：选择高级检索。把鼠标放在检索窗口右边的"高级检索"上，会出现下拉菜单，提供多字段检索、多库检索、组合检索、通用命令语言检索、浏览和分类浏览等多种选择。此例应选择"多字段检索"（图6.2.7）。

第三步：输入检索词。在主题窗口输入"计算机"，在著者窗口输入"谭浩强"，点击"确定"，得到87条记录（图6.2.8）。

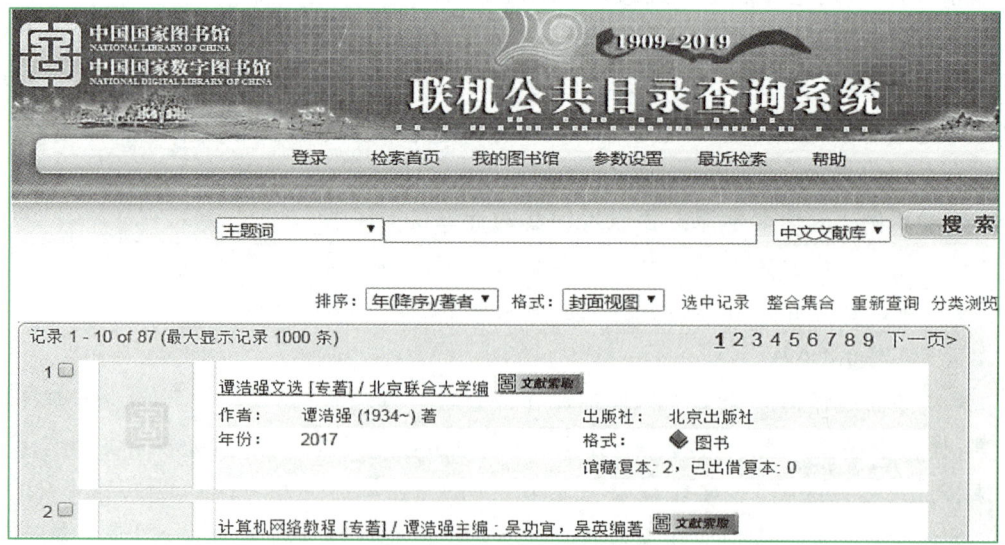

图 6.2.6 馆藏目录检索页面

图 6.2.7 多字段检索页面

图 6.2.8 检索结果

（三）音视频欣赏

点击主页检索窗口下方的"音乐"圆形图标,可进入音乐资源库页面。音乐资源库提供4个数据库的介绍(图6.2.9),其中库客数字音乐图书馆对馆外读者提供部分服务(图6.2.10)。

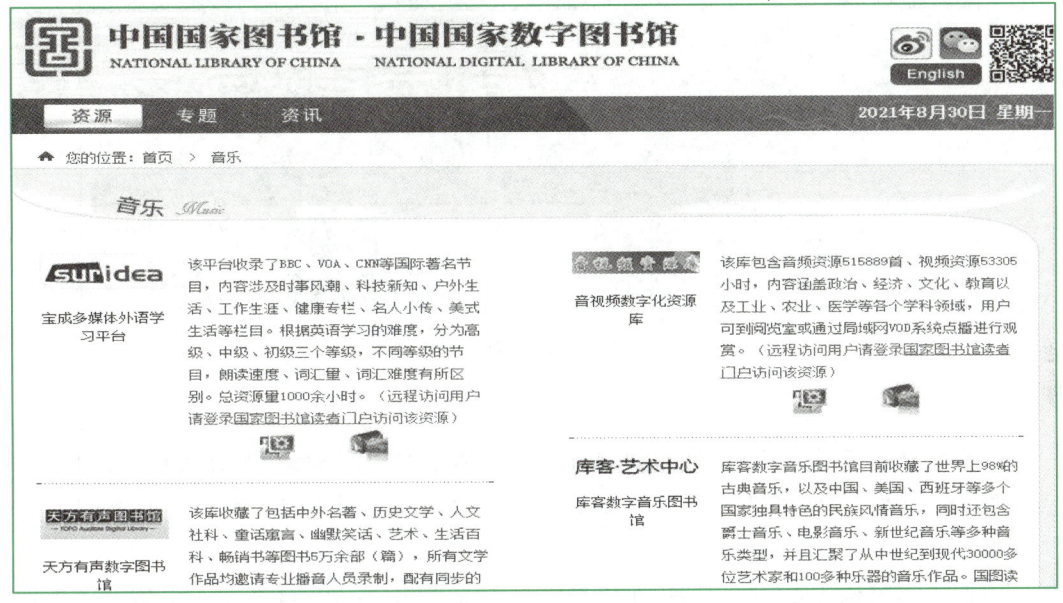

图 6.2.9　音乐数据库页面

图 6.2.10　库客数字音乐图书馆页面

二、超星数字图书馆

超星数字图书馆成立于1993年,是我国第一个数字图书馆,目前拥有上百万册电子图书。2000年,超星数字图书馆在互联网上正式开通,是国内高校使用最多的数字图书馆。

超星数字图书馆的主页面设计非常简单:右上角设置检索窗口,这是非常流行的

超星数字
图书馆

设计方式,便于用户使用;左栏提供图书分类,按照《中国图书馆分类法》的大类排序,但只列出类目,没有注明类号(图6.2.11)。

图 6.2.11 超星数字图书馆主页

(一) 窗口检索

检索窗口用于输入检索词,检索窗口右侧有两个按钮,"检索"按钮提供快速检索;点击"高级检索"按钮可进入另一个检索页面,用于输入多个检索词。

1.快速检索

快速检索可输入单个检索词,在检索窗口下面书名、作者、目录和全文检索4种选项中任选其一,点击"检索"按钮,获取检索结果。

检索结果为相关图书的书名、主题词、作者、页数、中图分类号、出版社及出版时间等基本信息,有助于读者进行选择。

检索示例:查找书名含"网络信息检索"的图书

课题分析:可选择"网络信息检索"作为检索词,选择"书名"为检索范围。

第一步:输入检索词。在检索窗口输入"网络信息检索",在窗口下方选择"书名"(图6.2.11),点击"检索"。

第二步:选择阅读图书。检索结果页面的右上方提供排序方式,可以按书名或出版日期的升降进行排序,通常选择按照图书出版日期的降序排列(图6.2.12)。

第三步:下载阅读器。若要阅读电子图书,可选择点击下方的"阅读器阅读"或"PDF阅读"。两种阅读方式都需要预先下载相关的阅读软件。

以下载安装超星阅读器为例:点击图6.2.11中的"客户端下载",根据提示即可完成安装(图6.2.13)。

超星阅读器是一款电子书阅读及下载管理的客户端软件。该软件不仅可以阅读电子书,而且支持在电子书原文上做标注及添加书签,还有文字复制和识别功能,方便对图书进行文本编辑。

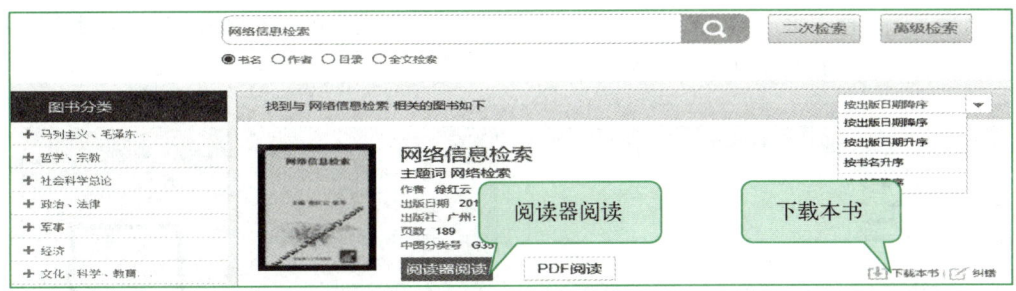

图 6.2.12 检索结果

图 6.2.13 超星阅读器下载页面

超星阅读器支持下载图书离线阅读,并支持其他图书资料导入阅读,支持的图书资料文件有 PDG、PDZ、PDF、HTM、HTML、TXT 等多种常用格式。

第四步:阅读图书。点击图 6.2.12 下方的"阅读器阅读",进入电子书页面(图 6.2.14)。页面标题栏提供了文字复制、文字识别和标注功能图标。

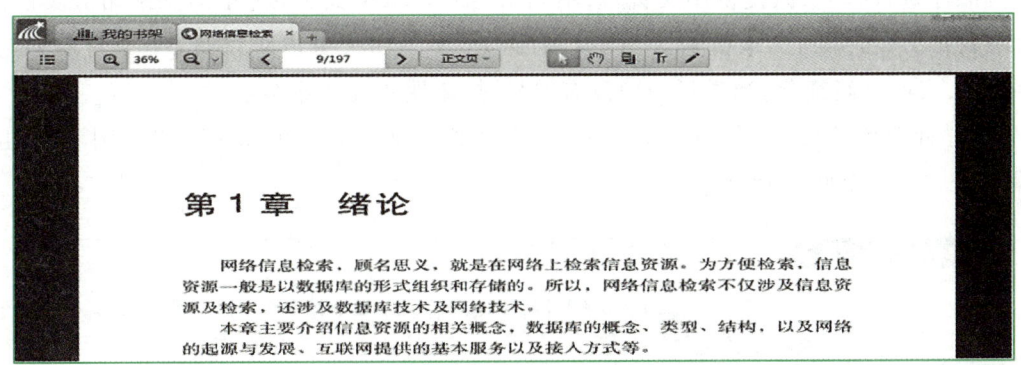

图 6.2.14 电子书页面

为了方便日后阅读,可以下载该书。点击图 6.2.12 右下角的"下载本书",进入"下载设置"页面(图 6.2.15)。可在"下载到分类"中选择"我的书架 1",在"下载类型"中选择"打包下载",再点击"下载"。下载完毕后,在图 6.2.16 左上角点击"我的书架",可看见下载的图书(图 6.2.16)。

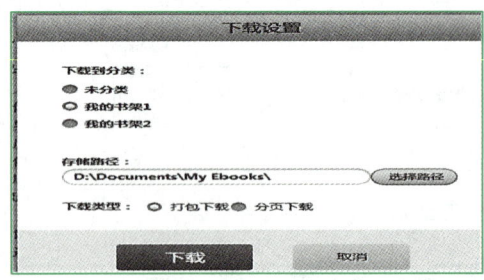

图 6.2.15 下载选择

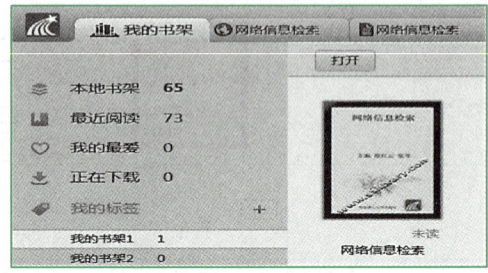

图 6.2.16 下载的图书

2. 高级检索

点击检索窗口右边的"高级检索",可进入高级检索页面。高级检索页面有书名、作者、主题词、中图分类号 4 个检索窗口,以及起止年代、分类、搜索结果显示条数 3 个选择项(图 6.2.17)。

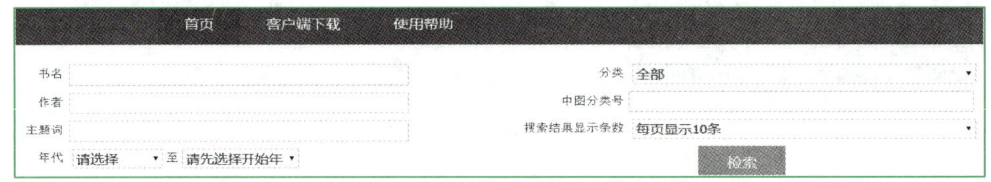

图 6.2.17 高级检索页面

(二)图书分类检索

超星数字图书馆主页左栏设置图书分类,类目按照《中国图书馆分类法》的 22 个大类顺序进行排列,只提供中文类目,不列出类号。每个大类按《中国图书馆分类法》细分再细分,可分到三级类目。当类目前面为"+"号时,可以再细分;当类目前面为"-"时,表明已经细分;当类目前面没有符号时,表明不能再细分。

以"社会科学总论"大类为例,"社会科学现状及发展"为二级类,"中国"和"世界"为三级类,至此不能再细分(图 6.2.18)。

图 6.2.18 图书分类页面

小　结

中国国家数字图书馆是当之无愧的国内第一大数字图书馆,国内出版的任何图书,在国家图书馆都有收藏,因此可以使用国图的馆藏目录查询图书馆所收录的著者或出版社的图书。国家图书馆近几年电子化、网络化进程迅速,不仅资源丰富、文献种类齐全,而且提供多功能的在线文献服务。

超星数字图书馆是国内较大的数字图书馆,拥有大量的电子图书,是目前高校常用的数字图书馆。高校图书馆的主页设置有超星数字图书馆的链接,为学校师生阅读电子图书提供了方便。电子图书的阅读效果虽不及纸质图书,但具有获取和使用便捷、不占用空间等优点,可作为纸质图书的补充,适合大学生随时随地上网阅读。

习　题

一、实践操作题

1. 重复本节检索示例的检索过程。

2. 利用超星数字图书馆查找本校教师编著的图书。

3. 在国家图书馆注册个人账户。

4. 利用国家数字图书馆查找本校教师编著的图书。

5. 利用国家数字图书馆阅读连环画。

二、讨论题

1. 图书检索系统的界面为什么以主题检索为主?

2. 电子图书和纸质图书的阅读感受有何差异?

三、思考题

1. 数字图书馆能否取代实体图书馆?

2. 如何利用国家数字图书馆拓宽知识视野?

第三节　读秀学术搜索平台

本节重点:读秀的知识搜索

主要内容:读秀的主要功能

教学目的:熟悉读秀学术平台

读秀

读秀是超星公司的一个学术搜索引擎及文献资料服务平台,拥有超大型的多种文献信息数据库,提供知识、图书、期刊、报纸、学位论文、会议论文、音视频、文档等 10 多个搜索频道的一站式服务,能够为在校学生提供学习、研究、写论文、做课题等方面需要的多种学术文献资料信息。

读秀的最大特色是知识搜索功能。该功能搜索的结果是不同图书相同知识点的章节集合片段,并提供部分页面的试读,用户可以同时浏览多种参考书,从而大大提升阅读效率。

读秀主页设计非常简单,只有一个检索窗口,用于输入检索词。窗口上方提供多种文献的搜索频道,用于限制搜索结果的文献类型。窗口下方设有中文搜索和外文搜索两个按钮,以区分中外文献数据库(图 6.3.1)。

图 6.3.1　读秀主页

一、读秀的助读功能

读秀的主要功能是辅助阅读,读秀为此提供了知识、图书和电子书等多个搜索频道。

(一)知识频道

读秀的知识频道提供全文搜索,在检索窗口输入检索词,点击"中文搜索"(或"外文搜索"),能够搜索到多种图书相关章节的内容集合,这是读秀的最大特色。

检索示例:搜索多种图书对"读秀"的解释

课题分析:检索词选择"读秀",在没要求文献类型的情况下,可选择"知识"频道。

第一步:输入检索词。在检索窗口输入"读秀"(图 6.3.1)。

第二步:选择搜索频道。选择"知识"频道。

第三步:查看检索结果。点击"中文搜索",得到 3 233 条文献信息,每条信息都提供"展开""PDF下载"和"阅读"3 种选择(图 6.3.2)。

第四步:选择检索结果。浏览多条"读秀"的介绍信息,以全面了解"读秀"的功能。图 6.3.2 中,第一条"读秀数据库"来自刘晓红等主编的《信息资源检索与综合利

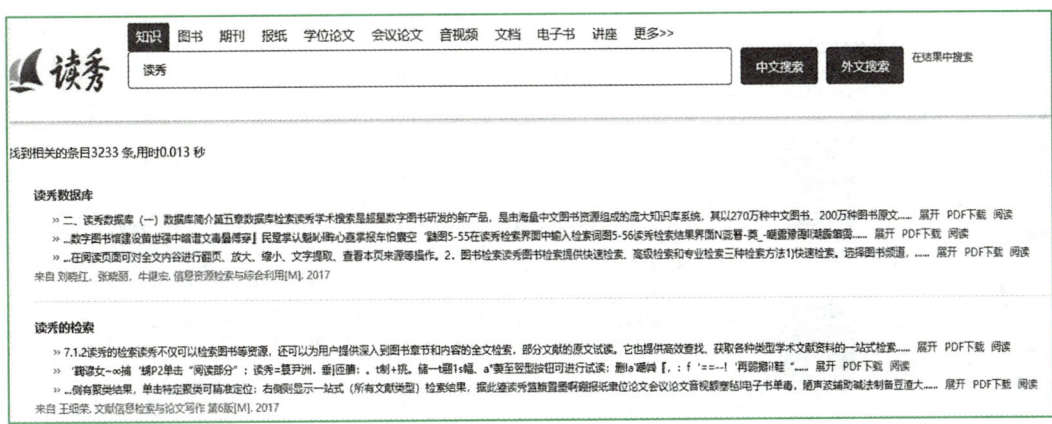

图 6.3.2　检索结果 3 233 条

用》，第二条"读秀的检索"来自王细荣等编著的《文献信息检索与论文写作》（第 6 版）。如选择第一条信息，则点击后边的"展开"（图 6.3.3）或"阅读"（图 6.3.4）。

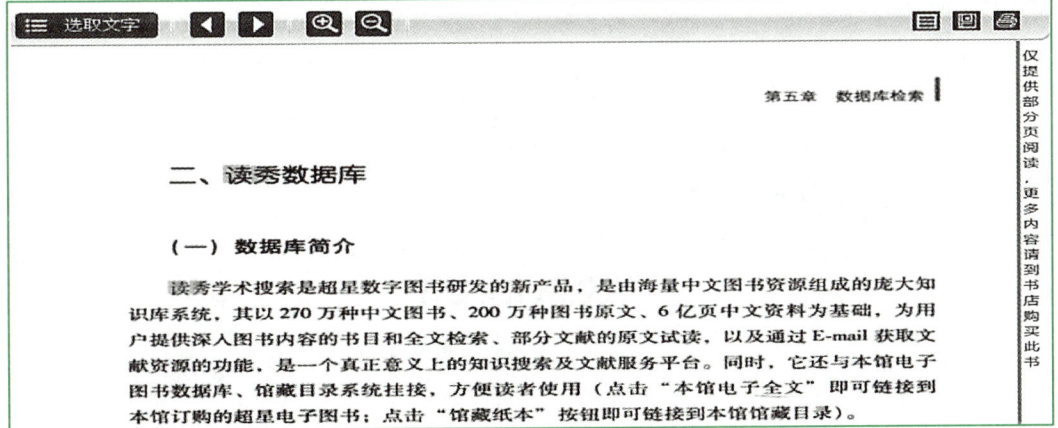

图 6.3.3　"展开"第一条信息

图 6.3.4　"阅读"第一条信息

将图 6.3.3 与图 6.3.4 比较可以看出，"阅读"展示的是图书的扫描页面，比"展开"的内容更详细。

如果选择第二条信息后边的"展开"（图 6.3.5），可进一步加深对读秀的认识。

从以上示例可以看出，读秀的知识搜索能够同时提供多本图书对同一知识点的解释，有助于用户对某些知识难点的理解。

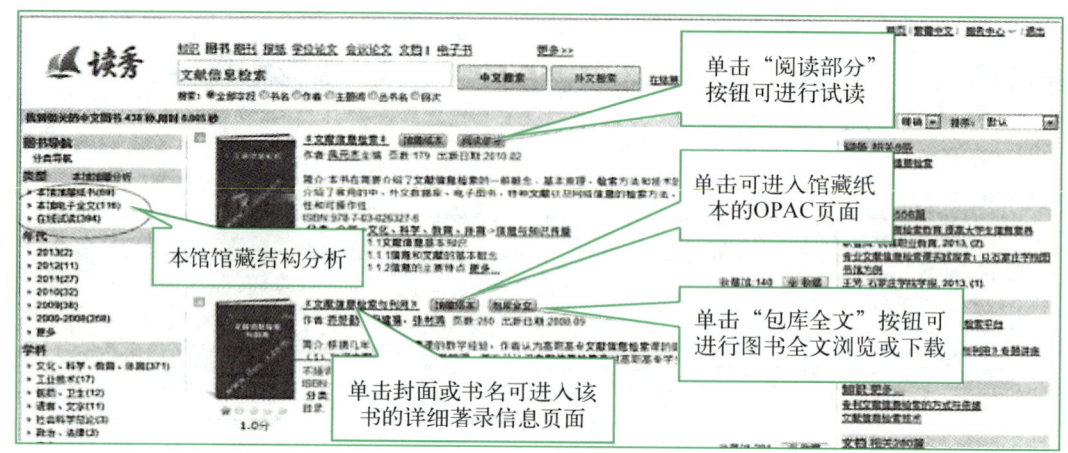

图 6.3.5　"阅读"第二条信息

（二）图书频道

图书频道用于搜索相关的图书信息，能够从宏观层面展现某一类图书的出版状况，提供部分试读页面，但不提供电子书的全文阅读。

图书频道提供快速搜索、高级搜索和分类导航三种检索途径。

1. 快速搜索

在检索窗口上方选择图书频道即可检索图书，默认页面为快速搜索，窗口下方提供全部字段以及书名、作者、主题词、丛书名和目次等选择字段，用于限定检索词的搜索范围（图 6.3.6）。

图 6.3.6　图书频道页面

检索示例：搜索书名含"网络信息检索"的中文图书

课题分析：检索词使用"网络信息检索"，检索范围选择"书名"，检索频道选择"图书"。

第一步：输入检索词。在检索窗口输入"网络信息检索"。

第二步：选择检索范围和检索频道。窗口下面选择"书名"字段，窗口上方选择"图书"频道（图 6.3.6）。

第三步：查看检索结果。点击"中文搜索"按钮，搜索结果为 159 种图书。结果列表右边提供 9 种排序方式（默认排序、时间降序、时间升序、访问量、个人收藏量、单位收藏量、引用量、电子馆藏、本馆馆藏）。选择按"时间降序"排列，可以把新出版的书列在前边（图 6.3.7）。

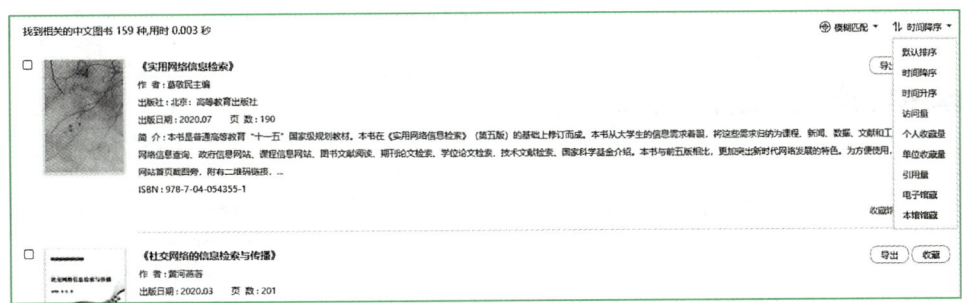

图 6.3.7　检索结果按时间降序排列

第四步：选择检索结果。新书只提供简单的出版信息，不能提供试读。如果希望试读电子图书，可以选择按"电子馆藏"排序（图 6.3.8）。

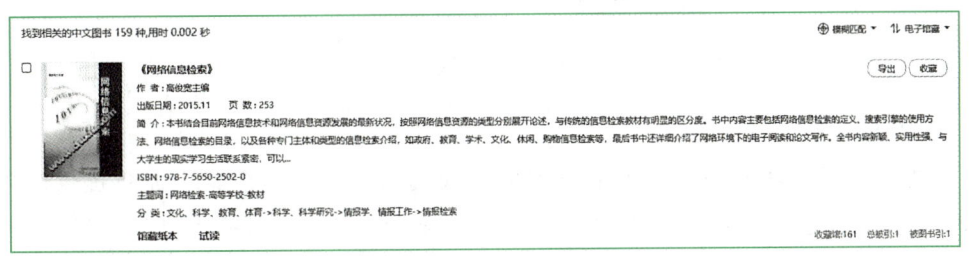

图 6.3.8　检索结果按电子馆藏排序

第五步：浏览图书信息。点击图 6.3.8 下方的"试读"，可以浏览图书目录页（图 6.3.9）和正文前 15 页（图 6.3.10）。

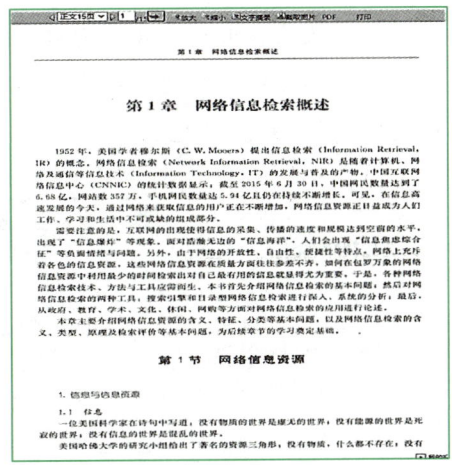

图 6.3.9　目录页　　　　　　　　　　　图 6.3.10　正文页

2. 高级搜索

高级搜索页面提供书、作者、主题词、出版社、中图分类号等搜索窗口,窗口后有提示文字信息(图6.3.11)。

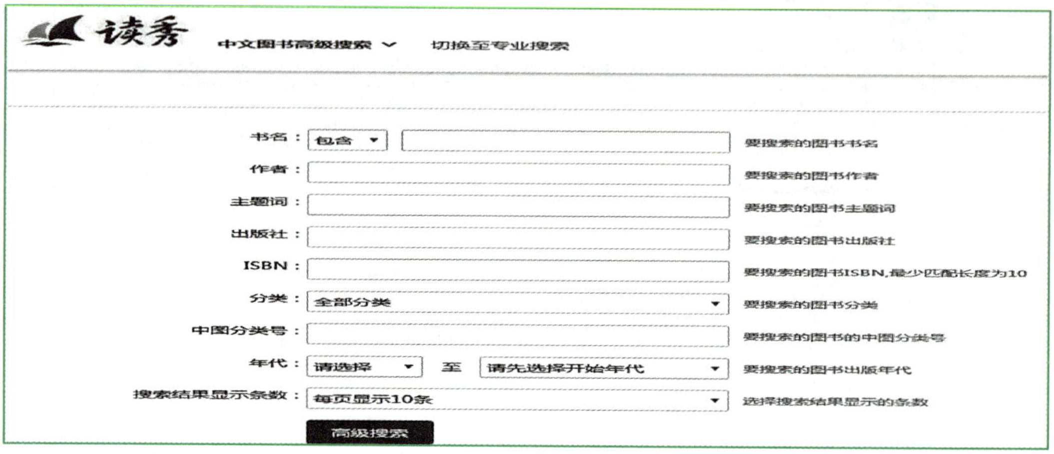

图 6.3.11　高级搜索页面

(三)电子书搜索

读秀的电子书功能提供整本电子书的在线阅读。电子书搜索页面只提供简单搜索窗口,窗口下方提供全部字段、书名和作者三种选择,如果对检索结果不满意,可以点击"在结果中检索"。

检索示例:搜索网络信息检索类电子书

课题分析:检索词可使用"网络信息检索",检索范围应选择"书名",检索频道宜选择"电子书"。

第一步:输入检索词。在检索窗口输入"网络信息检索"。

第二步:确定检索范围和检索频道。窗口下方选择"书名",窗口上方选择更多,找到"电子书"(图6.3.12)。

图 6.3.12　检索页面

第三步：查看检索结果。点击"搜索"，得到相关图书 39 种，从页面右边选择按照"时间降序"排列（图 6.3.13）。

图 6.3.13　搜索结果 39 种

第四步：阅读电子书。通常选择最新的书籍进行阅读，阅读电子书需要安装阅读器，如果安装了超星阅读器，只需点击书名，即可打开电子书进行阅读（图 6.3.14）。左栏是图书目录，可以选择感兴趣的章节点击阅读。

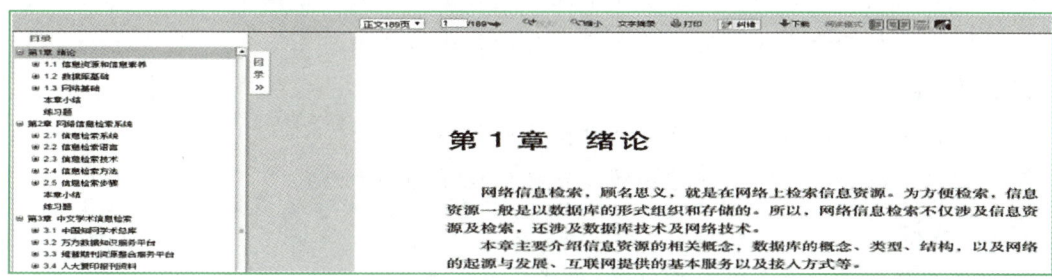

图 6.3.14　电子书页面

超星阅读器工具栏提供页面的放大、缩小、文字摘录、打印和下载等功能。如果需要记录部分文字，可以点击"文字摘录"，也可选择"打印"。点击"下载"，能够将电子书下载到超星阅读器"我的书架"上，便于日后快速打开阅读。

二、读秀的其他功能

读秀具有全面搜索各种文献的功能，不仅能够搜索科学类文献（图书、报刊、学位论文、会议论文），而且能够搜索技术类文献（专利、标准）；不仅具有工具书（词典、百科）功能，而且能提供教学视频等资源。

小　结

读秀的主要功能是提供图书相近内容之间的关联，这是读秀区别于其他学术资源平台的特点。

　　读秀的知识频道集中了不同图书相关章节的"碎片",有助于用户对某一知识模块的多维度理解。图书频道展示了多种图书的部分页面,有助于用户选择合适的实体图书进行借阅;电子书频道则提供少量图书的整本阅读。

　　读秀的搜索功能十分全面,能够搜索各种类型的文献,也提供视频搜索,还能够当作电子工具书使用。读秀的缺点是提供的文献信息稍有滞后,如果要检索图书之外的文献类型,建议使用其他相关学术资源平台。

习　题

一、实践操作题

　　1. 重复本节检索示例的检索过程。

　　2. 利用读秀知识频道加深理解"区块链"的含义。

　　3. 利用读秀知识频道查询"人工智能"的多种应用。

　　4. 利用读秀期刊频道检索袁隆平院士的文章《妈妈,稻子熟了》。

　　5. 利用读秀讲座频道选择并观看信息检索课的视频。

二、讨论题

　　1. 读秀对理解书中疑难章节有哪些帮助作用?

　　2. 读秀与超星数字图书馆的功能互补体现在哪些方面?

三、思考题

　　1. 为什么说读秀的特色是打碎"图书"?

　　2. 读秀与搜索引擎的主要区别是什么?

第七章

期刊论文检索

期刊论文是刊登于学术性连续出版物或论文集中的普通学术论文。期刊论文要求作者思路开阔，文章内容新颖、有创新之处。期刊论文一般由标题、作者、摘要、正文、参考文献等几部分组成。期刊论文一般篇幅为 3 000~15 000 字。

期刊论文的载体能够体现论文的质量水平，如 Nature、Science、Cell 等期刊被公认为世界顶级期刊。显然，期刊论文是评价科技工作者科研成果的重要指标，也是高校教师和研究生的主要参考文献。

高校图书馆订阅纸质期刊的品种数量均有限，广大教职工使用更多的是电子期刊数据库。本章介绍常用中英文期刊数据库的常用功能，其他数据库功能可根据具体需要自学。

第一节 中文期刊数据库

本节重点：知网学术期刊库
主要内容：中文期刊论文检索
教学目的：掌握中文期刊论文的检索方法

中文期刊数据库是高校师生使用最多的数据库，中文期刊数据库具有论文数量多、检索入口多、检索速度快、浏览方便、下载容易等优点，其主要缺点是时间上可能滞后于印刷出版的期刊。

目前国内主要有三大中文期刊数据库：一是知网学术期刊库，二是中国学术期刊数据库，三是维普公司的中文期刊服务平台。本节主要介绍前两个中文期刊数据库的检索功能。

一、知网学术期刊库

知网学术期刊库是知网学术平台的主要数据库之一。点击知网主页检索窗口下方的"学术期刊"（图 7.1.1），即可进入学术期刊库检索页面（7.1.2）。

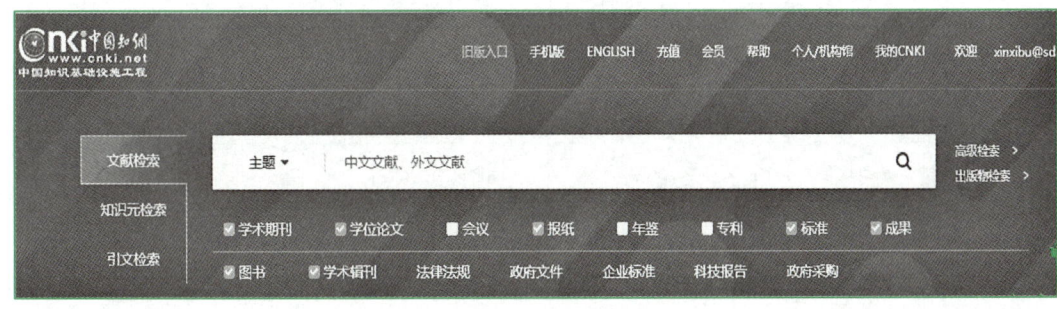

中国知网

图 7.1.1　知网主页

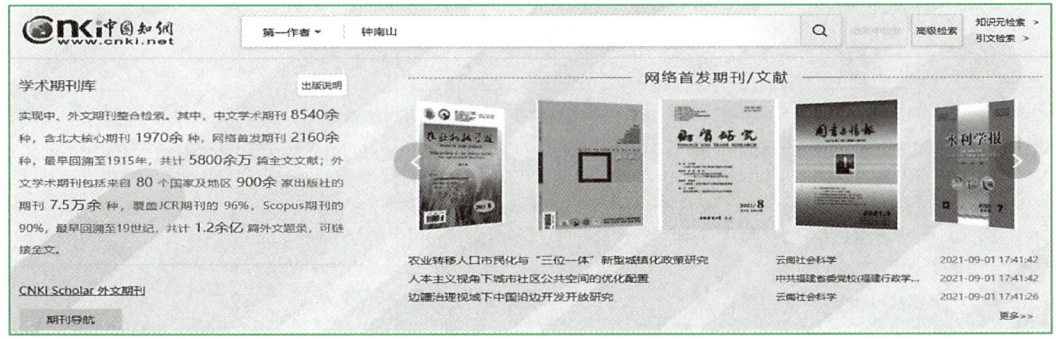

图 7.1.2　学术期刊库页面

知网学术期刊库目前收录国内学术期刊超过 8 500 种,期刊论文总量超过 5 800 万篇,且每日更新。该数据库是国内高校购置最多的数据库,也是中国知网诸数据库中访问量最大的数据库,主要访问量来自高校的教师、研究生和本科高年级学生群体,以及研究院所的科研人员等。

知网学术期刊库主要提供快速检索和高级检索功能,新增加了知识元检索和引文检索功能。

(一) 快速检索

快速检索页面是默认页面,只提供一个检索窗口,可以输入任意检索词。检索窗口左边设有字段选择项,可以限制检索词的检索范围。

知网使用的检索字段包括主题、篇关摘、关键词、篇名、全文、作者、第一作者、通讯作者、作者单位、基金、摘要、小标题、参考文献、分类号、文献来源、DOI、被引频次等(表 7.1.1)。

表 7.1.1　知网使用的字段代码

序　号	代　码	字　段　名　称	说　明
1	SU	主题	篇名、关键词和系统提示词字段
2	TKA	篇名、关键词、摘要	篇名、关键词、摘要任一字段
3	KY	关键词	论文给出的关键词
4	TI	篇名	论文名称
5	FT	全文	论文全文
6	AU	作者	论文责任人(中文名/英文名/拼音)
7	FI	第一作者	排在第一位的作者或独立作者
8	RP	通讯作者	论文的联系人(研究生导师等)
9	AF	作者单位	作者所在单位(全称/简称/曾用名)
10	FU	基金	支持项目研究的基金名称
11	AB	摘要	论文内容摘要
12	CO	小标题	论文的副标题
13	RF	参考文献	论文引用文献
14	CLC	分类号	《中图法》的分类号
15	JN	文献来源	论文所在的刊物名称

续　表

序　号	代　码	字　段　名　称	说　　明
16	DOI	文献标识符	论文唯一标识号
17	CF	被引频次	论文被引次数

检索示例：查找钟南山院士亲自撰写的期刊论文

课题分析：钟南山院士亲自撰写的论文，包括他作为独立作者和第一作者撰写的论文。

第一步：实施检索过程。可把"钟南山"作为检索词输入，左边检索字段选择"第一作者"（图7.1.2），点击右边的检索镜，得到168条检索结果（图7.1.3）。

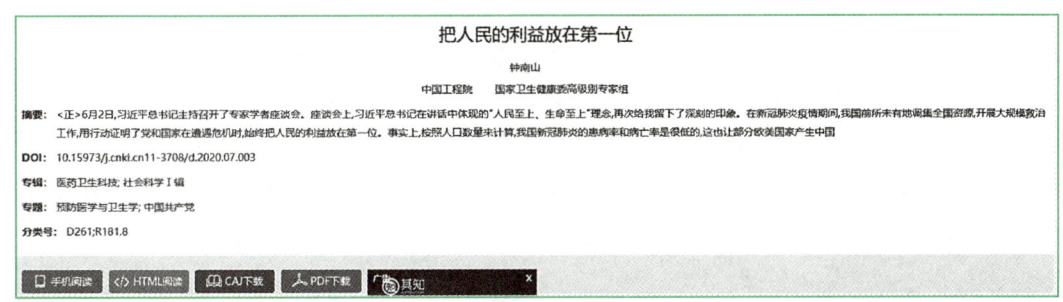

	篇名	作者	刊名	发表时间	被引	下载	操作
1	钟老于2010年为本刊题写刊名	钟南山	名医	2020-11-28		3	
2	把人民的利益放在第一位	钟南山	中国卫生	2020-07-05		589	
3	钟南山：留下点有价值的东西，就算没白活	钟南山	廉政瞭望	2020-06-01	1	372	
4	钟南山："你们是战"疫"前线的英雄"	钟南山	党的生活(黑龙江)	2020-04-15		118	
5	慢性呼吸疾病的防治策略	钟南山;曾广翘	中国临床保健杂志	2020-02-28	15	1945	

图7.1.3　检索结果

第二步：浏览检索结果。默认状态下，检索结果按相关度和论文发表时间的降序排列，每篇论文的信息包括篇名、作者、刊名、发表时间、被引、下载等。

如选择第2篇"把人民的利益放在第一位"点击，可进入摘要页面（图7.1.4）。

把人民的利益放在第一位

钟南山

中国工程院　国家卫生健康委高级别专家组

摘要：《正》6月2日，习近平总书记主持召开了专家学者座谈会。座谈会上，习近平总书记在讲话中体现的"人民至上、生命至上"理念，再次给我留下了深刻的印象。在新冠肺炎疫情期间，我国都所未有地调集全国资源，开展大规模救治工作，用行动证明了党和国家在遭遇危机时，始终把人民的利益放在第一位。事实上，按照人口数量来计算，我国新冠肺炎的患病率和病亡率是很低的，这也让部分欧美国家产生中国

DOI：10.15973/j.cnki.cn11-3708/d.2020.07.003
专辑：医药卫生科技；社会科学Ⅰ辑
专题：预防医学与卫生学；中国共产党
分类号：D261;R181.8

图7.1.4　摘要页面

第三步：获得期刊论文。学术期刊库提供手机阅读、HTML阅读（图7.1.5）、CAJ下载和PDF下载4种阅读方式。

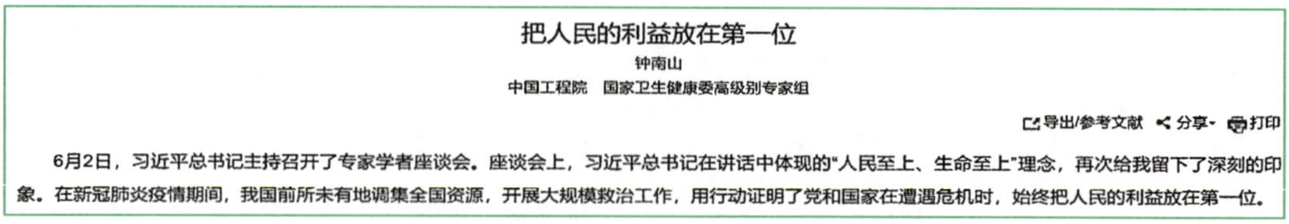

把人民的利益放在第一位

钟南山

中国工程院　国家卫生健康委高级别专家组

⬆导出/参考文献　＜分享▾　🖨打印

6月2日,习近平总书记主持召开了专家学者座谈会。座谈会上,习近平总书记在讲话中体现的"人民至上、生命至上"理念,再次给我留下了深刻的印象。在新冠肺炎疫情期间,我国前所未有地调集全国资源,开展大规模救治工作,用行动证明了党和国家在遭遇危机时,始终把人民的利益放在第一位。

图 7.1.5　期刊原文

（二）高级检索

点击图 7.1.2 中窗口右边的"高级检索"可进入高级检索页面(图 7.1.6)。高级检索页面设有多个检索窗口(可以通过窗口右边的"＋""－"号增减),同快速检索一样,高级检索窗口左边也设有字段选择,不同的是窗口再往左还提供逻辑运算符(AND、OR 和 NOT),而且后边设置了"精确"和"模糊"选择。

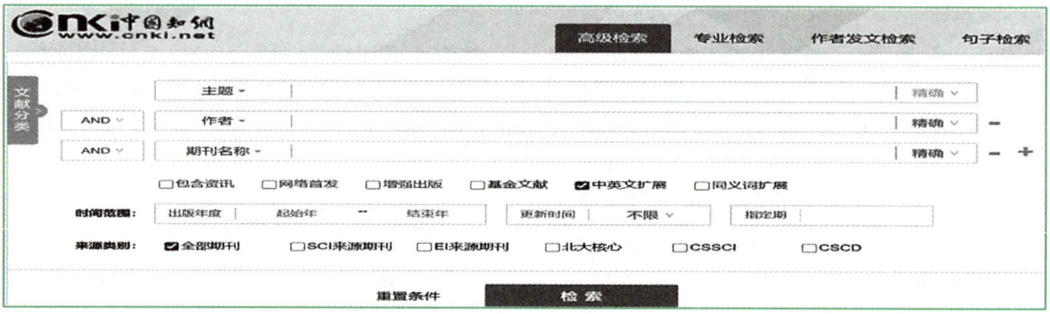

图 7.1.6　高级检索页面

检索窗口的下边提供了时间范围、来源类别等多项限制,用户可以按照检索需求逐步缩小检索范围。

检索示例：查找近年来有关研究生数学考试的期刊论文

课题分析：可选择"研究生""数学""考试"作为检索词,并要求论文题目同时包含 3 个检索词,论文发表时间以近 5 年为宜,论文来源不限。

第一步：实施检索过程。把 3 个检索词分别输入到 3 个检索窗口中;检索窗口的检索字段均选择"篇名";逻辑关系均选择"AND";在检索窗口下方选择限定时间是"2015—2020"年,来源类别是"全部期刊"(图 7.1.7)。

第二步：浏览检索结果。点击"检索",检索结果共有 6 篇相关论文(图 7.1.8)。

如果选择第一篇论文题目点击,可得到文献的摘要信息(图 7.1.9);

第三步：获得期刊论文。如果对该文感兴趣,可以任选手机阅读、HTML 阅读、CAJ 下载和 PDF 下载方式获得全文(图 7.1.10)。

图 7.1.7　设置检索条件页面

图 7.1.8　检索结果

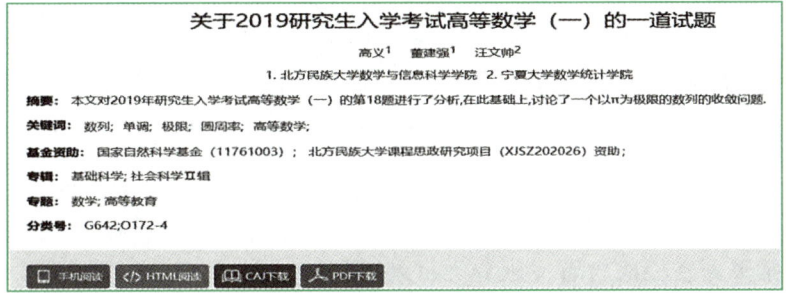

图 7.1.9　摘要信息

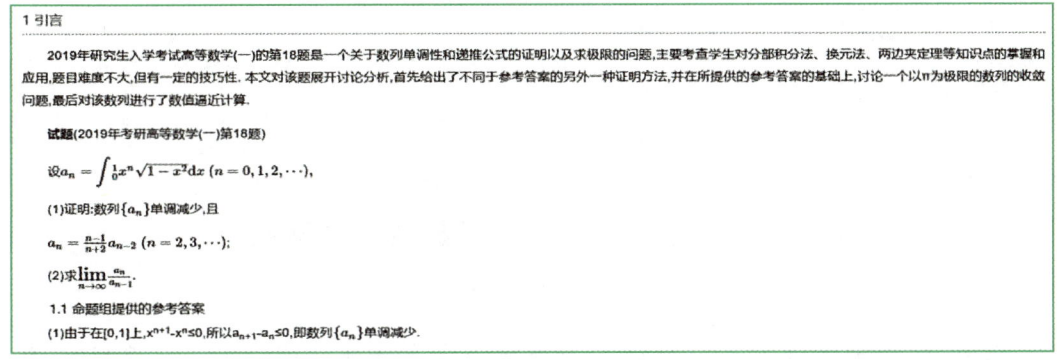

图 7.1.10　文献正文页面

（三）专业检索

高级检索页面提供专业检索，专业检索页面与高级检索页面不同，只提供一个检索窗口，用于输入检索词和逻辑运算符构造的检索式。窗口右边提供"专业检索使用方法"，介绍检索式的构造并提供示例。检索窗口下方的限制条件与高级检索页面相同（图7.1.11）。

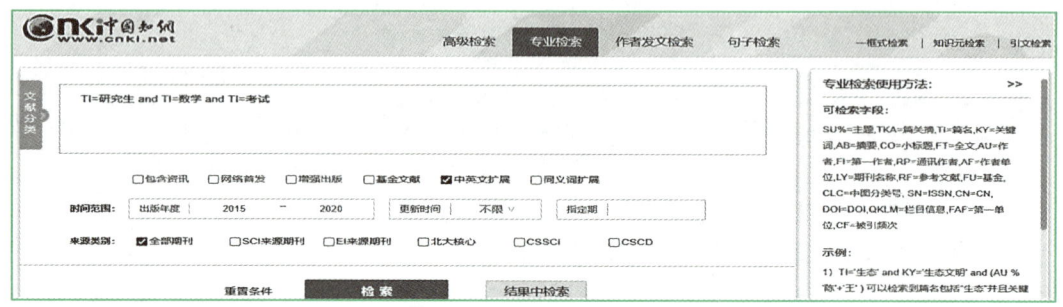

图7.1.11 专业检索窗口

下面仍以"查找近年来有关研究生数学考试的期刊论文"为例，介绍专业检索过程。

第一步：编写检索式。根据图7.1.11右栏提示，篇名字段代码为"TI"，逻辑"与"代码为"AND"。如果把图7.1.7的检索含义写成检索式，应为"TI＝研究生 AND TI＝数学 AND TI＝考试"（图7.1.11）。

第二步：获得检索结果。点击"检索"，获得检索结果（图7.1.8）。

（四）分类检索

高级检索页面左栏隐含着文献分类目录（图7.1.12）。

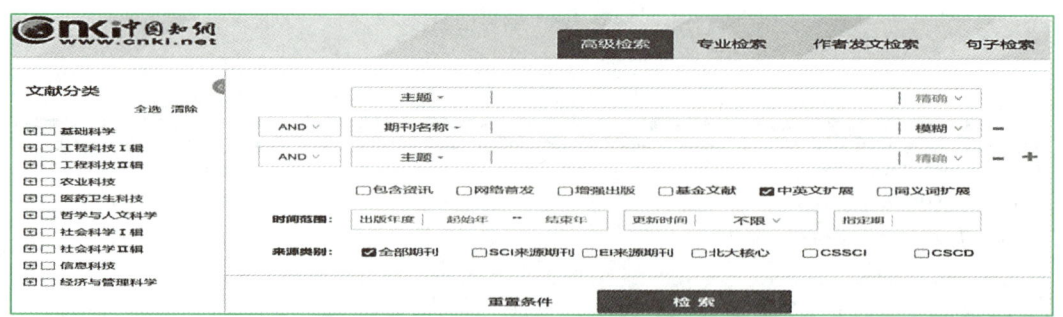

图7.1.12 高级检索页面左栏的文献分类

文献分类包括基础科学、工程科技、农业科技、医药卫生科技、哲学与人文科学、社会科学、信息科技和经济与管理科学等10个专辑（表7.1.2），提供学科分类途径进行检索,有助于提高文献的查全率。

表 7.1.2　文献分类目录的 10 个专辑

序号	专　辑　名　称	学　科　范　围	收录期刊数
1	基础科学	数学、物理、生物、气象、地质、资源	830
2	工程科技 I 辑	化工、材料、矿业、冶金、轻工、环保	1 099
3	工程科技 II 辑	机械、运输、水利、建筑、能源、电力	1 278
4	农业科技	农工、农艺、林业、畜牧、水产	630
5	医药卫生科技	中医、西医、医药、特医、军医	1 336
6	哲学与人文科学	文学、艺术、历史、哲学、宗教	1 297
7	社会科学 I 辑	政治、军事、公安、法律	935
8	社会科学 II 辑	民族、人口、教育、体育	2 200
9	信息科技	无线、电信、网络、传媒、文献	628
10	经济与管理科学	经济、旅游、贸易、财政、管理	1 334

文献分类只提供类目名称,不提供类号。点击类目左边的"+"号,可以逐级打开下一级类目,最小的类目是四级类目。

检索示例：查找有关数字图书馆的期刊论文总数

课题分析：分类检索途径适合要求较高查全率的情况,本例可使用分类检索方式。

检索步骤：信息科技→图书情报与数字图书馆→图书馆学、图书馆事业→数字图书馆(图 7.1.13),得到有关数字图书馆的论文总数 22 295 篇(图 7.1.14)。

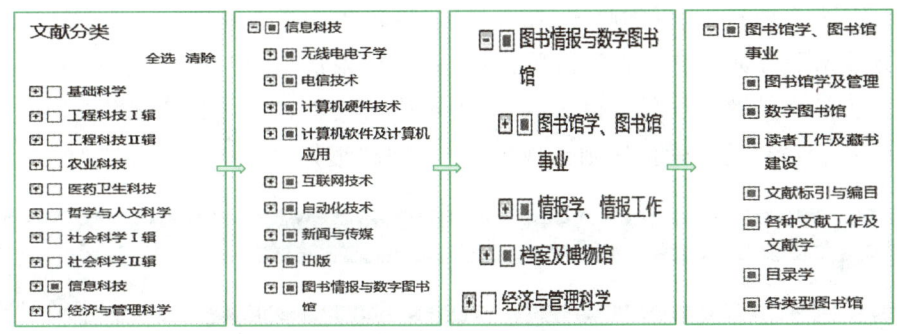

图 7.1.13　文献分类搜索(一级类目到四级类目)

在左栏的"主题"下选择"主要主题",则出现图 7.1.15 所示的数字图书馆下属的39 个主题,每个主题后边括号内注明文献数量。

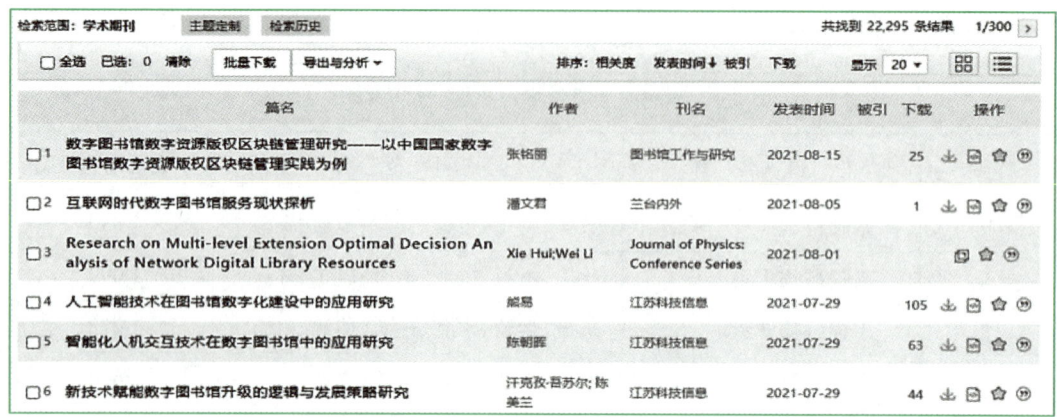

图 7.1.14　数字图书馆论文总数

图 7.1.15　数字图书馆下属的 39 个主题

二、中国学术期刊数据库

中国学术期刊数据库(以下简称中刊库)是万方数据知识服务平台(以下简称万方数据平台)的重点数据库之一。中刊库收录始于 1998 年,包含 8 000 余种期刊,论文超过 1 亿篇,年增约 300 万篇,每周更新 2 次。中刊库内容涵盖自然科学、工程技术、医药卫生、农业科学、哲学政法、社会科学、科教文艺等诸多学科。

万方数据平台页面设计非常简单,只有一个检索窗口,但功能十分强大。只需选择窗口上方的文献频道点击,窗口即可提供对应的文献数据库检索按钮。如选择"期刊"频道,平台窗口的检索按钮则出现"搜论文"和"搜期刊"字样(图 7.1.16)。

图 7.1.16　万方数据平台主页

(一) 快速检索

平台默认页面为快速检索,可在窗口输入任意检索词,选择点击右侧的检索镜即可。

（左侧竖排文字）万方数据知识服务平台

检索示例：查找袁隆平院士撰写的文章

课题分析：以"袁隆平"作为检索词,同名的作者很少,但检索结果难以预测,需要对检索结果进行处理。

第一步：实施检索过程。在检索窗口输入"袁隆平",然后点击右侧"搜论文"(图7.1.17)。

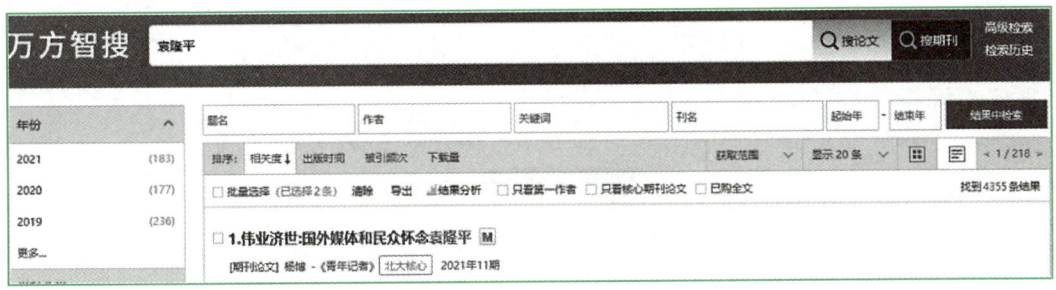

图 7.1.17　检索结果

第二步：处理检索结果。检索结果显示4 355条(包含"袁隆平"的文章总数),需要对检索结果进行处理。

在图7.1.17检索窗口下方,提供了二次检索(结果中检索)、检索结果排序和检索结果选择3排栏目,可以根据检索要求进行选择。

检索结果选择栏提供了"只看第一作者"和"只看核心期刊论文"等选择,本例宜选择"只看第一作者",得到191条检索结果(图7.1.18)。

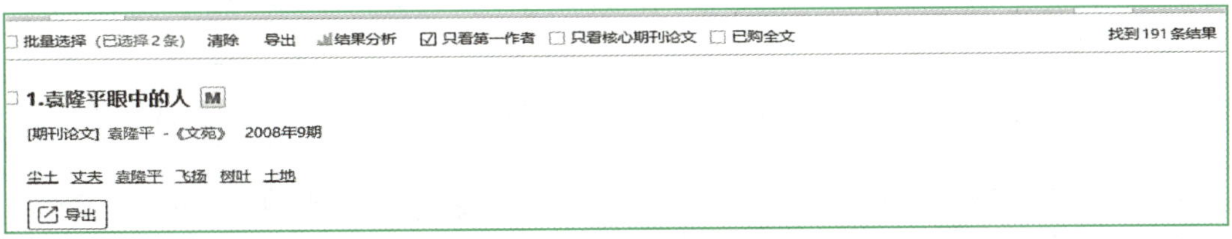

图 7.1.18　"只看第一作者"的检索结果

如果感觉检索结果过多,可以再点击"只看核心期刊论文",检索结果只剩23条(图7.1.19)。

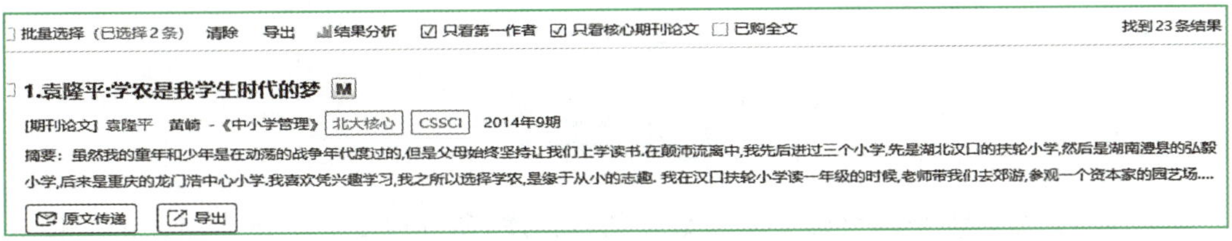

图 7.1.19　"只看第一作者"和"只看核心期刊论文"的检索结果

（二）高级检索

点击平台窗口右边的"高级检索"即进入高级检索页面（图 7.1.20），对于容易重名的作者，可使用高级检索。

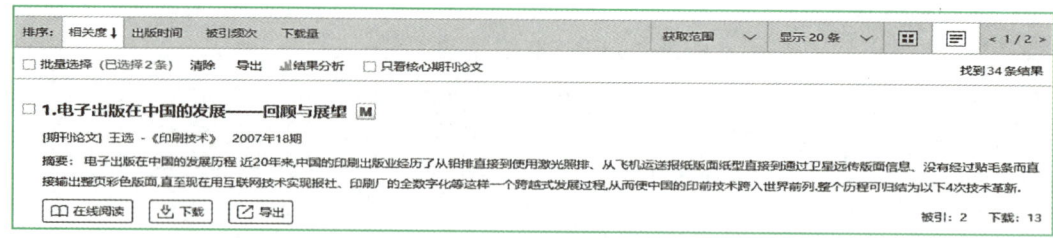

图 7.1.20　高级检索页面

默认状态下，高级检索页面有三排检索窗口：

第一排窗口左侧有"＋"和"－"号，用于增减检索窗口；第二排窗口开始，左侧有"与""或""非"三种逻辑选择，表明与上排检索词之间的逻辑运算关系。

每个检索窗口的左侧设有检索字段选择，右侧有"精确"与"模糊"选择。

检索示例：查找北京大学王选院士的文章

课题分析：以"王选"作为检索词，重名的作者比较多；"北京大学"可作为辅助检索词。使用逻辑"与"的功能，可排除其他单位的王选。

具体检索过程：在第一排检索窗口输入"王选"，左侧检索字段选择"作者"，右侧选择"精确"；在第二排窗口输入"北京大学"，左侧检索字段选择"作者单位"，右侧选择"模糊"（图 7.1.20）；点击"检索"按钮，得到 34 篇文章（图 7.1.21）。

图 7.1.21　检索结果

小　结

中文期刊数据库是高校师生使用最多的数据库，研究生要完成撰写期刊论文和学位论文的任务，必须阅读大量的期刊论文。

在国内的中文期刊数据库中,知网学术期刊库是高校应用最广的期刊数据库,其次是万方数据的中国学术期刊数据库。

大型期刊数据库均提供多种检索途径,基本检索途径是通过检索窗口进行检索。快速检索只需单个检索窗口,检索结果往往需要进行多次处理;高级检索提供多个检索窗口,可直观地使用多个检索词,检索结果容易控制。

习　题

一、实践操作题

1. 重复本节检索示例的检索过程。

2. 检索屠呦呦的《获诺贝尔奖感言》。

3. 分别用知网和万方检索袁隆平院士的《幸福是什么》并比较阅读效果。

4. 分别用知网和万方检索王选院士的《如何使研究生做出一流成果》并比较检索结果。

5. 分别用知网和万方检索钟南山院士的《创新人才要有"五干"精神》。

二、讨论题

1. 期刊论文的重要性体现在哪些方面?

2. 为什么高校会同时购置知网和万方的使用权?

三、思考题

1. 图书检索和期刊文献检索对知识构建各有什么作用?

2. 高年级学生和低年级学生使用中文期刊数据库各有什么侧重?

第二节　外文期刊数据库

本节重点: Engineering Village

主要内容: 常用外文期刊数据库介绍

教学目的: 学会获取外文期刊论文

外文期刊数据库是高校师生和研究人员了解国际科研状况的重要信息源,具有更新速度快、获取原文方便等特点。以下仅介绍几种理工科高校普遍购置的英文数据库。

一、Engineering Village(简称 EV)

Engineering Village(https://www.engineeringvillage.com/home.url)是目前世界上

EV

最全面的工程技术类文献检索平台,其核心数据库是 Compendex(Computerized Engineering Index)。EV 涵盖工程技术和应用科学领域的各个学科,涉及核技术、生物工程、交通运输、化学和工艺工程、照明和光学技术、农业工程和食品技术、计算机和数据处理、应用物理、电子和通信、控制工程、土木工程、机械工程、材料工程、石油、航天、汽车工程等领域。

EV 主要提供快速检索(Quick Search)、专家检索(Expert Search)和词表检索(Thesaurus Search)3 种检索方式,主页默认的检索方式是快速检索(图 7.2.1),其他两种检索方式予以隐藏。

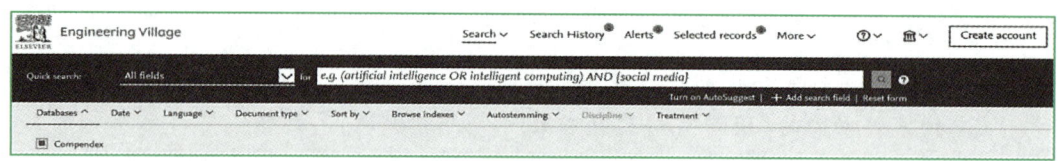

图 7.2.1　快速检索窗口

(一)快速检索

快速检索是常用的检索方式,检索窗口可以输入检索词或检索式,检索窗口左侧提供限制检索词所在的字段,共有 22 个检索字段可供选择(表 7.2.1)。

表 7.2.1　EV 快速检索使用的检索字段

字　段　名　称	说　　明
All fields	所有字段
Subject/Title/Abstract	主题/题名/摘要
Abstract	摘要
Author	著者
Author affiliation	著者单位
Title	题名
Standard ID	标准 ID 代码
Ei Classification code	Ei 分类代码
CODEN	6 位期刊代码
Conference information	会议信息
Conference code	会议代码
ISSN	国际标准刊号

续 表

字 段 名 称	说 明
Main heading	主题词
Publisher	出版者
Source title	出版物名称
Controlled term	受控词
Uncontrolled term	自由词
Country of origin	国别
Funding number	基金编号
Funding acronym	基金缩写
Funding sponsor	基金来源
Funding information	基金信息

若需要输入多个检索词,点击窗口下方的"Add search field",可增加检索窗口,最多可打开 12 个检索窗口(图 7.2.2)。

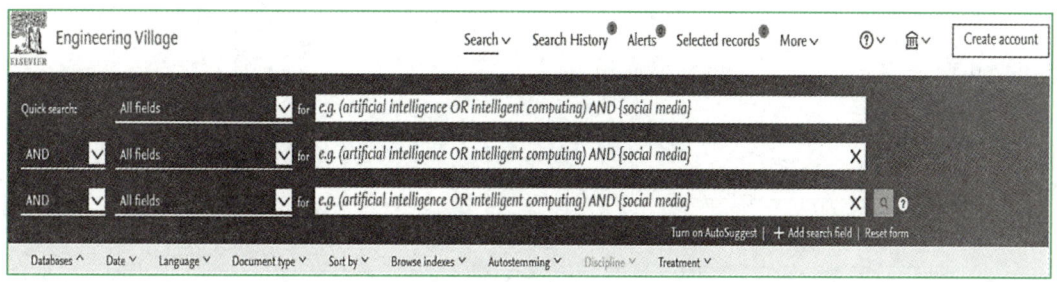

图 7.2.2　检索限制项与多个检索窗口

若要对检索结果进行限制,检索窗口下方从左至右提供数据库(Databases)、日期(Date)、语种(Language,表 7.2.2)、文档类型(Document type,表 7.2.3)、排序方式(Sort by)、浏览索引(Browse indexes)、自选词根(Autostemming)、处理类型(Treatment,表 7.2.4)等选项。

表 7.2.2　EV 使用的语种

语 言 名 称	说 明	语 言 名 称	说 明
All Languages	全部语种	English	英文
Chinese	中文	French	法文

续　表

语 言 名 称	说　明	语 言 名 称	说　明
Germen	德文	Russian	俄文
Italian	意大利文	Spanish	西班牙文
Japanese	日文		

表 7.2.3　EV 的文档类型

文 档 名 称	说　明	文 档 名 称	说　明
All Document types	全部文档类型	Erratum	勘误表
Article in Press	待发论文	Journal article	期刊论文
Book	专著	Note	注释
Book chapter	专著章节	Patents（before1970）	专利（1970 年前）
Conference article	会议论文	Report chapter	报告章节
Conference proceeding	会议录	Report review	报告评论
Dissertation	学位论文	Standard	标准
Editorial	社论		

表 7.2.4　EV 的文档处理类型

处 理 类 型	说　明	处 理 类 型	说　明
All Treatments	全部处理类型	Historical	历史类
Applications	应用类	Literature review	文献评论
Biographical	传记类	Management aspects	管理类
Economic	经济类	Numerical	数值类
Experimental	试验类	Theoretical	理论类
General review	一般性综述		

　　搜索结果的排序方式有两种：按日期（Date）和按相关度（Relevance）。EV 的自选词根（Autostemming）功能不用时可以关闭（Turn autostemming off）。EV 使用的浏览索引有著者（Author）、著者单位（Author affiliation）、受控词（Controlled term）、出版者（Publisher）和来源（Source title）等 5 个索引。

检索示例：查找 2012 年以来有关氢能汽车的研究论文（要求检索词出现在题目中，中文期刊论文优先选择）

课题分析：氢能源汽车可译为 Hydrogen Vehicle，并作为检索词。

第一步：输入检索词。在快速检索窗口输入"Hydrogen Vehicle"。

第二步：选择检索字段。在限制窗口选择"Title"。

第三步：选择年代。点击窗口下方的"Date"，选择"2012—2022"年（图 7.2.3）。

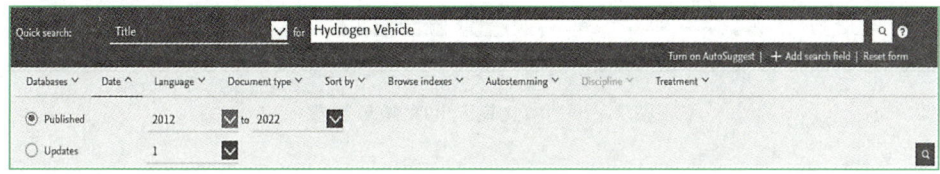

图 7.2.3　快速检索示例

第四步：检索。点击右边搜索镜，得到 554 条检索结果，默认按相关度排序（图 7.2.4）。

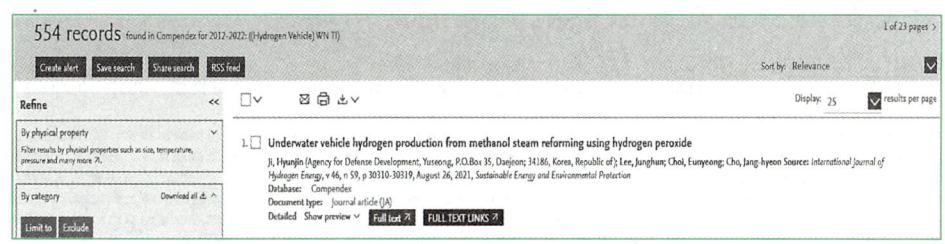

图 7.2.4　检索结果

第五步：浏览信息。选择相关度最高的第一条，点击"Detailed"，可浏览该文的详细信息（图 7.2.5）。

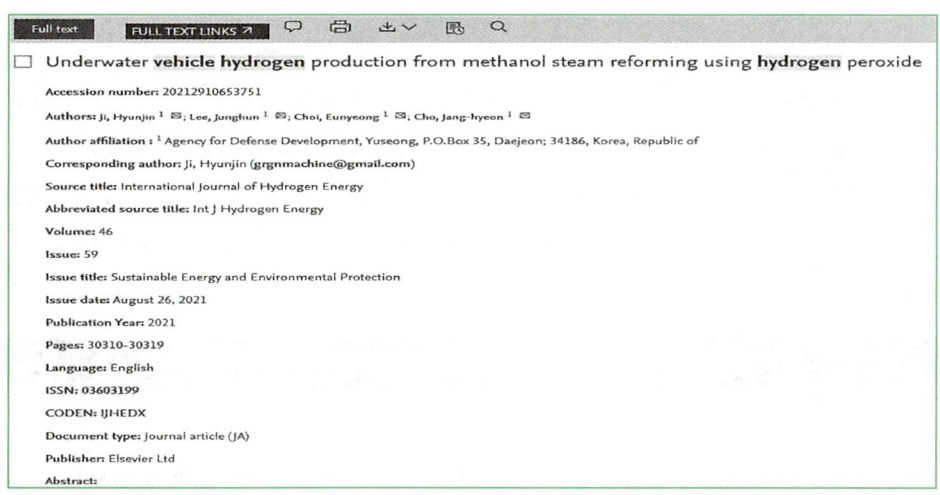

图 7.2.5　详细信息

　　第六步：选择中文期刊论文。先点击图7.2.3检索窗口下方的"Language"，选择"Chinese"；再点击"Document type"，选择"Journal article"，得到15条检索结果（图7.2.6）。

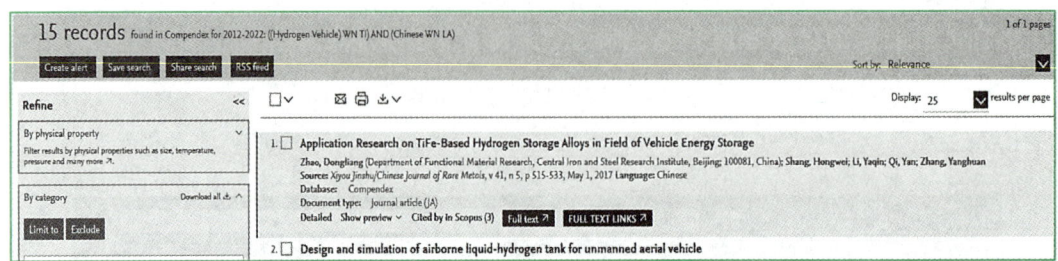

图7.2.6　中文期刊论文检索结果

　　如果检索单位购置了原文期刊数据库，点击"Full text"，即可浏览全文（图7.2.7）。

图7.2.7　原文全文页面

（二）专家检索

　　点击窗口上方检索"Search"的下拉箭头，可出现专家检索（Expert）和词表检索（Thesaurus）等选项（图7.2.8）。专家检索只有一个输入窗口（图7.2.9），窗口内可利用布尔算符和位置算符（表7.2.5）编写逻辑检索式，使检索结果更加精确。为了方便逻辑检索式的编写，窗口下方设有检索代码（Search codes）表，列出了各检索字段的缩写代码（表7.2.6）。借助浏览索引（Browse indexes），可以自动生成部分检索式。

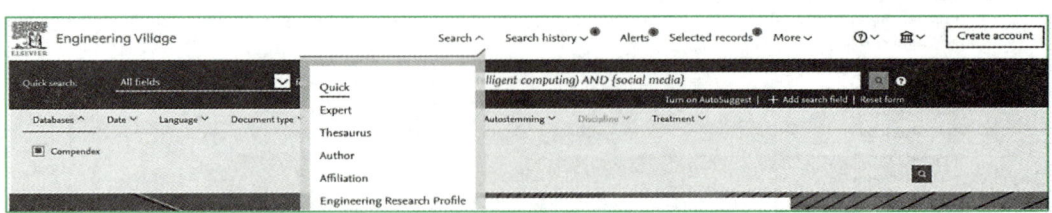

图7.2.8　检索窗口选项

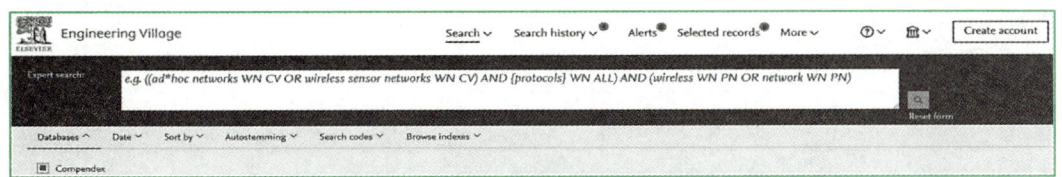

图 7.2.9　专家检索窗口

表 7.2.5　EV 使用的检索算符

检索算符	算符代码	算　符　说　明
逻辑算符	and	逻辑"与",用于缩小检索范围
	or	逻辑"或",用于扩大检索范围
	not	逻辑"非",用于排除不需要的词以缩小范围
优先算符	( )	( )内的检索式运算优先,可嵌套( )
短语检索符	" "或{ }	引号或括号内短语作为检索整体
截词符	*	无限截词
	?	有限截词,一个"?"代表一个字符
	$	要求相同词根
位置算符	Near/N	两词之间可以间隔 N 个词,词序可变
	Onear/N	两词之间可以间隔 N 个词,词序不变

表 7.2.6　EV 使用的检索缩写代码

代　码	内　　容	说　　明
AB	Abstract	文摘
ACT	Open Access type	存取类型
AN	Accession number	登录号
AF	Affiliation/Assignee	机构/受让人
ALL	All fields	所有字段
AU	Author/Inventor	著者/发明人
CL	Classification code	分类代码
CN	CODEN	6 位期刊代码

续　表

代　码	内　　　容	说　　明
CC	Conference code	会议代码
CF	Conference information	会议信息
CV	Controlled term/Subject Area	受控词/学科范围
PU	Country of application	应用国
CO	Country of origin	国别
DOI	DOI	数字对象标识符
DT	Document type	文档类型
MH	Main heading	主题词
GFA	Funding acronym	资金缩写
GFI	Funding information	资金信息
GFN	Funding number	资金编号
GAG	Funding sponsor	资金来源
BN	ISBN	国际标准书号
SN	ISSN	国际标准刊号
SU	Issue	刊期
LA	Language	语种
NU	Numerical Data Codes	数值数据代码
PA	Patent application date	专利申请日
PI	Patent issue date	专利发行日
PM	Patent number	专利号
YR	Publication year	出版年
PN	Publisher	出版者
ST	Source title	出版物名称
STDID	Standard ID	标准 ID 代码
KY	Subject/Title/Abstract	主题/题名/摘要

代　码	内　　容	说　　明
TI	Title	题名
TR	Treatment type	处理类型
FL	Uncontrolled term	自由词
VO	Volume	卷

检索示例：查找 2010 年以来题名中出现氢能汽车的中文期刊论文

课题分析：检索词为 Hydrogen Vehicle，题名代码为 TI，期刊论文代码为 JA。

第一步：输入检索式。在专家检索窗口输入"hydrogen vehicle wn ti"（字母不区分大小写，wn 是 within 的缩写，要求检索词出现在篇名中）（图 7.2.10）。

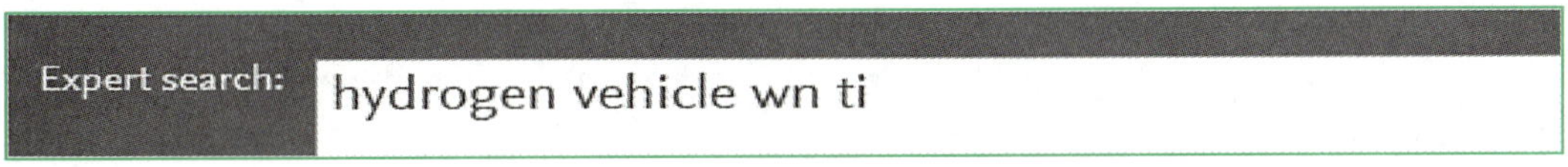

Expert search: hydrogen vehicle wn ti

图 7.2.10　输入检索词的检索式

第二步：限定期刊论文。点击浏览索引（Browse indexes），在文档类型（Document type）中选择期刊论文代码（JA），再选择逻辑运算符（AND），检索式自动改变（图 7.2.11）。

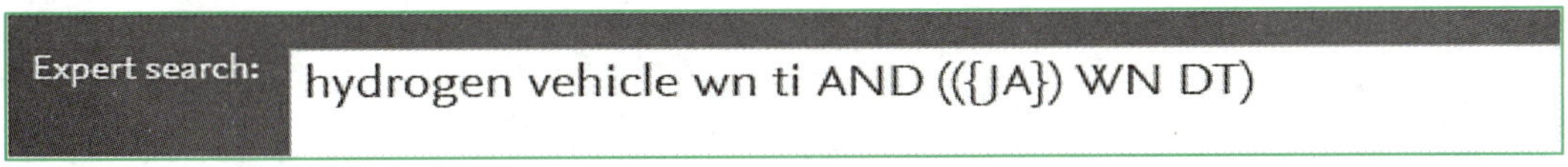

Expert search: hydrogen vehicle wn ti AND (({JA}) WN DT)

图 7.2.11　限定期刊论文后的检索式

第三步：限定中文。点击浏览索引（Browse indexes），在语种（Language）中选择中文（Chinese），再选择逻辑运算符（AND），检索式再次改变（图 7.2.12）。

Expert search: hydrogen vehicle wn ti AND (({JA}) WN DT) AND (({Chinese}) WN LA)

图 7.2.12　再限定中文后的检索式

第四步：限定年份。选择查找年份（Date）为 2012—2020，点击搜索按钮，得到 7 条检索结果（图 7.2.13），在第一条检索结果链接点击"Detailed"，可浏览该文的详细信息（图 7.2.14）。

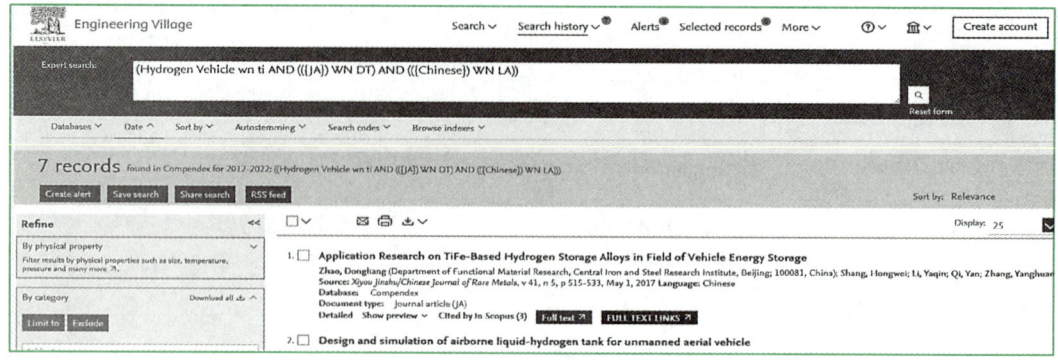

图 7.2.13　检索结果页面

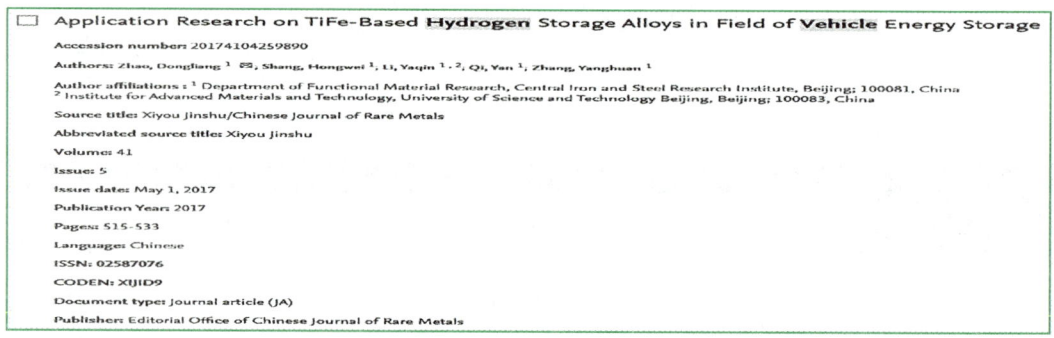

图 7.2.14　详细信息

需要注意的是,在快速检索示例中,检索结果为 15 条;而在专家检索示例中,检索结果只有 7 条。出现结果差异的原因主要是在快速检索中,检索词的词序是可变的;而在专家检索中,检索词的词序不能改变。

(三) 词表检索

点击检索"Search"的下拉箭头,选择进入词表(Thesaurus)页面,词表是经过规范化的词汇,借助词表可以选择有效的检索词,而且能提高检索的查全率。

检索示例:利用 EV 词表提高中文期刊有关氢能汽车研究论文的查全率

课题分析:检索词为 Hydrogen Vehicle,词表查出的规范词是主题词。

第一步:核对检索词。在词表检索(Thesaurus search)窗口输入"hydrogen vehicle",点击检索索引(Search index),发现与"Hydrogen Vehicle"含义最为相近的"Hydrogen engines"是词表中使用的规范化词汇。点击"Hydrogen engines"后,该词会出现在右侧窗口中(图 7.2.15)。

第二步:重复专家检索第二步至第四步,得到检索结果(图 7.2.16)。

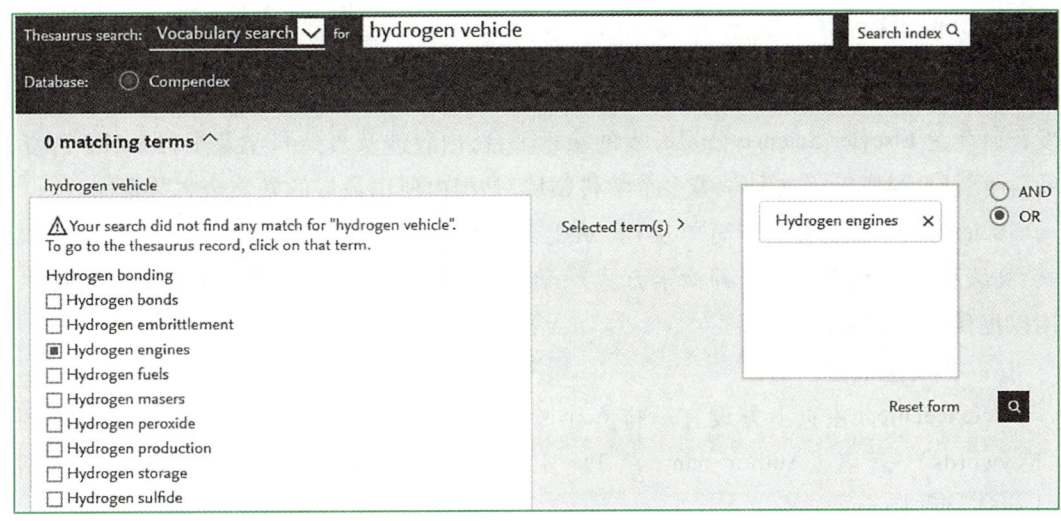

图 7.2.15　EV 词表检索窗口

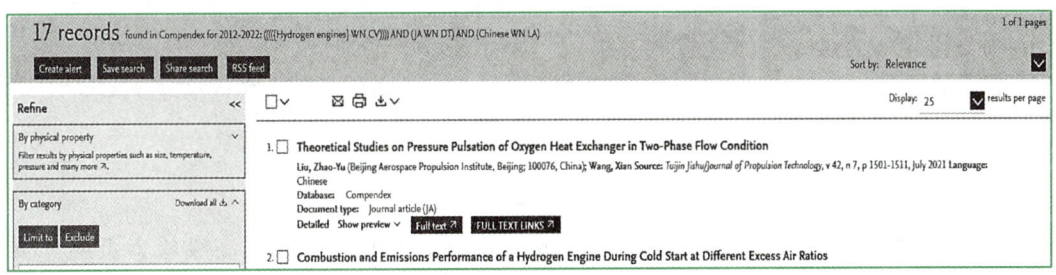

图 7.2.16　利用 EV 词表的检索结果

　　通过上述 3 种检索方式的检索结果可以看出,虽然上述 3 个示例都是检索 2012—2020 年间有关氢能汽车"Hydrogen Vehicle"的中文期刊论文,但 3 种检索方式的检索结果存在差异(15 条、7 条和 17 条)。其原因是快速检索方式允许检索词词序改变,检索结果较专家检索为多;专家检索方式不允许检索词词序改变,所以检索结果相对较少;词表检索使用的主题词"Hydrogen engines"作为检索词,相关的研究论文数量与前两种检索方式的检索结果接近。

　　EV 提供的 3 种检索方式各有特点,快速检索是为初学者提供的,操作简单;专家检索是为掌握了 EV 检索代码的人提供的,通过编写检索式,得到的检索结果更加准确;词表检索是利用规范化的词汇进行检索,规范化的词汇能够代表同义词和近义词,检索结果能够提高查全率。

　　EV 还提供检索历史记录,点击检索"Search"的下拉箭头,选择进入检索历史(Search history)页面,页面记录了进入系统后所做的全部检索过程,包括检索式序号、命中记录数量、所用数据库、检索表达式、检索细节等。

二、ScienceDirect

ScienceDirect

ScienceDirect(https://www.sciencedirect.com/)是全球最大的科技与医学文献出版发行商荷兰 Elsevier Science 公司开发的检索平台,内容涉及自然科学及工程学、医学、生命科学、社会科学及人文科学等多个学科领域,是国内使用最多的外文全文数据库之一。

ScienceDirect 主页设计简单实用,从上到下依次是检索词输入窗口(提供快速检索、高级检索和专家检索 3 种检索方式)、学科(按级别)展示和出版物(按字顺)排序,用以提供不同的检索途径。

(一) 快速检索

ScienceDirect 主页上方设有一排 6 个检索窗口(图 7.2.17),可分别输入关键词(Keywords)、著者(Author name)、刊/书名(Journal/book title)、卷(Volume)、期(Issue)、页(Page)。

图 7.2.17　快速检索窗口

(二) 高级检索

点击快速检索窗口右侧的高级检索(Advanced search),可进入高级检索页面。页面默认提供 4 排检索选项;当点击页面下方的"Show all fields"时,被隐藏的 4 排检索选项将显示出来(图 7.2.18)。

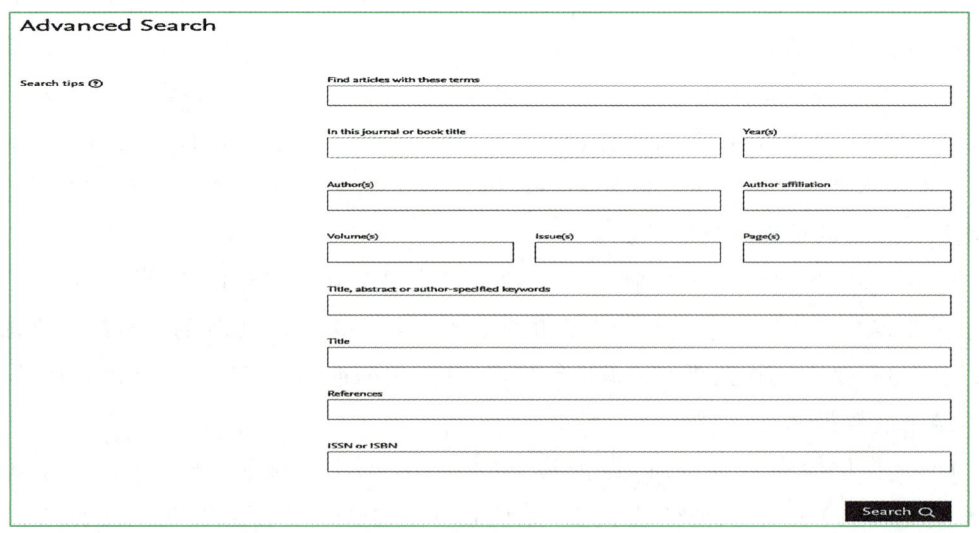

图 7.2.18　高级检索页面

每排可分别输入相应检索词进排检索字段限定,各排输入内容如下:

第一排:限定术语检索论文(Find articles with these terms)。

第二排:限定期刊或图书题名(In this journal or book title)、年[Year(s)]。

第三排:著者[Author(s)],著者单位(Author affiliation)。

第四排:卷[Volume(s)]、期[Issue(s)]、页[Pager(s)]。

第五排:题名、摘要或作者指定的检索词(Title, abstract or author-specified keywords)。

第六排:题名(Title)。

第七排:参考文献(References)。

第八排:国际标准刊号或国际标准书号(ISSN or ISBN)。

(三)学科检索

主页图片下方有一行醒目的文字:ScienceDirect 提供科学、技术和医学研究(Explore scientific, technical, and medical research on ScienceDirect),并提供物理学与工程(Physical Sciences and Engineering)、生命科学(Life Sciences)、健康科学(Health Sciences)、社会人文科学(Social Sciences and Humanities)4 个大类(图 7.2.19),进而分成若干小类(物理学与工程分类如图 7.2.20 所示)。通过由大类到小类的逐级缩检,可以获得某一学科类目的全部文献。

Explore scientific, technical, and medical research on ScienceDirect

Physical Sciences and Engineering　　Life Sciences　　Health Sciences　　Social Sciences and Humanities

图 7.2.19　四个学科大类

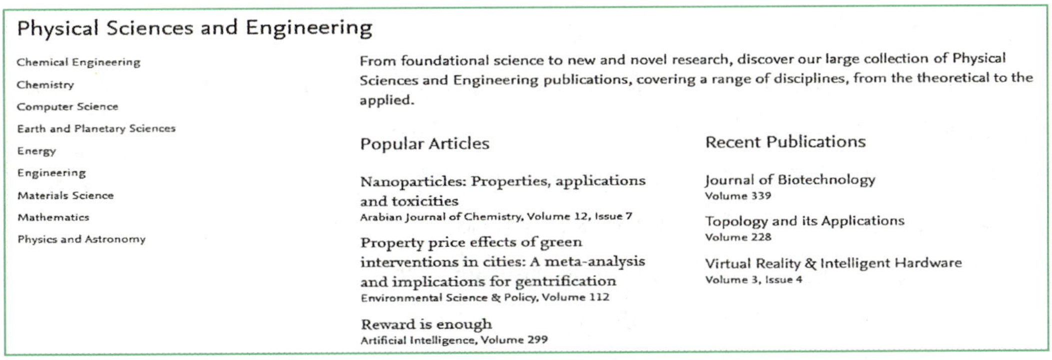

Physical Sciences and Engineering

Chemical Engineering
Chemistry
Computer Science
Earth and Planetary Sciences
Energy
Engineering
Materials Science
Mathematics
Physics and Astronomy

From foundational science to new and novel research, discover our large collection of Physical Sciences and Engineering publications, covering a range of disciplines, from the theoretical to the applied.

Popular Articles

Nanoparticles: Properties, applications and toxicities
Arabian Journal of Chemistry, Volume 12, Issue 7

Property price effects of green interventions in cities: A meta-analysis and implications for gentrification
Environmental Science & Policy, Volume 112

Reward is enough
Artificial Intelligence, Volume 299

Recent Publications

Journal of Biotechnology
Volume 339

Topology and its Applications
Volume 228

Virtual Reality & Intelligent Hardware
Volume 3, Issue 4

图 7.2.20　物理学与工程分类页面

(四)出版物检索

在主页学科分类下方,ScienceDirect 提供按出版物题名字顺和数字(Browse by Publication Title)进行检索的检索方式(图 7.2.21)。

图 7.2.21　出版物名称字顺和数字检索

三、SpringerLink

SpringerLink（https：//link.springer.com/）是德国关于科学、技术、医疗的在线信息服务数据库系统，该数据平台提供各类期刊、图书、丛书、协议、参考工具书、会议录以及回溯文档，在全世界应用较为广泛。

SpringerLink

图 7.2.22　SpringerLink 主页面

（一）快速检索

SpringerLink 主页只有一个检索窗口（图 7.2.22），允许使用常用逻辑运算符：and、or、not 和精确检索符号"（ ）"。在检索窗口内输入检索词或检索式，点击检索按钮，即可得到检索结果。

（二）高级检索

右键点击窗口右边的齿轮图标，则显示出高级检索（Advanced Search）功能。高级检索提供 6 排检索窗口，分别是：

第一排：包含所有字词（with all of the words）；

第二排：精确匹配短语（with the exact phrase）；

第三排：至少包含一个字词（with at least one of the words）；

第四排：不包含字词（without the words）；

第五排：在题名中包含（where the title contains）；

第六排：在作者/编者中包含（where the author/editor is）。

再往下是出版情况选择（Show documents published），可选择文档出版时间起始年份（Start year）到终止年份（End year）。下方黄色标识的是内容仅供浏览"Include Preview-Only Content"的选择（图 7.2.23）。

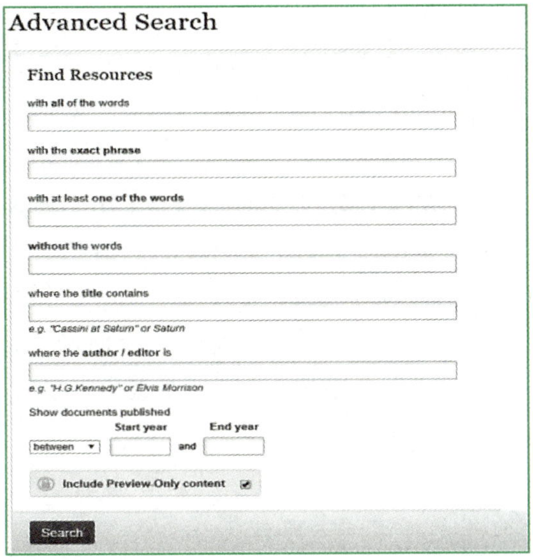

图 7.2.23　高级检索窗口

图 7.2.24　24 个学科

（三）学科浏览

SpringerLink 主页左栏提供学科浏览（Browse by discipline），所有资源划分为 24 个学科（图 7.2.24，表 7.2.7）。

表 7.2.7　学科浏览（Browse by discipline）

学　　科	说　　明	学　　科	说　　明
Biomedicine	生物医药	Life Sciences	生命科学
Business and Management	商业和管理	Literature	文学
		Materials Science	材料科学
Chemistry	化学	Mathematics	数学
Computer Science	计算机科学	Medicine & Public Health	医药与公共卫生
Earth Sciences	地球科学	Pharmacy	制药
Economics	经济学	Philosophy	哲学
Education	教育	Physics	物理
Engineering	工程学	Political Science and International Relations	政治学与国际关系
Environment	环境		
Geography	地理	Psychology	心理学
History	历史	Social Sciences	社会科学
Law	法律	Statistics	统计学

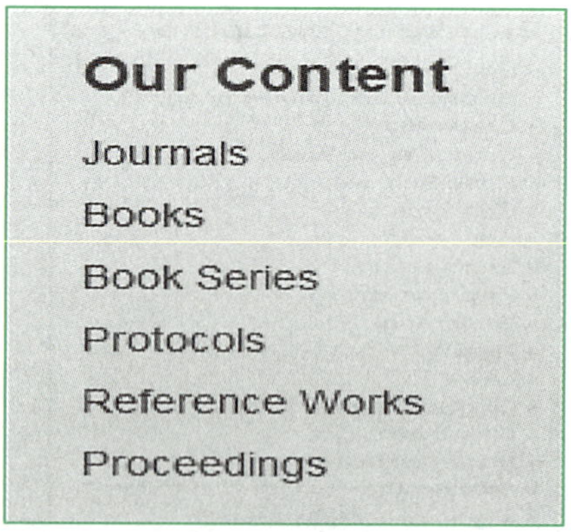

Our Content

Journals

Books

Book Series

Protocols

Reference Works

Proceedings

图 7.2.25　文献类型

（四）文献类型检索

SpringerLink 主页检索窗口下方（图 7.2.22）提供书名（Books A – Z）、刊名（Journals A – Z）和视频（Videos）检索。

主页下方则把期刊（Journals）、图书（Books）、丛书（Book Series）、协议（Protocols）、参考工具书（Reference Works）、会议录（Proceedings）等文献类型单独列出（图 7.2.25），按照出版时间排序，可以任意升序和降序排列，每种文献均提供收录起止时间和卷期。

小　结

EV 是久负盛名的应用科学和工程技术文献数据平台，具有学科覆盖面广、内容全、检索功能强等特点。EV 检索结果为文摘形式，部分检索结果链接了全文数据库，购置了对应全文数据库的用户可以下载浏览全文。

ScienceDirect 和 SpringerLink 都是世界著名文献数据检索平台，提供多种文献类型的全文服务，是国内高校购置较多的外文数据库。

本节重点介绍 EV 数据平台，一是因为 EV 是全球检索工具的鼻祖，二是因为 EV 提供的信息量大。需要注意的是，EV 的检索特色是使用规范化的主题词表，但学科检索功能相对不足；而 ScienceDirect 和 SpringerLink 都提供学科检索途径，但分类方式各不相同。

本节介绍的外文数据库检索平台功能非常强大，检索界面也经常更新，但万变不离其宗，不同的数据库其检索规则和检索方式大同小异。

习　题

一、实践操作题

1. 比较中外数据库的检索字段有何差别。

2. 比较中外数据库的检索算符有何差别。

3. 比较 EV、ScienceDirect 和 SpringerLink 的检索途径。

4. 重复本节检索示例的检索过程。

5. 通过 EV 和 ScienceDirect（或 SpringerLink）查询本专业教师发表的论文。

二、讨论题

1. EV 为什么不提供学科检索方式？

2. 为什么表 7.2.1 和表 7.2.6 存在不同？

三、思考题

1. 为什么 EV 侧重使用主题词表？

2. 如何联合使用 EV 和其他全文数据库？

第八章

学位论文检索

社区 应用

登录/注册

万方智搜

全部 海量资源,等你发现

Q 检索

高级检索
检索历史

科研平台

数字图书馆

科研诚信

资源导航

学术期刊

学位论文

会议论文

科技报告

学位论文是攻读学士学位的本科生、攻读硕士或博士学位的研究生撰写的毕业论文,是在导师指导下独立进行科学研究、独立完成的总结性作业。通常情况下,数据库会收录硕士和博士论文。硕士学位论文要求对所研究的课题有新的见解,表明作者具有从事科学研究工作或独立担负专门技术工作的能力。博士学位论文要求表明作者具有独立从事科学研究工作的能力,并在科学或专门技术上取得创造性成果。

　　学位论文按写作方法可分为两大类型:一类是总结性论文,即在参考大量有关文献的基础上,对某一问题进行系统的叙述和总结;一类是创新性论文,立论独特创新,对人们有一定启发作用,但易有片面性。按研究性质可将学位论文分为三大类型:基础研究、应用基础研究和应用研究。

　　学位论文的一般格式包括题名、作者、导师、单位、目录、摘要、引言和评述,主要内容和结果的讨论(总结),以及参考文献等部分。

　　学位论文数据库是高校研究生使用较多的数据库,同期刊数据库相似,学位论文数据库同样具有检索入口多、检索速度快、浏览方便、下载容易等优点。由于学位论文一般不公开出版,所以学位论文数据库是在校研究生获取学位论文的主要渠道。

　　目前国内主要有两大学位论文数据资源平台:一是知网学位论文库;二是万方学位论文数据库。两个数据库的学位论文来源各有侧重也有交叉,为了保证更高的覆盖率,国内高校图书馆往往同时购置,使之相互补充。

第一节　知网学位论文库

本节重点：学位论文的检索查询
主要内容：知网学位论文的检索
教学目的：掌握学位论文的检索方法

　　知网学位论文库收录全国 500 余家培养单位的博士学位论文 40 余万篇和 780 余家硕士培养单位的优秀硕士学位论文 460 余万篇。论文最早可回溯至 1984 年，覆盖了基础科学、工程技术、农业、医学、哲学、人文、社会科学等各个领域。点击知网主页（图 8.1.1）下方的"学位论文"即可进入学位论文数据库（图 8.1.2）。

知网学位论文
数据库

图 8.1.1　知网主页

图 8.1.2　学位论文库页面

　　与知网学术期刊库一样，学位论文库也提供快速检索和高级检索功能。
　　下面以检索硕士学位论文为例，介绍其主要使用方法。

一、快速检索

　　快速检索只提供一个检索窗口，可以输入任意检索词。检索窗口左边设有字段选择项，可以限制检索词的检索范围。

　　检索示例：查询知网最早在篇名出现"区块链"的硕士学位论文
　　课题分析：可用"区块链"作为检索词，检索字段选择"题名"（篇名）。
　　第一步：实施检索过程。输入"区块链"，得到 1 318 条检索结果（图 8.1.3）。

	中文题名	作者	学位授予单位	数据库	学位授予年度	被引	下载	操作
□1	区块链技术在恒生电子内部控制的应用研究	梁敏	云南财经大学	硕士	2021年	51		
□2	用区块链技术构建医疗信息系统的风险分析与评估	宋杨	云南财经大学	硕士	2021年	23		
□3	区块链智能合约的法律规制研究	陈佳发	云南财经大学	硕士	2021年	51		
□4	区块链技术情境下的普洱茶供应链契约协调研究	华衍伟	云南财经大学	硕士	2021年	56		
□5	区块链技术在我国税收征管中的应用研究	李欣桐	云南财经大学	硕士	2021年	76		

检索范围：学位论文　题名：区块链　主题定制　检索历史　共找到 1,318 条结果　1/66

全选　已选：0　清除　批量下载　导出与分析　排序：相关度　出版时间↓　被引　下载　学位授予年度　显示 20

图 8.1.3　检索结果

第二步：整理检索结果。图 8.1.3 的检索结果是默认情况下按出版时间的降序排列的，如果检索早期文献，可以选择按出版时间的升序排列（图 8.1.4）。

检索范围：学位论文　题名：区块链　主题定制　检索历史　共找到 1,318 条结果　1/66

全选　已选：0　清除　批量下载　导出与分析　排序：相关度　出版时间↑　被引　下载　学位授予年度　显示 20

	中文题名	作者	学位授予单位	数据库	学位授予年度	被引	下载	操作
□1	基于区块链的IMIX传输系统的设计与实现	陈何清	南京大学	硕士	2016年	30	4857	
□2	基于区块链的股权资产购买和转赠设计与实现	夏新岳	内蒙古大学	硕士	2016年	28	3183	
□3	基于DSL和区块链技术的可编程智能合约设计与实现	朱忠宁	华南理工大学	硕士	2017年	13	965	
□4	区块链技术在供应链金融中的应用研究	祁凯桦	上海交通大学	硕士	2016年	25		
□5	基于动态授权的拜占庭容错共识算法的区块链性能改进研究	刘肖飞	浙江大学	硕士	2017年	105	4978	

图 8.1.4　检索结果按出版时间升序排列

图 8.1.4 显示，2016 年有两篇硕士论文的题名出现"区块链"，哪一篇更早呢？分别点击前两篇硕士论文的题名，得到其摘要页面（图 8.1.5，图 8.1.6）。

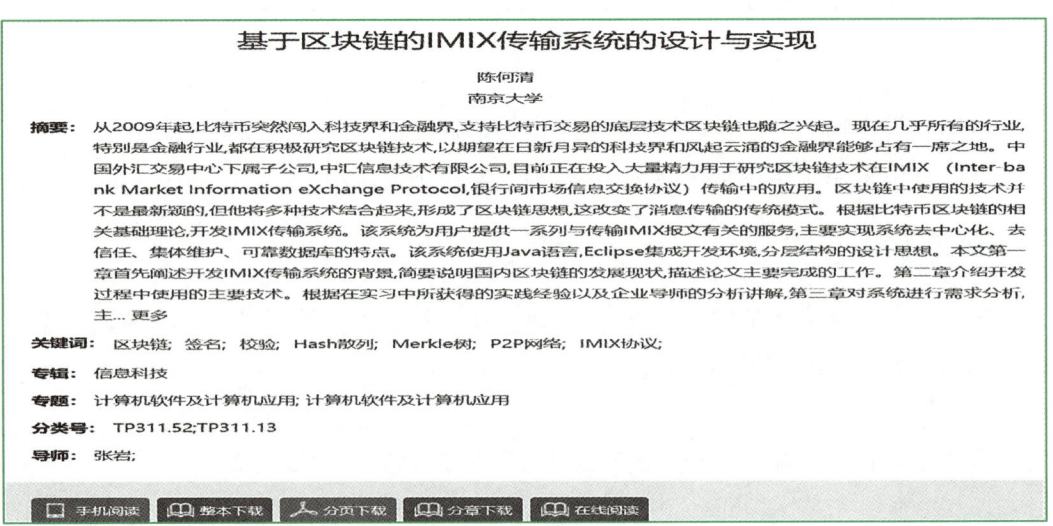

图 8.1.5　第一篇硕士论文的文摘

基于区块链的股权资产购买和转赠设计与实现

夏新岳

内蒙古大学

摘要： 现有股权资产的登记和交易完全由第三方平台掌握,没有唯一不可更改的标识来标记,那么第三方平台很容易更改数字资产的信息。股权资产的发布和交易完全依赖第三方平台的信誉度和规模这些可变因素。如果第三方平台被攻击或者遭到运营者恶意欺诈,将能够窃走全部的股权资产。区块链技术通过P2P系统,将股权资产全网广播,让全网验证交易是否有效。每个节点都参与验证,经过验证的交易不能被篡改全网达成共识。所有的交易都存储在区块链上。区块链技术在股权资产防篡改方面有极高的研究价值和广泛的研究前景。本文的主要工作是研究基于区块链技术的股权资产的交易防篡改这个关键问题。提出了一种基于区块链的股权资产系统,用于股权资产的发行、购买和转赠。其一：基于区块链的账户初始化设计与实现。其二：基于区块链的股权资产的购买和转赠设计与实现。本系统采用Java Web技术,主要思想就是将区块链作为底层,股权资产的交易信息写入到区块链,数据库作为后台存储数据信息。全文共分为绪论,相关理论综述,系统总体设计,基于区块链的账户初始化实现,基于区块链的股权资产的购买和转赠实现,总结和展望几个部分。

关键词： 股权资产；区块链；标识；交易；

专辑： 信息科技；经济与管理科学

专题： 计算机软件及计算机应用；金融；证券；投资

分类号： F832.51;TP311.52

导师： 张岩；

手机阅读 整本下载 分页下载 分章下载 在线阅读

图 8.1.6 第二篇硕士论文的文摘

在浏览两篇论文的摘要后,仍不能确定谁先谁后,继续浏览论文的正文。摘要页面下方提供手机阅读、整本下载、分页下载、分章下载、在线阅读(图 8.1.7,图 8.1.8)5 种获取方式。

作 者 姓 名 陈何清

学科、专业名称 工程硕士(软件工程方向)

研 究 方 向 软件工程

指 导 教 师 张 岩 副教授

2016 年 5 月

图 8.1.7 第一篇论文完成于 2016 年 5 月

原 创 性 声 明

本人声明：所呈交的学位论文是本人在导师的指导下进行的研究工作及取得的研究成果。除本文已经注明引用的内容外，论文中不包含其他人已经发表或撰写过的研究成果，也不包含为获得内蒙古大学及其他教育机构的学位或证书而使用过的材料。与我一同工作的同志对本研究所做的任何贡献均已在论文中作了明确的说明并表示谢意。

学位论文作者签名：夏新岳 指导教师签名：张岩

日 期：2016-6-08 日 期：2016-6-08

图 8.1.8 第二篇论文完成于 2016 年 6 月

第三步：确定结果。图 8.1.7 中的第一篇论文完成时间较图 8.1.8 中的第二篇论文的完成时间早一个月,故第一篇论文是知网学位论文库中最早在题名中出现“区块链"的学位论文。

如果选择下载（整本、分页或分章），需要下载并安装专用浏览器，可在知网主页下方的"CNKI常用软件下载"中选择"CAJViewer浏览器"点击（图8.1.9）。

图 8.1.9　CAJViewer 浏览器下载页面

二、高级检索

知网学位论文库的高级检索页面提供文献分类检索和多个窗口检索，便于用户分别从查全率和查准率的角度获取文献信息。点击图8.1.2窗口右边的"高级检索"可进入高级检索页面（图8.1.10）。

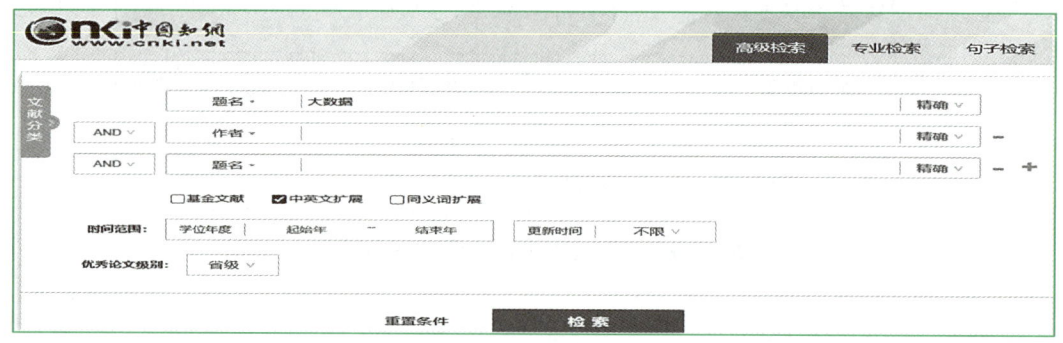

图 8.1.10　高级检索页面

高级检索页面设置分三个区域：左栏是文献分类区（隐藏），中间是检索区，右栏提供使用说明。文献分类目录用于从分类途径检索学位论文，便于用户从宏观上了解学科发展情况；检索区提供检索窗口，可以输入多个检索词，便于准确获得检索结果，与期刊库的高级检索页面一样，检索区可以增减检索窗口；使用说明介绍多种运算符号的使用方法。

学位论文的高级检索页面（图8.1.10）与期刊论文的高级检索页面（图7.1.6）大同小异，主要不同点如下：

（1）在检索字段窗口增加了"导师"和"第一导师"；

（2）时间范围第一个窗口为"学位年度"；

（3）增加了优秀论文级别（全国、省级、校级）的选择。

检索示例：搜索有关大数据研究的省级优秀学位论文

课题分析：用"大数据"作为检索词，注意检索页面优秀论文级别"省级"的勾选。

第一步：实施检索过程。窗口输入"大数据"，左边检索字段选择"题名"，右边选择"精确"；左下角的"优秀论文级别"选择"省级"，得到 1 条检索结果（图 8.1.11），点击进入学位论文文摘页面（8.1.12）。

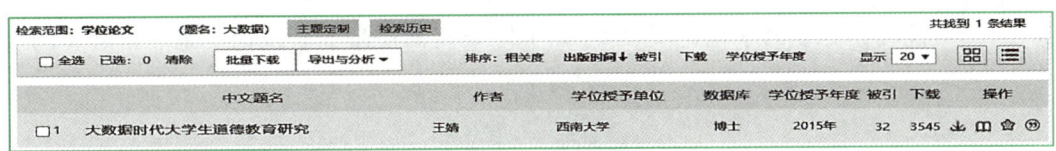

图 8.1.11　检索结果

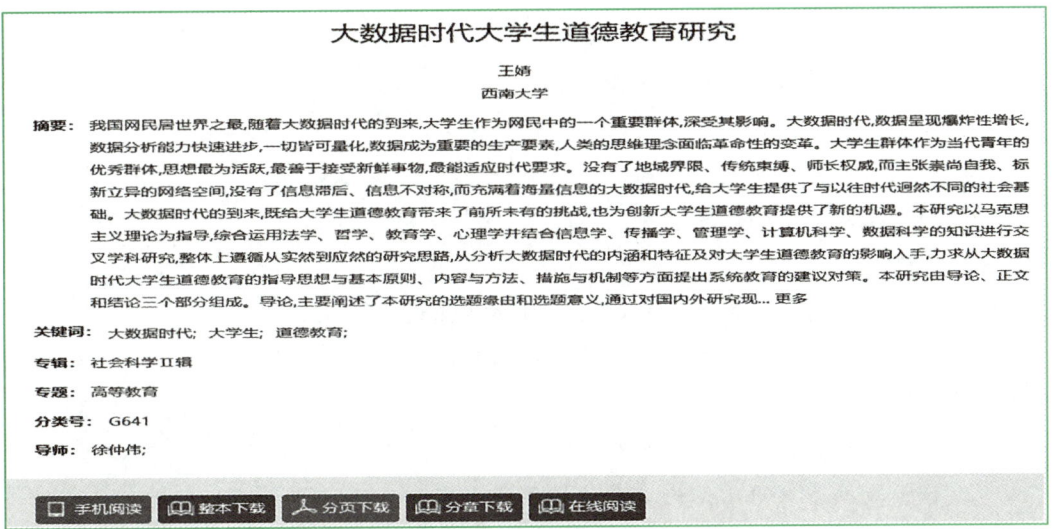

图 8.1.12　文摘页面

第二步：浏览学位论文。可在文摘页面下方选择下载方式，进而阅读学位论文正文。

三、专业检索

学位论文的专业检索页面同期刊论文专业检索页面相似，使用方法相同。

四、分类检索

学位论文的分类同期刊论文分类相同，仍分 10 个专辑（表 7.1.2），其分类检索过程也相似，不再赘述。

小　结

　　学位论文是具有独创性、前瞻性和参考价值的文献资源,学位论文数据库的生产者和消费者主要是高校研究生或高年级本科生。由于学位论文一般不公开出版,较难获取,所以学位论文数据库是获取学位论文的便捷途径。

　　知网的学位论文库目前是高校使用最多的学位论文数据库,支持研究生论文开题、撰写、科研选题、项目调研、成果创作的全过程。掌握知网学位论文库的多种检索途径,尽可能阅读更多的学位论文,对于研究生撰写高质量的学位论文是非常必要的。

习　题

一、实践操作题

　　1. 重复本节检索示例的检索过程。

　　2. 检索本校学长学姐的学位论文。

　　3. 浏览外校本学科的学位论文。

　　4. 归纳快速检索的实施步骤。

　　5. 归纳高级检索的实施步骤。

二、讨论题

　　1. 知网学位论文和期刊论文的检索页面相似说明了什么?

　　2. 学位论文与期刊论文对在校生各有何用途?

三、思考题

　　1. 学位论文是否应公开出版?

　　2. 检索数据库里的学位论文对你撰写论文有何益处?

第二节　万方学位论文数据库

本节重点:博士论文的检索

主要内容:万方学位论文的检索

教学目的:熟练掌握学位论文的检索方法

　　万方学位论文数据库收录的学位论文资源包括中文学位论文和外文学位论文,中文学位论文收录始于 1980 年,收录 600 余万篇,涵盖理学、工业技术、人文科学、社会科学、医药卫生、农业科学、交通运输、航空航天和环境科学等各学科领域；外文学位论文收录始于 1983 年，累计收藏 60 余万篇。

万方主页提供快速检索和高级检索功能。

一、快速检索

万方的主页只提供一个检索窗口，输入任意检索词，可以在全部数据库（期刊论文、学位论文、会议论文、图书等）的数亿篇文献中检索相关文献，也可从窗口上方选择单一文献的数据库。

点击检索窗口上方的"学位"即可进入学位论文数据库，此时窗口显示"在 6 894 294 篇学位论文中检索"，把鼠标放在检索窗口上，窗口下方会出现备选的检索字段下拉列表（图 8.2.1）。

万方学位论文
数据库

图 8.2.1　万方主页检索窗口

检索示例：检索人工智能应用于机械设计的学位论文

课题分析：可选择"人工智能"和"机械设计"作为检索词，"人工智能"的概念比"机械设计"更宽泛，故作为首选；为了保证专指度，检索字段宜选择"题名"。

第一步：实施检索过程。在"题名"字段输入"人工智能"（图 8.2.2），点击检索镜，获得检索结果 1 301 条（图 8.2.3）。

图 8.2.2　选择检索字段并输入检索词

点击图 8.2.3 右边的"展开更多"，右栏提供研究趋势图，趋势图显示"人工智能"的研究论文呈井喷式增长。再把鼠标放在研究趋势图上，即可显示发文数量，2020 年发文数达到 353 篇（图 8.2.4）。

图 8.2.3　题名含"人工智能"的检索结果

图 8.2.4　右栏显示分析页面

第二步：深入检索。在图 8.2.4 左上方"题名"的窗口输入"机械设计"（图 8.2.5），点击右上方的"结果中检索"，得到 1 条检索结果（图 8.2.5）。

图 8.2.5　在"题名"窗口输入"机械设计"

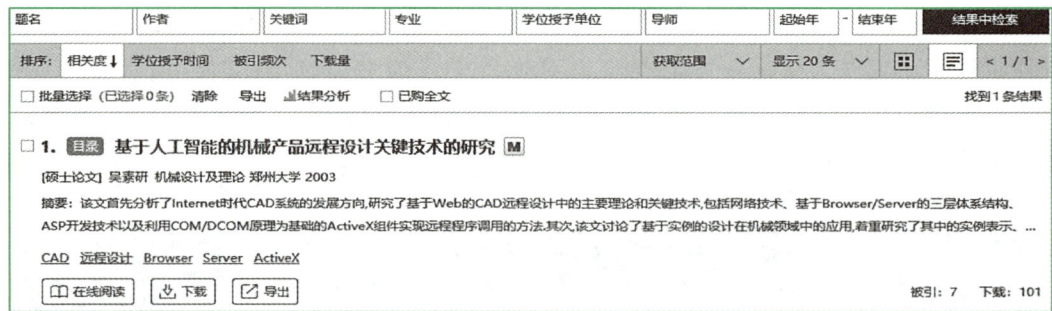

图 8.2.6　题名含"人工智能"和"机械设计"的检索结果

第三步：获取正文。图 8.2.6 下方提供在线阅读、下载和导出 3 种选择。点击"在线阅读"，可在线阅读学位论文（图 8.2.7）；选择"下载"，需要安装 PDF 阅读软件；选择"导出"，则可把该文作为参考文献的标准格式导出（图 8.2.8），作为撰写论文的参考文献。

摘　要

CAD 技术自 60 年代产生以来，广泛应用到各行各业，尤其在机械领域得到了长足发展。人工智能技术的出现赋予了 CAD 技术的智能化。由于机械设计领域中有很多难以用一般方法明确表示的经验知识，传统的基于规则推理的方法应用在机械设计领域中遇到了困难。近年来出现了基于实例推理的方法，它以实例的形式存储知识，解决了基于规则推理系统知识难于收集的"瓶颈"。基于实例的推理是人工智能发展的新技术，将其应用于设计领域中，就形成了基于实例的设计方法。

图 8.2.7　学位论文正文

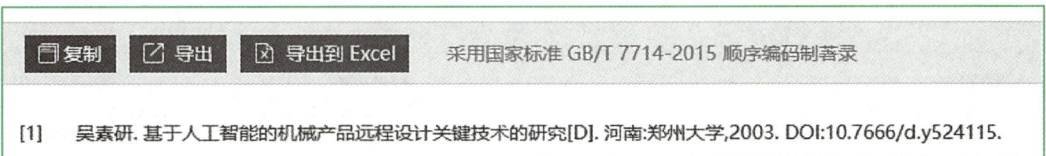

图 8.2.8　学位论文的标准参考文献格式

二、高级检索

主页检索窗口右边设有"高级检索"功能，高级检索页面（图 8.2.9）提供 3 排检索窗口，点击第一排左边的"+"号或"-"号，可以增加或减少一排窗口，最多可达 6 排窗口。每个窗口前提供 14 种检索字段选择（图 8.2.10）。在检索窗口输入检索词后，首先在左侧选择检索字段，然后对右栏的"精确"和"模糊"做出选择。如果是输入多个

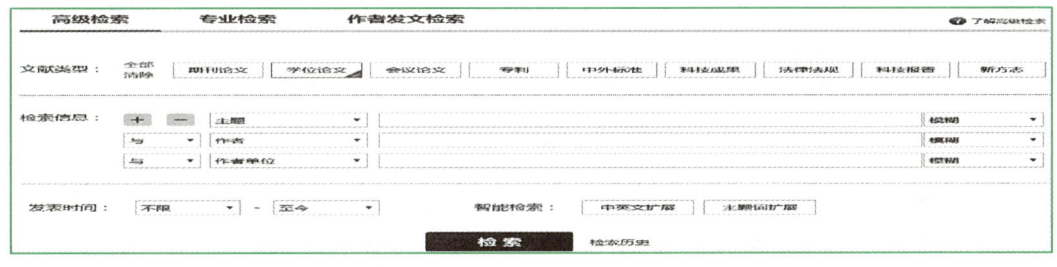

图 8.2.9　高级检索页面

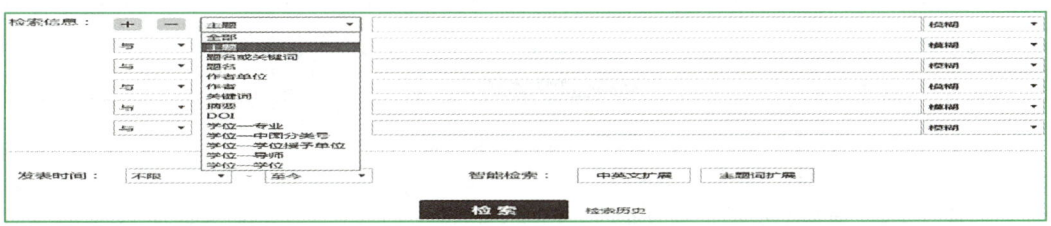

图 8.2.10　高级检索页面上的 6 个检索窗口及 14 种检索字段

检索词,还要选择检索词左边的逻辑运算功能。

高级检索页面还提供"专业检索"和"作者发文检索"标签。专业检索页面用于多个检索词编写检索式进行检索;作者发文检索页面是新增加的功能。

如要进一步了解高级检索功能,可点击右上角的"了解高级检索"(图8.2.11)。

图8.2.11 了解高级检索页面

检索示例:检索王小云院士的博士论文

课题分析:王小云是谁?从搜索引擎得知她是全球密码学界的传奇人物,她的博士生导师是著名数学家潘承洞教授。故将"王小云"和"潘承洞"作为检索词。

同时选择两个人名作为检索词时,最容易在检索字段上犯错。此例中,王小云是博士论文的作者,所以第一排检索字段应该选择"作者"。"潘承洞"是王小云的导师,第二排检索字段应该选择"学位-导师"。

第一步:实施检索过程。在第一排窗口输入"王小云",右边选择"精确";第二排窗口输入"潘承洞",右边选择"精确"(图8.2.12)。

图8.2.12 检索页面

点击"检索"按钮,得到2篇学位论文(图8.2.13)。

第二步:选择博士论文。在图8.2.13中选择第一篇博士论文点击(图8.2.14)。

图 8.2.13　检索结果页面

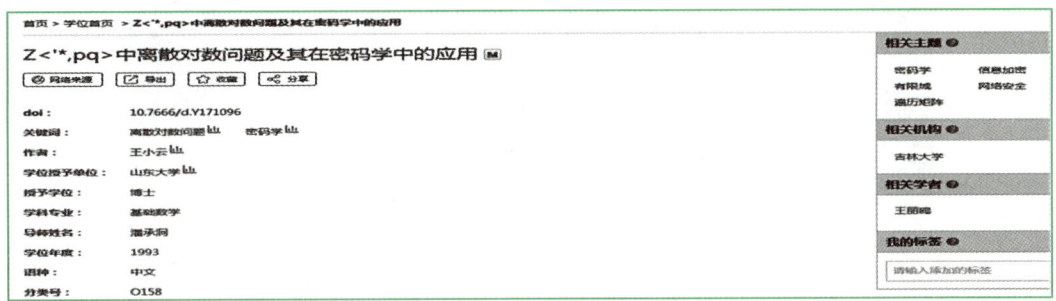

图 8.2.14　王小云的博士论文

第三步：获取学位论文。点击图 8.2.14 左上角的"网络来源"，进入国家图书馆页面（图 8.2.15）。

图 8.2.15　国家图书馆页面

在图 8.2.15 下方选择"在线阅读"点击（图 8.2.16），得到博士论文原文（图 8.2.17）。

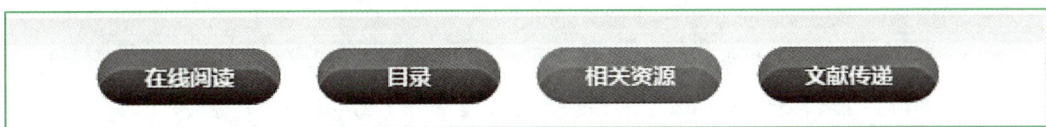

图 8.2.16　博士论文的 4 个选择按钮

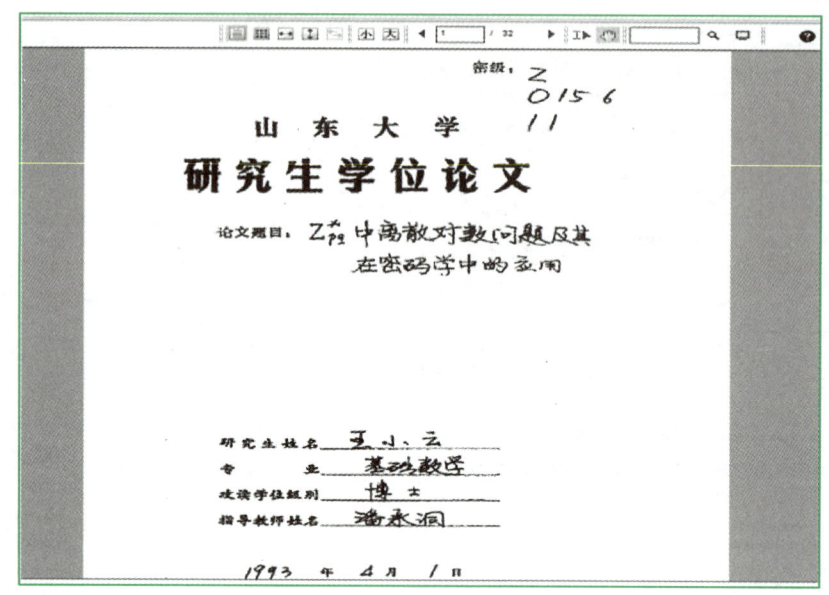

图 8.2.17　王小云的博士论文

小　结

　　万方的学位论文数据库是国内最早建设的学位论文数据库,它收录的学位论文与知网的学位论文库收录的学位论文有所不同,因此两大数据库的内容可相互补充。

　　学位论文撰写都有规范的格式,各高校的要求大同小异。硕士论文要求体现研究生的科研能力,一般要求 3 万~5 万字。博士论文不限字数,但要求必须做出独创的研究和贡献,经过该领域的专家审查通过后,才能授予作者博士学位;博士论文的参考文献也应当详尽全面,有助于减少同类研究文献检索的时间。

　　此外,博士论文属于国家图书馆收藏的文献,可以在国家图书馆网站浏览。

习　题

一、实践操作题
　　1. 重复本节检索示例的检索过程。
　　2. 检索本校学长学姐的学位论文。
　　3. 检索并浏览本专业的博士论文。
　　4. 哪所高校撰写"新能源汽车"的博士论文最多(写出检索步骤)?
　　5. 检索"北京交通大学"有关"新能源汽车"博士论文(写出检索式)。

二、讨论题

　　1. 知网和万方学位论文数据库的主要异同点有哪些？

　　2. 知网和万方学位论文数据库的资源类型有何侧重？

三、思考题

　　1. 高校师生常用的学位论文数据库有哪些？

　　2. 为什么博士论文要在国家图书馆收藏？

第九章
专利与标准文献检索

科学和技术是两个词义差别很大的术语。科学是运用范畴、定理、定律等形式反映现实世界各种现象的本质、特性、关系和规律的知识体系。技术是人类改变或控制其周围环境的手段或活动，泛指根据生产实践经验和科学原理而发展形成的各种工艺、操作过程、方法、器具和技能。

期刊文献和学术论文是典型的科学文献，专利文献和标准文献则是典型的技术文献。与科学文献侧重于理论研究不同，技术文献侧重于实际应用的创新和指导。

网上的专利文献数据资源不仅检索方便，而且具有极大的开发潜力和使用价值，这是专利文献区别于其他文献的重要特点之一。网上的标准文献检索也很方便，只是大部分标准文献不能免费获取，只有国家标准可以免费预览。

第一节　专利文献检索

本章重点：专利文献检索
主要内容：专利基础知识与专利文献检索
教学目的：熟悉国内外专利文献的检索方法

专利属于技术范畴，是一种受专利法保护的发明。专利技术不能无偿使用，但专利文献可以从网上免费获得。专利文献集技术信息、经济信息和法律信息于一体。网上的专利文献数量巨大，内容涉及面广，形式规范，在传播发明创造、促进技术进步方面具有独特的作用。

一、专利基础知识

专利（patent）的字面解释为"专有的权利"，是发明创造者申请获得的一种知识产权。但专利在不同文献中至少有3种含义：专利权（如申请专利）、专利文献（如查询专利）和专利技术（如拥有多少件专利）。

（一）专利的种类

《中华人民共和国专利法》第二条规定：本法所称的发明创造是指专利、实用新型和外观设计（表9.1.1）。

表 9.1.1　专 利 的 种 类

种　类	发　　明	实 用 新 型	外 观 设 计
说　明	对产品、方法或其改进所提出的新的技术方案	对产品的形状、构造及其结合所提出的适于实用的新的技术方案	对产品的整体或者局部的形状、图案或者其结合以及色彩与形状、图案的结合所做出的富有美感并适于工业应用的新设计
保护年限	20 年	10 年	15 年

（二）专利权的特点

专利权的特点可归纳为独占性、地域性和实效性（表9.1.2）。

表 9.1.2　专利权的特点

特　点	说　　　　明
独占性	指专利权人对其权利的客体（即发明创造）享有占有、使用、收益和处分权。除法律另有规定，任何单位和个人未经专利权人许可，都不得盈利性实施其专利

续　表

特　点	说　明
地域性	指一个国家或一个地区所授予和保护的专利权仅在该国或地区的范围内有效，对其他国家和地区不发生法律效力
时效性	指专利在法律规定的期间内有效发明专利权的保护期限为二十年，实用新型专利权的期限为十年，外观设计专利权的期限为十五年，均自申请日起计算

（三）专利权的授予条件

（1）发明和实用新型专利，应当具备新颖性、创造性和实用性（表 9.1.3）。

表 9.1.3　发明和实用新型专利权的授予条件

条　件	说　明
新颖性	指该发明或者实用新型不属于现有技术；也没有任何单位或者个人就同样的发明或者实用新型在申请日以前向国务院专利行政部门提出过申请，并记载在申请日以后公布的专利申请文件或者公告的专利文件中
创造性	指与现有技术相比，该发明具有突出的实质性特点和显著的进步，该实用新型具有实质性特点和进步
实用性	指该发明或者实用新型能够制造或者使用，并且能够产生积极效果

（2）授予专利权的外观设计，应当不属于现有设计；也没有任何单位或者个人就同样的外观设计在申请日以前向国务院专利行政部门提出过申请，并记载在申请日以后公告的专利文件中；与现有设计或者现有设计特征的组合相比，应当具有明显区别。不得与他人在申请日以前已经取得的合法权利相冲突。

（四）专利的申请原则

专利的申请有 3 个原则：先申请原则、优先权原则和单一性原则（表 9.1.4）。

表 9.1.4　专利的申请原则

原　则	说　明
先申请原则	同样的发明创造只能授予一项专利权。两个以上的申请人分别就同样的发明创造申请专利的，专利权授予最先申请的人
优先权原则	申请人自发明或者实用新型在外国第一次提出专利申请之日起十二个月内，或者自外观设计在外国第一次提出专利申请之日起六个月内，又在中国就相同主题提出专利申请的，依照该外国同中国签订的协议或者共同参加的国际条约，或者依照相互承认优先权的原则，可以享有优先权

续　表

原　则	说　明
单一性原则	一件发明专利或者实用新型专利申请应当限于一项发明或者实用新型。属于一个总的发明构思的两项以上的发明或实用新型，可以作为一件申请提出。 一件外观设计专利申请应当限于一项外观设计。同一产品两项以上的相似外观设计，或者用于同一类别并且成套出售或者使用产品的两项以上外观设计，可以作为一件申请提出

（五）国际专利分类表

国际专利分类法（International Patent Classification，简称 IPC）是世界上通用的专利文献分类法，《国际专利分类表》是专利文献分类和检索工具，它将所有技术分成 8 个部，分别由 A 到 H 中的一个大写字母表示（表 9.1.5），目前使用的是 2019 年版。

表 9.1.5　国际专利分类表的部

部　号	部　　类	部　号	部　　类
A	人类生活必需	E	固定建筑物
B	作业；运输	F	机械工程；照明；加热；武器；爆破
C	化学	G	物理
D	纺织；造纸	H	电学

每个部下再按照大类、小类、组、小组逐级展开，组成 5 级分类结构。一个完整的分类号由代表部、大类、小类、大组或小组的符号构成。如图 9.1.1 所示：

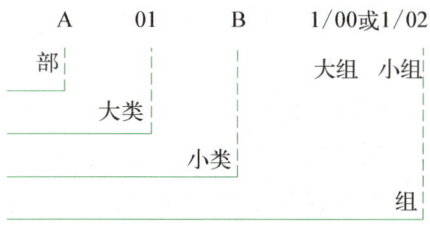

图 9.1.1　国际专利分类号

（六）外观设计分类表

外观设计分类表也称洛迦诺分类表。该分类表不是以工业品外观设计自身的特点、形式为依据，而是依照与工业品外观设计结合在一起的产品来进行分类。

一个外观设计分类号，由阿拉伯数字、大写英文字符和短横线组合而成。如图 9.1.2 所示：

17 - 01 - P0194
　　└─→ 产品目录号，P0194 代表钢琴
　　└─→ 小类号，01代表键盘乐器小类
　　└─→ 大类号，17代表乐器大类

图 9.1.2　外观设计分类号

（七）专利文献

专利文献泛指国家及国际专利组织在受理、审批、注册专利过程中产生的官方文件及其出版物。专利出版物主要有专利申请说明书、发明专利说明书、实用新型专利说明书、工业品外观设计说明书、专利公报、专利索引以及涉及发明和实用新型、工业品外观设计的分类表等。

狭义的专利文献是指专利说明书，专利说明书是专利文献的核心。

（八）专利文献的特点

1. 技术新、出版快，领先其他文献

大多数国家专利局采用先申请制，申请人在一项发明创造完成之后，总是以最快速度提交专利申请，所以新技术信息有可能最先出现在专利文献中。

2. 格式统一规范，文字精练严谨

各国出版的专利说明书基本都按国际统一的格式印刷，著录项目采用统一的识别代码，并标注统一的国际专利分类号。专利说明书有三个统一：内容和写法有统一的格式，审查有统一的标准，文献的编排有统一的分类。

3. 说明详尽、内容实用，更有参考价值

专利文献对技术信息的揭示主要体现在申请人必须按照专利法的有关规定，对发明创造做出清楚、完整的说明，要求以所属技术领域的技术人员能够实际操作为准。因此，专利文献较其他文献更加详尽、具体和实用。

4. 数量大、内容广，三种信息合一

世界知识产权组织的统计表明，世界上每年发明创造成果的90%~95%都可以在专利文献中查到，而且许多发明成果仅通过专利文献公开，并不见诸其他科技文献。

专利文献集专利技术、法律和经济信息于一体。不仅记载着发明的技术内容，而且记载着权利归属和保护范围等信息。

（九）专利文献的作用

专利文献属于技术类文献，与科学类文献相比，在企业决策与竞争、技术开发方面作用突出。具体表现在以下4个方面：

1. 传播发明创造，促进技术进步

发明创造通过专利文献得以传播，人们由此可以获得最新的技术信息，提高利用新技术的概率，进而起到促进全社会技术进步的作用。

2. 警示竞争对手,保护知识产权

人们申请专利的目的是寻求对其发明创造的保护,最担心的是竞争对手侵犯其专利权,所以通过专利文献公布信息,可以获得法律保护。

3. 借鉴权利信息,避免侵权纠纷

任何人都要尊重他人的知识产权,杜绝恶意侵权行为,避免无意侵权过失,专利文献可以起到这方面的借鉴作用。

4. 提供技术参考,启迪创新思路

企业是创新的主体,专利是创新的成果。研究专利文献中记载的发明创造,有助于启迪企业研究人员的创新思路,少走弯路,实现创新目标。

二、国家知识产权局网站

国家知识产权局网站(https://www.cnipa.gov.cn)是我国官方的专利信息发布和专利知识传播网站(图9.1.3),发布的信息不仅权威性强、数据可靠,而且可以通过现代技术手段传播专利知识。

国家知识产权局网站

图9.1.3 国家知识产权局主页标题栏

网站导航栏设有机构、新闻、政务、服务、数据和互动6个模块,其中政务、服务和数据3个模块的主要内容如表9.1.6所示。

表9.1.6 国家知识产权局网站导航栏内容

栏 目	内 容
政务	政策文件、政府信息公开、法律法规、发展规划、政策解读、政策图解
服务	政务服务平台和公共服务。其中政务服务平台主要有专利、商标地理标志、集成电路布图设计的办事服务和查询服务
数据	专利执法统计、统计报告查询、世界五大知识产权局年度统计报告、统计分析成果

(一)统计报告查询

统计报告查询位于数据栏目,提供发明、实用新型和外观设计三种专利的月度报告和统计年报(图9.1.4)。月度报告能够快速报道截至某月国内外三种专利的授权状况,也报道职务发明和非职务发明三种专利的授权状况。统计年报全面报道国内外三种专利的申请和授权情况,可一次提供近 5 年的统计数据。

图 9.1.4　数据栏目页面

检索示例:查询 2021 年前 8 个月国内发明专利的授权情况

课题分析:首先选择"数据"栏目,然后选择"统计报告查询"。

第一步:选择栏目。选择图 9.1.4 页面右边"统计报告查询"下方的"国家知识产权局审查注册登记月度报告",年份选择"2021 年度",月份选择"8 月",点击"查询"(图 9.1.5)。

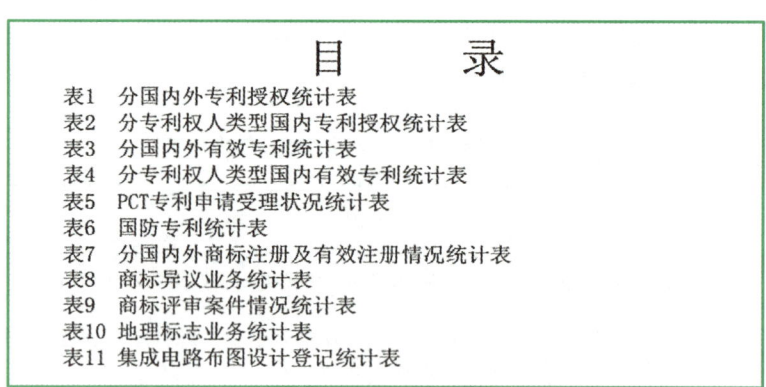

图 9.1.5　月度报告页面

第二步:选择表格。图 9.1.5 包括 11 个表。此例应选择"表 1　分国内外专利授权统计表"(图 9.1.6)。

第三步:检索数据。浏览表格得知,截至 2021 年前 8 个月国内发明专利授权共396 858 项。

表1 分国内外专利授权统计表

2021年1-8月 单位：件

按国内外分组		发 明		实用新型		外观设计	
		授权量	构成	授权量	构成	授权量	构成
合计	小计	471662	100.0%	1842513	100.0%	540212	100.0%
	职务	455887	96.7%	1608206	87.3%	327928	60.7%
	非职务	15775	3.3%	234307	12.7%	212284	39.3%
国内	小计	396858	100/84.1	1838042	100/99.8	528558	100/97.8
	职务	382166	96.3%	1604020	87.3%	316894	60.0%
	非职务	14692	3.7%	234022	12.7%	211664	40.0%
国外	小计	74804	100/15.9	4471	100/0.2	11654	100/2.2
	职务	73721	98.6%	4186	93.6%	11034	94.7%
	非职务	1083	1.4%	285	6.4%	620	5.3%

注：本报表中，专利授权量均按照授权公告日统计。

图 9.1.6 分国内外专利授权统计表

检索示例：查询 2020 年度国内外申请发明专利的件数

第一步：选择栏目。选择图 9.1.4 页面右边"统计报告查询"下方的"国家知识产权局统计年报"，年份选择"2020"，点击"查询"（图 9.1.7）。

图 9.1.7 统计年报页面

第二步：选择表格。统计年报页面共有 9 项，选择第一项"专利申请状况"点击（图 9.1.8）。

第三步：检索数据。选择"1－1 分国内外三种专利申请/授权/有效量（2020 年）"点击进入，浏览表格得知，2020 年国内外共申请发明专利 1 497 159 项（图 9.1.9）。

当前位置：首页 > 2020年知识产权统计年报 > 专利申请状况

◆ 1-1 分国内外三种专利申请/授权/有效量（2020年）
Patent Applications, Patent Grants and Patents In Force of Three Kinds Originated from Home and Abroad (2020)

◆ 1-2 分国内外三种专利申请年度状况
Annual Applications for Patents of Three Kinds Originated from Home and Abroad

◆ 1-3 分地区国内发明专利申请量
Patent Applications for Invention Originated from Home by Origin

图 9.1.8 专利申请页面

1-1 分国内外三种专利申请/授权/有效量（2020年）
Patent Applications, Patent Grants and Patents In Force of Three Kinds Originated from Home and Abroad (2020)

单位：件 (Unit: piece)

		发明 Invention		实用新型 Utility Model		外观设计 Industrial Design	
		数量 Number	构成 %	数量 Number	构成 %	数量 Number	构成 %
合计 Total	申请量 Application	1497159	28.8%	2926633	56.3%	770362	14.8%
	授权量 Grant	530127	14.6%	2377223	65.3%	731918	20.1%
	有效量* In Force	3057844	25.1%	6947697	57.0%	2187356	17.9%
国内 Domestic	申请量 Application	1344817	26.8%	2918874	58.2%	752339	15.0%
	授权量 Grant	440691	12.5%	2368651	67.3%	711559	20.2%
	有效量 In Force	2279123	20.3%	6895886	61.4%	2061859	18.3%
国外 Foreign	申请量 Application	152342	85.5%	7759	4.4%	18023	10.1%
	授权量 Grant	89436	75.6%	8572	7.2%	20359	17.2%
	有效量 In Force	778721	81.5%	51811	5.4%	125497	13.1%

图 9.1.9 分国内外三种专利申请/授权/有效量（2020 年）

（二）专利信息检索

在主页的中下方"政务服务"模块设有专利、商标、地理标志和集成电路布图设计 4 个可选页面（图 9.1.10）。

图 9.1.10 政务服务页面

专利页面设有"专利检索"等 10 项功能入口，点击"专利检索"可进入"专利检索及分析"页面（图 9.1.11）。页面上方标题栏提供中、英、法、德、俄、西、阿、日等语种的选择，默认为中文页面，标题栏下方的导航栏有常规检索（默认）、高级检索、导航检索、药物检索、热门工具和命令行检索 6 种选择（除常规检索外，使用其他功能都要先行注册）。

图 9.1.11　专利检索与分析页面

1. 常规检索

常规检索页面只有一个检索窗口,用于输入检索词。检索词可以是关键词、专利号、发明人或公司名称、专利申请的日期或年代,还可以是包含字段代码的检索式。检索窗口的左边有一个地球图标和一个三角图标,前者限定检索词的搜索范围(图 9.1.12),后者限定检索词的搜索字段(图 9.1.13)。

🌐 ▼

☐ 全选　　　　　　**数据范围**

☐ 中国　　　　　│☐ 中国发明申请　　☐ 中国实用新型　　☐ 中国外观设计
　　　　　　　　　☐ 香港　　　　　　☐ 澳门　　　　　　☐ 台湾

☐ 主要国家/地区/组织│☐ EPO　☐ WIPO　☐ 美国　☐ 日本　　☐ 韩国　☐ 英国
　　　　　　　　　　☐ 法国　☐ 德国　☐ 俄罗斯　☐ 瑞士

☐ 其他国家/地区/组织│☐ 奥地利　☐ 澳大利亚　☐ 比利时　☐ 荷兰　　☐ 加拿大　☐ 西班牙
　　　　　　　　　　☐ 墨西哥

图 9.1.12　地球图标限定的搜索范围

🌐 ▲

◉ 自动识别　　　◯ 检索要素　　　◯ 申请号　　　◯ 公开(公告)号

◯ 申请(专利权)人　◯ 发明人　　◯ 发明名称

图 9.1.13　三角图标限定的搜索字段

2. 高级检索

使用高级检索功能需要先注册,注册成功后可进入高级检索界面。高级检索提供多个检索窗口,可以选择合适的检索词在对应的检索窗口输入(图9.1.14)。

检索示例:查询北京大学王选院士的发明专利

课题分析:王选院士号称当代"毕昇",他的专利记录了汉字排版技术的进程。

第一步:输入检索词。在申请(专利权)人窗口输入"北京大学",在发明人窗口输入"王选"(图9.1.14),点击下方的"检索"按钮。

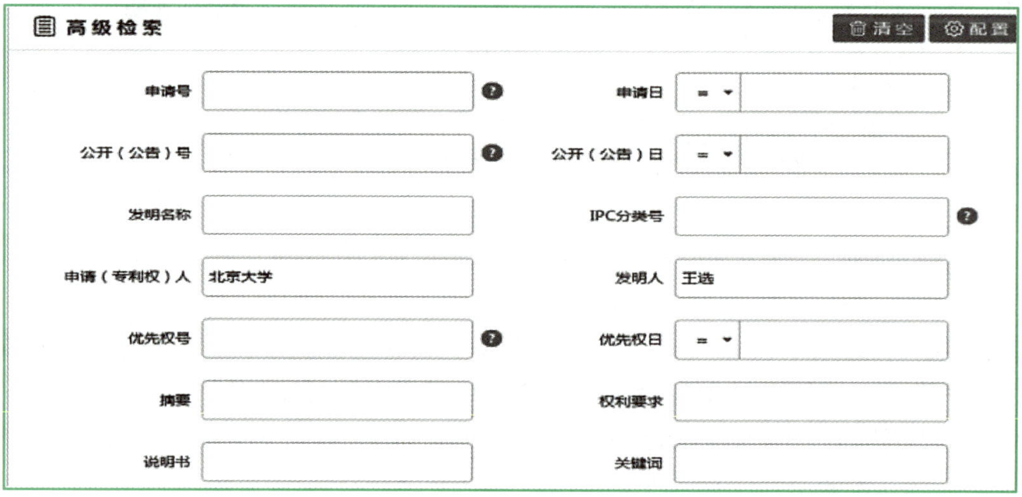

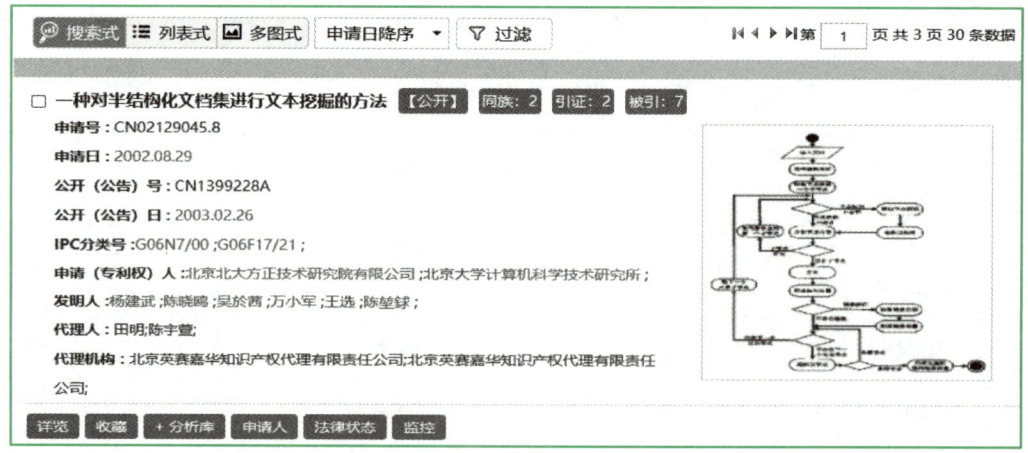

图9.1.14　高级检索页面

第二步:浏览检索结果。检索结果得到王选教授申请的30项专利,浏览并选择检索结果(图9.1.15)。

图9.1.15　检索结果之一

第三步：选择需要的专利。点击图9.1.15左下角的"详览"，可进入文献浏览页面（图9.1.16）。

图9.1.16　文献浏览页面

第四步：获得专利全文。图9.1.16的左栏提供专利文献的下载，中栏提供全文文本或全文图像（图9.1.17）的浏览。

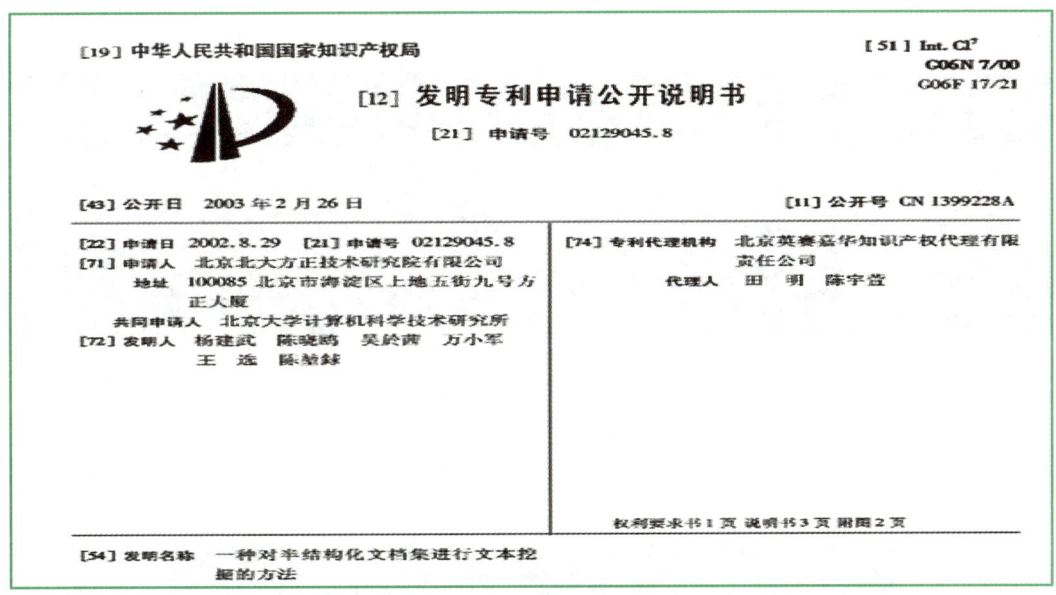

图9.1.17　说明书全文图像

（三）国外专利文献检索

国家知识产权局主页右下方相关网站中设有"国外主要知识产权网站"页面，提供国际组织、地区组织和国家局（部分）3个级别的选择链接（图9.1.18）。

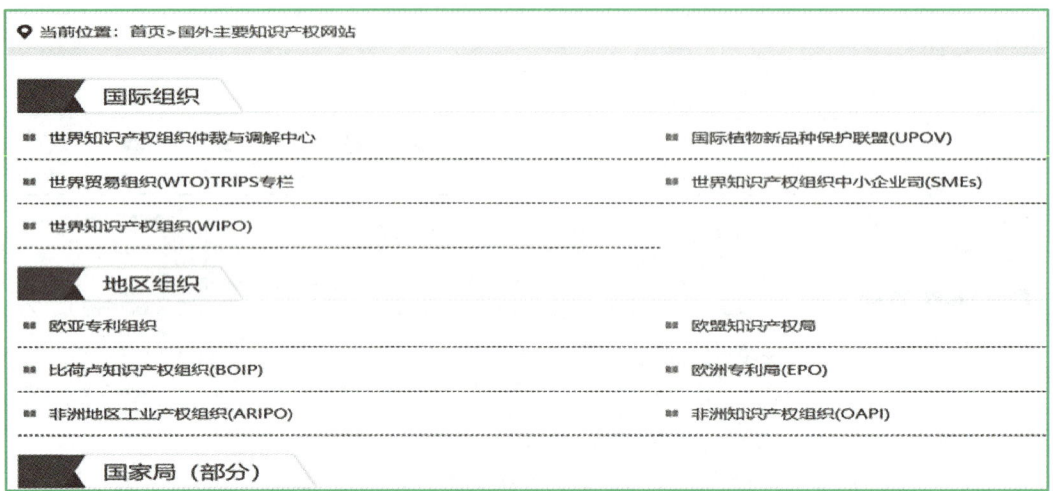

图 9.1.18　国外主要知识产权网站页面

检索示例：快速检索美国专利（简介）

课题分析：查询英美发达国家的专利有助于我国引进西方先进技术。

第一步：选择国别。在国家局（部分）中选择"美国"，可进入美国知识产权局页面（图 9.1.19）。

图 9.1.19　美国知识产权局页面

第二步：选择专利查询。在图 9.1.19 右栏"Find It Fast"中选择"Patents"，则出现下拉菜单（图 9.1.20）。

图 9.1.20　Patents 的下拉菜单

第三步：实施检索过程。在图 9.1.20 中，Patens 下方提供"PatFT"（图 9.1.21）和"AppFT"（图 9.1.22）两种专利数据库的选择，点击即可。

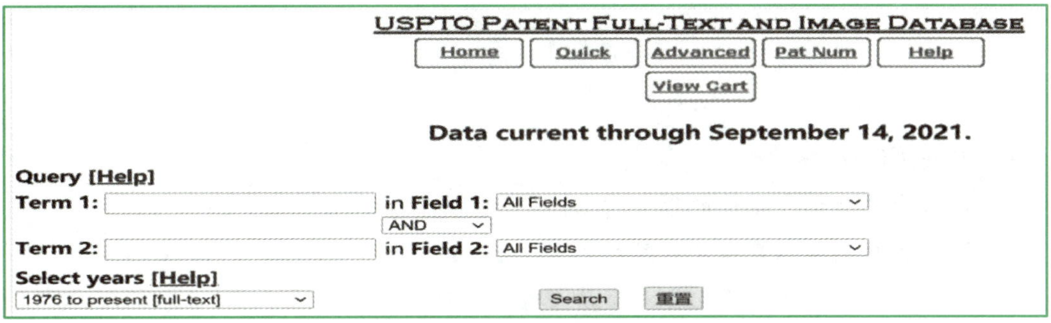

图 9.1.21　PatFT 数据库快速检索页面

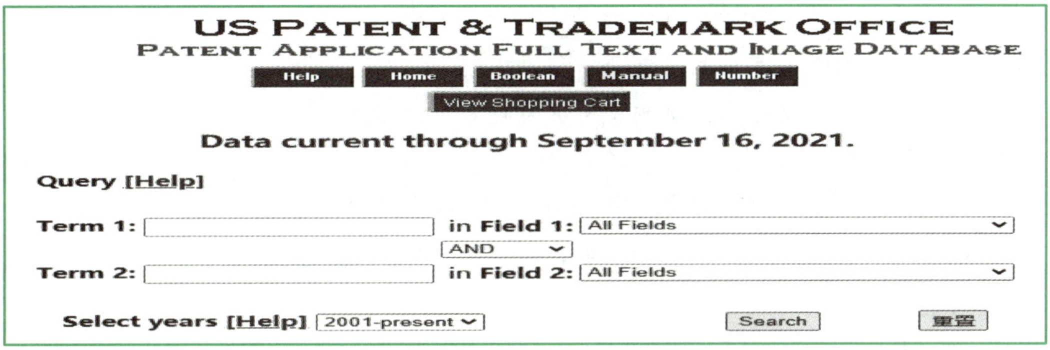

图 9.1.22　AppFT 数据库快速检索页面

PatFT（授权专利）的快速检索页面提供两个检索输入框，可输入两个检索词（Term1 和 Term2），两词逻辑关系可在与（AND）、或（OR）、非（ANDNOT）之间选择；检索词的右栏提供多达 56 项检索字段（in Field）的选择。

AppFT（申请专利）检索页面功能设置与 PatFT 基本一致。

小　结

专利分为发明、实用新型和外观设计三种类型。申请专利是为了获得专利权，根据专利权的先申请原则，取得发明成果后应该先申请专利，再发表相关信息。检索专利是为了获取专利文献。专利文献的特点是集技术、法律和经济信息于一体。

中国知识产权局网站提供专利基础知识、专利法律法规、专利统计信息、专利文献检索，以及专利申请指南、专利审查信息查询、专利数据查询等服务。

各国专利文献的检索方法并不相同，如要检索某个国家的专利信息，可以先通过

"文献服务"的"公益讲座",选择有关国家的专利检索介绍进行自学,然后再进入相关国家专利检索系统的网站进行检索。

习　题

一、实践操作题

1. 重复本节检索示例的检索过程。

2. 熟悉中国知识产权局网站的栏目。

3. 浏览本校师生的发明专利申请与授权情况。

4. 记录利用"文献服务"自学美国专利数据库检索方法。

5. 写出职务发明和非职务发明的差异。

二、讨论题

1. 技术文献和科学文献的用途有什么不同?

2. 发明成果申请专利后如何保障关键技术不被泄露?

三、思考题

1. 为什么专利文献可以免费获得而科学文献需要付费?

2. 为什么专利申请日期越早越好? 何种特殊情况可以例外?

第二节　标准文献检索

本节重点：标准文献检索

主要内容：标准知识与标准文献检索

教学目的：熟悉国内外标准文献的检索方法

《中华人民共和国标准化法》(以下简称《标准化法》)第一条规定:"为了加强标准化工作,提升产品和服务质量,促进科学技术进步,保障人身健康和生命财产安全,维护国家安全、生态环境安全,提高经济社会发展水平,制定本法。"显然,标准涉及国家建设和社会发展的方方面面,其重要性是不言而喻的。

《标准化法》第二条规定:"本法所称标准(含标准样品),是指农业、工业、服务业以及社会事业等领域需要统一的技术要求。"标准是以科学、技术和实践经验的综合成果为基础,对具有多样性、相关性特征的重复事物和概念,经有关方面协商一致,由主管机构批准,以特定的程序和形式发布的统一规定。其目的是在经济、技术、科学研究和管理工作等领域中,取得全面的、最佳的效果。

　　标准文献是一种规章性文献,受法律的约束。标准文献反映了全世界或一个国家的技术政策、生产和标准化水平,是了解世界或一个国家工业发展情况的重要参考资料。

一、标准的基础知识

（一）标准的类型

标准的类型有多种划分方式(表9.2.1)。

表 9.2.1　标准类型的划分方式

划　　分	类　　型	说　　　　明
按范围划分	国际标准	国际标准机构发布的标准
	区域标准	区域性标准机构发布的标准
	国家标准	国务院或其标准化行政主管部门发布的标准
	行业标准	国务院有关行政主管部门制定的标准
	地方标准	省级政府标准化行政主管部门制定的标准
	团体标准	社会团体协调相关市场主体共同制定的标准
	企业标准	企业制定的内部标准
按内容划分	基础标准	术语、符号、代号、制图、文件格式等
	产品标准	品种、技术要求、检验规则、包装、贮存等
	方法标准	试验方法、检验规则、操作程序、工作方法、工艺规程等
按对象划分	技术标准	对标准化领域中需要协调统一的技术事项所制定的标准
	管理标准	对标准化领域中需要协调统一的管理事项所制定的标准
	工作标准	对工作的责任、权利、程序、检查、考核所制定的标准
按约束力划分	强制性标准	用行政和法律手段强迫实施的标准
	推荐性标准	推荐、提倡与自愿使用相结合的标准(行业标准、地方标准)
	指导性文件	在技术发展中提供参考的指南性文件

（二）标准的特点

标准具有系统性、针对性、约束性和时效性等特点(表9.2.2)。

（三）标准的编号

标准的编号通常由“代号+顺序号+年份”三部分组成(表9.2.3)。

表 9.2.2 标准的特点

特点	说明
系统性	标准的编写格式、分类方法、报批手续都有专门的规定和固定的标准代号
针对性	标准针对特定的范围和事项
约束性	标准在一定条件下具有法律性质(与其他文献类型相区别)
时效性	标准要随着产品的更新换代不断进行修改、补充、替代或废除

表 9.2.3 标准的编号

级别	编号	示例
国际标准	国际组织代号+顺序号+年份	ISO/TS 17948－2014 中药文献元数据
国家标准	国家标准代号+顺序号+年份	GB 12982－2004 国旗
行业标准	部门代号+顺序号+年份	ZC 0007－2004 专利文献号标准
地方标准	省(市)代号+顺序号+年份	DB11/T 064－2017 北京市行政区划代码
团体标准	团体代号+顺序号+年份	T/ZAS 4001－2020 高等院校毕业论文在线答辩管理规范
企业标准	Q/企业代码+顺序号+年份	Q/QDQSW 0001S－2019 烤鸭

(四)国际标准分类

国际标准分类(International Classification of Standards,ICS)有 41 个大类,用两位数字表示(表9.2.4)。

表 9.2.4 国际标准文献分类法的 41 个大类

01	综合、术语学、标准化、文献	03	社会学、服务、公司(企业)的组织和管理、行政、运输	07	数学、自然科学
11	医药卫生技术	13	环保、保健和安全	17	计量学和测量、物理现象
19	试验	21	机械系统和通用件	23	流体系统和通用件
25	机械制造	27	能源和热传导工程	29	电气工程
31	电子学	33	电信、音频和视频工程	35	信息技术、办公机械
37	成像技术	39	精密机械、珠宝	43	道路车辆工程
45	铁路工程	47	造船和海上构筑物	49	航空器和航天器工程
53	材料储运设备	55	货物的包装和调运	59	纺织和皮革技术

61	服装工业	65	农业	67	食品技术
71	化工技术	73	采矿和矿产品	75	石油及相关技术
77	冶金	79	木材技术	81	玻璃和陶瓷工业
83	橡胶和塑料工业	85	造纸技术	87	涂料和颜料工业
91	建筑材料和建筑物	93	土木工程	95	军事工程
97	家用和商用设备、文娱、体育	99	（没有标题）		

（五）中国标准分类

中国标准分类法是将标准分为 24 个大类，类号分别用大写字母表示（表 9.2.5）。

表 9.2.5 中国标准文献分类法的 24 个大类

A	综合	B	农业、林业	C	医药、卫生、劳动保护
D	矿业	E	石油	F	能源、核技术
G	化工	H	冶金	J	机械
K	电工	L	电子元器件与信息技术	M	通信、广播
N	仪器、仪表	P	土木、建筑	Q	建材
R	公路、水路运输	S	铁路	T	车辆
U	船舶	V	航空、航天	W	纺织
X	食品	Y	轻工、文化与生活用品	Z	环境保护

（六）中国行业标准分类

中国行业标准目前分为 72 个类目，类号分别用两位大写字母表示（表 9.2.6）。

表 9.2.6 中国行业标准的 72 个类目

AQ	安全生产	BB	包装	CB	船舶	CH	测绘
CJ	城镇建设	CY	新闻出版	DA	档案	DB	地震
DL	电力	DY	电影	DZ	地质矿产	EJ	核工业
FZ	纺织	GA	公共安全	GC	国家物质储备	GH	供销合作
GM	国密	GY	广播电影电视	HB	航空	HG	化工
HJ	环境保护	HS	海关	HY	海洋	JB	机械
JC	建材	JG	建筑工程	JR	金融	JT	交通

JY	教育	LB	旅游	LD	劳动和劳动安全	LS	粮食
LY	林业	MH	民用航空	MR	市场监管	MT	煤炭
MZ	民政	NB	能源	NY	农业	QB	轻工
QC	汽车	QJ	航天	QX	气象	RB	认证认可
SB	国内贸易	SC	水产	SF	司法	SH	石油化工
SJ	电子	SL	水利	SN	出入境检验检疫	SW	税务
SY	石油天然气	TB	铁路运输	TD	土地管理	TY	体育
WB	物资管理	WH	文化	WJ	兵工民品	WM	外经贸
WS	卫生	WW	文物保护	XB	稀土	XF	消防救援
YB	黑色冶金	YC	烟草	YD	通信	YJ	减灾救灾与综合性应急管理
YS	有色金属	YY	医药	YZ	邮政	ZY	中医药

二、国家标准化管理委员会网站

　　国家标准化管理委员会是国务院授权的履行行政管理职能,统一管理全国标准化工作的主管机构。国家标准化管理委员会网站(http://www.sac.gov.cn)的导航条设置了组织机构、新闻、信息公开、办事服务、互动交流和专题等栏目(图 9.2.1)。

国家标准化管理委员会网站

图 9.2.1　中国国家标准化管理委员会主页

其中,办事服务栏目设有国家标准公开和标准服务平台等内容(图9.2.2)。

图9.2.2 办事服务栏目

(一)国家标准公开

国家标准公开页面的全称是"国家标准全文公开系统",页面导航条分别提供强制性国家标准和推荐性国家标准的检索。导航条下方设有国家标准的检索窗口,用于检索词检索,检索词可以是标准号或标准名称(图9.2.3)。

图9.2.3 国家标准全文公开系统

国家标准全文公开系统

检索示例:查找国徽的国家标准

课题分析:国家标准是强制执行的标准,是完全公开的,应该比较容易获得。"国徽"没有同义词,作为检索词可保证专指度。

第一步:输入检索词。在检索窗口输入"国徽"(图9.2.3)。

第二步:获取检索结果。点击窗口右边的"检索",得到2条检索结果(图9.2.4)。

第三步:选择检索结果。第一条标准的状态是"现行",选择标准号"GB 15093 - 2008"点击(图9.2.5)。

图 9.2.4　检索结果

图 9.2.5　"国徽"标准的预览和下载页面

第四步：浏览标准。图 9.2.5 提供了国徽的标准号、中英文名称和标准状态,也提供了在线预览(图 9.2.6)或下载标准两种选择,还提供中国标准分类号(CCS)和国际标准分类号(ICS)等信息。

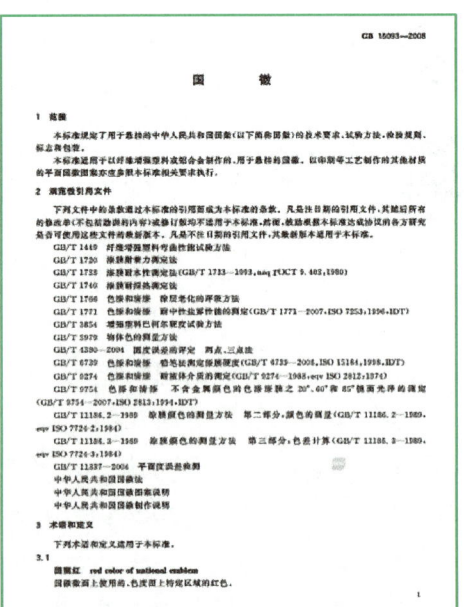

图 9.2.6　国徽标准内容

（二）标准服务平台

标准服务平台全称为"全国标准信息公共服务平台"，主要提供国际国内各种标准的信息服务（图9.2.7）。

图 9.2.7　标准服务平台页面

该平台页面导航条提供国家标准、行业标准、地方标准、团体标准、企业标准、国际标准、国外标准和技术委员会等检索栏目，用于不同级别和类别标准的检索。导航条下方设有标准文献检索窗口，用于从检索词的途径检索各种标准。

1. 检索窗口的使用

（1）快速检索。

平台的检索窗口用于输入检索词，窗口左边提供检索字段选择，包括国家标准计划、国家标准、行业标准和地方标准等，其检索过程与国家标准检索相似。

（2）高级检索。

平台的检索窗口右下方提供高级检索，可以输入多个检索词并选择相应的检索条件（图9.2.8）。

图 9.2.8　高级检索页面

2. 平台导航条的使用

平台导航条提供了国家标准、行业标准、地方标准、团体标准、企业标准、国际标准、国外标准和技术委员会等检索栏目,前 5 个栏目提供国内不同级别标准的检索,大部分可以免费获取;国际标准和国外标准栏目只提供检索结果,但获取标准原文需要付费;技术委员会栏目公开各级标准的编制信息,特别是及时报道最新标准制定情况。

下面以行业标准、国际标准和技术委员会栏目为例进行介绍。

（1）行业标准的检索。

在平台页面的导航条选择"行业标准"点击,即可进入"行业标准信息服务平台"页面(图 9.2.9)。该平台是新增设的,有效缓解了过去行业标准查询难的问题。

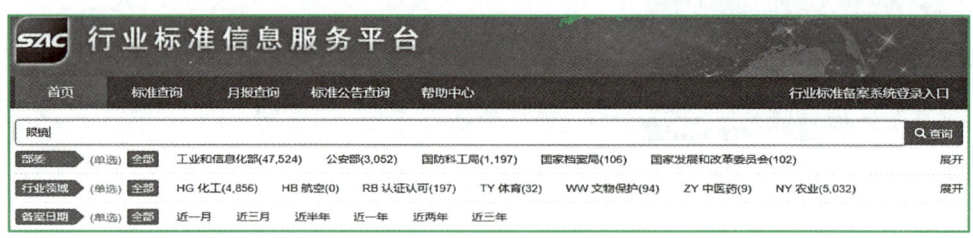

图 9.2.9 行业标准信息服务平台

行业标准信息服务平台的导航条提供标准查询、月报查询和标准公告查询 3 种查询方式,导航条下方设有检索窗口,窗口下方又把行业标准按照部委或行业领域进行细分,以便于从多个途径查询行业标准。

检索示例:查询有关眼镜的行业标准

课题分析:大学生的视力保护非常重要,佩戴眼镜是保护眼睛的常用方法,但选择合适的眼镜则需要了解有关的行业标准。

第一步:输入检索词。在检索窗口输入"眼镜"(图 9.2.9)。

第二步:获得检索结果。点击"查询",得到大量检索结果(图 9.2.10)。

#	标准号	标准名称	行业领域	状态	批准日期	实施日期	备案号	备案日期
1	GA/T 2000.265-2019	公安信息代码 第265部分：佩戴眼镜特征代码	公共安全	现行	2019-08-28	2019-10-01	74528-2020	2020-08-26
2	HG/T 5505-2018	偏光眼镜片用三醋酸纤维素酯（TAC）硬化薄膜	化工	现行	2018-10-22	2019-04-01	65256-2018	2018-11-27
3	QB/T 2506-2017	眼镜镜片 光学树脂镜片	轻工	现行	2017-01-09	2017-07-01	57027-2017	2017-02-06
4	SJ/T 11593-2016	主动快门式立体眼镜技术规范	电子	现行	2016-01-15	2016-06-01	54925-2016	2016-06-22
5	SJ/T 11591.4.1.1-2016	立体显示器件 第4-1-1部分：眼镜式立体显示器件测量方法-光学和光电	电子	现行	2016-01-15	2016-06-01	54897-2016	2016-06-22
6	QB/T 4957-2016	金属眼镜框丝	轻工	现行	2016-04-05	2016-09-01	54842-2016	2016-05-17
7	WS 219-2015	儿童少年矫正眼镜卫生要求	卫生	现行	2015-11-08	2016-05-01	54397-2016	2016-04-01
8	SB/T 11145-2015	眼镜交易市场建设和经营管理规范	国内贸易	现行	2015-11-09	2016-09-01	52344-2016	2015-12-30
9	LY/T 2505-2015	野生动物饲养管理技术规程 眼镜蛇	林业	现行	2015-10-19	2016-01-01	52073-2015	2015-12-04
10	YS/T 1077-2015	眼镜架用TB13钛合金棒丝材	有色金属	现行	2015-04-30	2015-10-01	50435-2015	2015-07-08

图 9.2.10 检索结果页面

第三步：选择检索结果。选择第 7 条"儿童少年矫正眼镜卫生要求"点击进入标准信息页面（图 9.2.11）。

图 9.2.11　标准信息页面

第四步：获取标准原文。点击图 9.2.11 右上角的 PDF 图标，即可下载标准原文（图 9.2.12）。

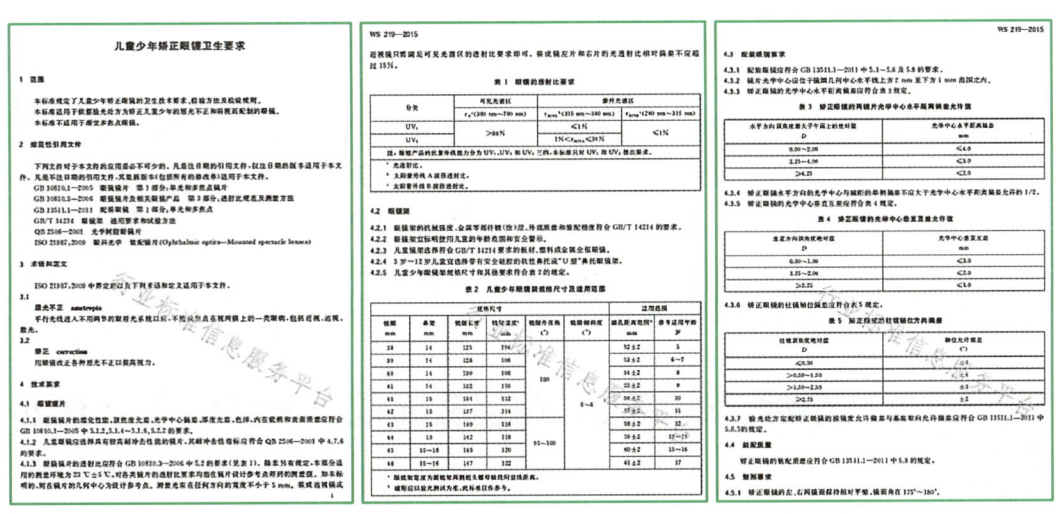

图 9.2.12　WS 219-2015　儿童少年矫正眼镜卫生要求

（2）国际标准的查询。

在平台页面的下方有国际标准化的栏目（图 9.2.13），点击左栏国际标准化组织

图 9.2.13　国际标准化栏目

下方的绿色圆形图标(ISO 标准查询),即可打开国际标准检索页面(图 9.2.14),在检索窗口输入标准名称或编号,即可查询国际标准信息。获取国际标准文献需要付费。

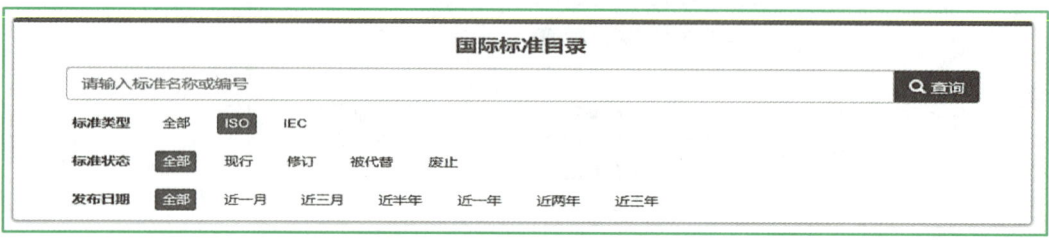

图 9.2.14　国际标准检索窗口

(3)技术委员会的查询。

技术委员会是制定标准的组织机构,技术委员会又根据不同的学科下设许多分委员会,由各分委员会负责制定相关学科的标准文献。

检索示例:查询技术委员会下设的文献类学科分委员会制定的有关标准

课题分析:随着文献载体的电子化发展,有关图书文献类标准也在发生变化,及时掌握有关标准信息,有助于调整和规范学术文献创作中使用的名词术语和文献格式。

第一步:浏览技术委员会页面。点击图 9.2.7 服务平台页面导航条右边的"技术委员会",进入技术委员会页面(图 9.2.15)。

图 9.2.15　技术委员会页面

　　第二步：查询相关的技术委员会。在技术委员会名录中找到"TC4（信息与文献）"，点击进入相应页面，发现该委员会的名称为"全国信息与文献标准化技术委员会"（图9.2.16）。

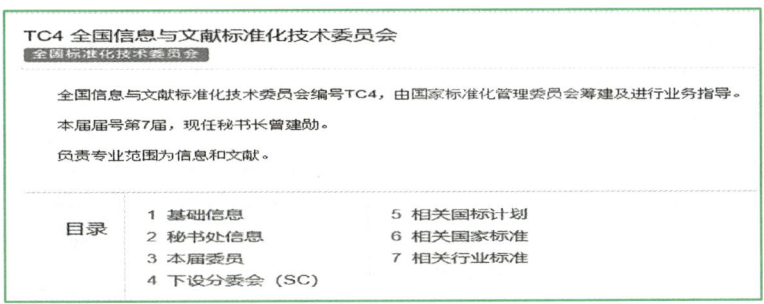

图9.2.16　TC4全国信息与文献标准化技术委员会页面

　　第三步：浏览相关国家标准。图9.2.16页面的名录有相关国家标准和相关行业标准，点击"相关国家标准"（图9.2.17）。

#	标准号	标准中文名称	发布日期	实施日期	标准状态
1	GB/T 40205-2021	信息与文献 馆藏信息格式	2021-05-21	2021-12-01	即将实施
2	GB/T 3792-2021	信息与文献 资源描述	2021-03-09	2021-10-01	即将实施
3	GB/T 37965-2019	信息与文献 文化遗产信息交换的参考本体	2019-08-30	2020-03-01	现行
4	GB/T 13190.2-2018	信息与文献 叙词表及与其他词表的互操作 第2部分：与其他词表的互操作	2018-06-07	2019-01-01	现行
5	GB/T 36369-2018	信息与文献 数字对象唯一标识符系统	2018-06-07	2019-01-01	现行
6	GB/T 9999.1-2018	中国标准连续出版物号 第1部分：CN	2018-06-07	2018-10-01	现行
7	GB/T 9999.2-2018	中国标准连续出版物号 第2部分：ISSN	2018-03-15	2019-04-01	现行
8	GB/T 36070-2018	地方志索引编制规则	2018-03-15	2018-10-01	现行
9	GB/T 36068-2018	中国机读馆藏格式	2018-03-15	2018-10-01	现行
10	GB/T 36067-2018	信息与文献 引文数据库数据加工规则	2018-03-15	2018-10-01	现行

显示第1到第10条记录，总共117条记录 每页显示 [10▲] 条记录　　　‹ **1** 2 3 4 5 … 12 ›

图9.2.17　相关国家标准页面

　　第四步：浏览最新国家标准。选择即将实施的"信息与文献资源描述"前的标准号"GB/T3792-2021"点击，即可进入标准的信息页面（图9.2.18）。

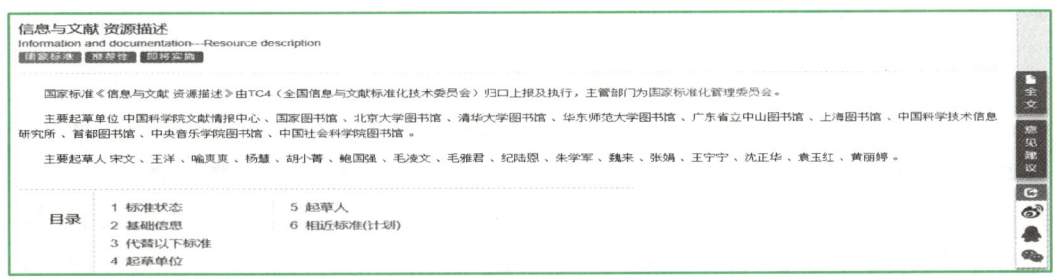

图9.2.18　标准信息页面

第五步：打开标准全文。点击图9.2.18右边的"全文"按钮,进入获取标准的选择
页面(9.2.19),点击"在线预览",即可浏览标准全文(图9.2.20)。

图 9.2.19　标准原文选择页面

图 9.2.20　标准原文

三、其他标准文献检索网站

(一)知网标准数据总库简介

知网的标准数据总库提供国家标准、行业标准和职业标准的检索。与前两种标准
属于技术标准不同,职业标准属于工作标准,由国家人力资源社会保障部负责制定。
职业标准全文数据库收录了由中国劳动社会保障出版社出版的国家职业标准汇编本,
包括国家职业技能标准、职业培训计划、职业培训大纲等,是知网标准数据总库的重要
特色之一(图9.2.21)。

图 9.2.21　知网标准数据检索页面

国家职业标准是职业教育培训课程开发的依据。国家职业标准通过工作分析方法，描述了胜任各种职业所需的能力，反映了企业和用人单位的用人要求，保证了职业教育密切结合生产和工作的需要，使得受教育者和培训对象的职业技能与就业岗位相适应。

（二）使用读秀检索标准文献

读秀具有标准文献检索功能（图 9.2.22），提供国家标准、行业标准、地方标准、团体标准的信息服务，用户可以通过全国图书馆参考咨询服务平台的文献传递功能获取标准原文。

图 9.2.22　读秀的标准文献检索窗口

读秀的不足之处在于所提供的标准信息在时间上滞后于国家标准化管理委员会网站，而且不提供企业标准信息。

（三）使用搜索引擎查询

搜索引擎能够提供多种文献的碎片化信息，也包括少量标准文献。在全国标准信息服务平台不能提供标准全文的情况下，可以使用标准名称或标准号作为检索词，在搜索引擎上进行查询，往往会有意想不到的结果。

四、国际标准化网站

（一）ISO 网站

国际标准化组织（ISO）负责除电工和电子领域之外的国际化标准工作，其网站（http://www.iso.org/home.html）提供了该组织标准化活动的最新信息和 ISO 标准检索。

（二）IEC 网站

国际电工委员会（IEC）负责电工和电子领域的国际标准化工作，其网站（http://www.iec.ch）提供 IEC 标准的检索窗口。

小　结

本节重点介绍了国家标准化管理委员会网站的全国标准信息服务平台，该平台的功能非常全面。特别是新增设了行业标准、地方标准、企业标准和团体标准的检索，可提供国内外技术标准的检索服务，为广大师生和科技工作者提供了极大的便利。

知网的标准数据库的职业标准是其一大特色，职业标准属于工作标准，由国家人力资源社会保障部负责制定。

读秀具有标准检索功能，用户可以通过高校图书馆的文献传递业务获取标准全文，但其提供的标准信息在时间上滞后于国家标准化管理委员会网站。

本节最后简单介绍了国际标准化组织（ISO）、国际电工委员会（IEC），并提供了其网址。

习　题

一、实践操作题

1. 重复本节检索示例的检索过程。

2. 浏览全国标准信息服务平台的其他功能。

3. 检索强制性国家标准《学生宿舍卫生要求及管理规范》对大学宿舍的书桌椅要求。

4. 利用知网检索《汽车驾驶员国家职业标准》的发文号。

5. 利用读秀检索《西红柿炖螃蟹》的标准号。

二、讨论题

1. 标准文献对国家建设和社会发展有哪些重要作用？

2. 标准文献对大学生的专业学习有什么帮助？

三、思考题

1. 高校规章制度是不是标准文献？

2. 标准文献与专利文献的各自用途有何差异？

第十章

国家科学基金介绍

 国家自然科学基金委员会
National Natural Science Foundation of China

鼓励探索，突出原创；聚焦前沿，独辟蹊径；
需求牵引，突破瓶颈；共性导向，交叉融通。

请输入关键字　　　　搜索

| 首　页 | 机构概况 | 政策法规 | 项目指南 | 申请受助 | 共享传播 | 国际合作 | 信息公开 |

时政要闻　　**国务院信息**

习近平在中央统战工作会议上强调...　07-30

习近平在中共中央政治局第四十...　07-29

中共中央政治局召开会议 分析研究...　07-28

中央军委举行颁授"八一勋章"和...　07-27

基金要闻　　　　　更多>>

■ 国家自然科学基金委员会国际合作局召开
　2022年度外国学者研究基金项目评审会议
　(08-04)

■ 【光明日报】中国科学院院士、浙江大学教
　授杨卫：打开创新之源的"水龙头"(08-
　04)

)) **通知通告**

■ 关于2022年度国家自然科学基金依托单位注册
　申请的通告（06-21）

■ 国家自然科学基金委员会关于不法分子伪冒我
　委网站的声明（07-18）

■ 2022年度国家自然科学基金委员会与香港研究

政务微信

国家科学基金主要包括国家自然科学基金、国家社会科学基金和国家博士后基金，分别由国家自然科学基金委员会、全国哲学社会科学工作办公室和中国博士后科学基金会负责管理。国家科学基金专门设立青年科学基金，好比是青年人才成长所需的阳光雨露，有助于优秀青年脱颖而出，非常受青年科技人才的欢迎。

第一节　国家自然科学基金

本节重点：国家自然科学基金项目申报
主要内容：国家自然科学基金委网站介绍
教学目的：熟悉国家自然科学基金项目的申报程序

国务院于 1986 年 2 月 14 日正式批准成立国家自然科学基金委员会（简称自然科学基金委，英文名称为 National Natural Science Foundation of China，缩写为 NSFC）。其主要职能是运用国家财政投入的自然科学基金，资助自然科学基础研究和部分应用研究，发现和培养科技人才，发挥自然科学基金的导向和协调作用，促进科学技术进步和经济、社会发展。

一、NSFC 主页的查询功能

NSFC 的主页标题栏用醒目的 32 个大字"鼓励探索，突出原创；聚焦前沿，独辟蹊径；需求牵引，突破瓶颈；共性导向，交叉融通"浓缩了国家自然基金的使用原则，右上角设有检索窗口，标题栏下方有导航条（图 10.1.1）。

国家自然科学基金委员会网站

图 10.1.1　国家自然科学基金委员会主页

（一）导航条简介

NSFC 网站（https://www.nsfc.gov.cn/）主页的导航条主要包括机构概况、政策法规、项目指南、申请资助、共享传播、国际合作和信息公开等栏目，主要内容见主页下方（图 10.1.2）。

1. 机构概况

国家自然科学基金委员会机构设置除行政部门外，业务部门分为 9 个科学部：数学物理科学部、化学科学部、生命科学部、地球科学部、工程与材料科学部、信息科学部、管理科学部、医学科学部和交叉科学部，最后一个部是新增的。

2. 政策法规

国家自然科学基金委员会的政策法规十分健全，包括《国家自然科学基金条例》

机构概况:	概况	职能	领导介绍	机构设置	规章体系	专家咨询	评审程序	资助格局	监管工作
政策法规:	国家科学技术相关法律	国家自然科学基金条例	国家自然科学基金规章制度	国家自然科学基金发展规划
项目指南:	项目指南
申请资助:	申请受理	资助项目统计	项目检索与查询	下载中心	代码查询	常见问题解答	科学基金资助体系
共享传播:	年度报告	中国科学基金	大数据知识管理服务平台	优秀成果选编
国际合作:	通知公告	工作动态	外青专版	协议介绍	管理办法
信息公开:	信息公开制度	信息公开管理办法	信息公开指南	信息公开工作年度报告	信息公开目录	依申请公开

图 10.1.2 导航条的主要内容

《国家自然科学基金委员会章程》等。

（1）《国家自然科学基金条例》。

"国家自然科学基金条例"是 2007 年制定的,共 7 章 43 条,对基金项目的组织、申请、审批、资助、管理、监督和处理等各方面进行了详细的规定。

（2）《国家自然科学基金委员会》。

《国家自然科学基金委员会章程》第十八条：国家自然科学基金委员会遵循公开、公平、公正的资助原则,资助国内高等学校、科学研究机构和其他具有独立法人资格、从事基础研究和应用基础研究的公益性机构的科学技术人员开展相关研究。

为了培养青年科学技术人才,国家自然科学基金委员会设立了专项资金。

资助项目的受理、遴选和确定流程：

初步审查项目申请→同行专家通讯评审→会议评审专家组会议评审→委务会议批准。

（二）通知发布

1. 项目指南

项目指南每年发布一次,旨在使单位和申请人更好地了解科学基金的资助政策,引导申请人正确选择项目类型、研究领域及研究方向,申请科学基金项目资助。

2. 申请资助

科学基金资助体系

面上项目　重点项目　重大项目　重大研究计划项目
国际（地区）合作研究项目　青年科学基金项目
优秀青年科学基金项目　国家杰出青年科学基金项目
创新研究群体项目　地区科学基金项目
联合基金项目　国家重大科研仪器研制项目
基础科学中心项目　专项项目　数学天元基金
外国学者研究基金项目　国际（地区）合作交流项目

图 10.1.3 国家自然科学基金资助体系

国家自然科学基金资助体系包括多种资助项目（图 10.1.3）,普通高校重点关注的是面上项目和青年系列项目。

二、项目的申请

国家自然科学基金资助自然科学基础研究和应用基础研究。

（一）项目的选择

国家自然科学基金资助体系的项目种类

很多,大多数普通高校的中青年教师关注的是面上项目、青年科学基金项目,少数突出新秀也力争优秀青年科学基金项目和国家杰出青年科学基金项目。

1. 面上项目

面上项目支持从事基础研究的科学技术人员在科学基金资助范围内自主选题,开展创新性的科学研究,促进各学科均衡、协调和可持续发展。

2020 年国家自然科学基金资助面上项目 19 357 项,平均资助强度 57.50 万元/项,平均资助率为 17.15%。2021 年度资助强度与 2020 年度持平。

申请人应当具备以下条件:

(1)具有承担基础研究课题或者其他从事基础研究的经历;

(2)具有高级专业技术职务(职称)或者具有博士学位,或者有两名与其研究领域相同、具有高级专业技术职务(职称)的科学技术人员推荐。

2. 青年科学基金项目

青年科学基金项目支持青年科学技术人员在科学基金资助范围内自主选题,开展基础研究工作,培养青年科学技术人员独立主持科研项目、进行创新研究的能力,激励青年科学技术人员创新思维,培养基础研究后继人才。

2020 年度国家自然科学基金资助青年科学基金项目 18 267 项,平均资助率 16.22%。2021 年资助额度为 30 万元/项,资助期限为 3 年。

申请人应当具备以下条件:

(1)具有从事基础研究的经历;

(2)具有高级专业技术职务(职称)或者具有博士学位,或者有两名与其研究领域相同、具有高级专业技术职务(职称)的科学技术人员推荐;

(3)申请当年 1 月 1 日男性未满 35 周岁,女性未满 40 周岁。

3. 优秀青年科学基金项目

优秀青年科学基金项目支持在基础研究方面已取得较好成绩的青年学者自主选择研究方向开展创新研究,促进青年科学技术人才的快速成长,培养一批有望进入世界科技前沿的优秀学术骨干。

2021 年国家自然科学基金资助优秀青年科学基金项目 600 项,200 万元/项,资助期限为 3 年。

申请人应当具备以下条件:

(1)具有中华人民共和国国籍;

(2)申请当年 1 月 1 日男性未满 38 周岁,女性未满 40 周岁;

(3)具有良好的科学道德;

(4)具有高级专业技术职务(职称)或者博士学位;

(5)具有承担基础研究课题或者其他从事基础研究的经历;

(6)与境外单位没有正式聘用关系;

（7）保证资助期内每年在依托单位从事研究工作的时间在 9 个月以上。

不具有中华人民共和国国籍的华人青年科学技术人员，符合上述 2—7 条件的，可以申请。

4. 国家杰出青年科学基金项目

国家杰出青年科学基金项目支持在基础研究方面已取得突出成绩的青年学者自主选择研究方向开展创新研究，促进青年科学技术人才的成长，吸引海外人才，培养和造就一批进入世界前沿的优秀学术带头人。

2021 年国家科学自然基金资助国家杰出青年科学基金项目 300 项，400 万元/项（数学和管理 280 万元/项），资助期限为 5 年。

申请人应当具备以下条件，除第二条要求未满 45 周岁外，其他条件与优秀青年科学基金项目相同。

（二）项目的申请程序

1. 申请开户

申请人应该先向依托单位基金管理联系人申请开户，在规定时间登录科学基金网络信息系统（以下简称信息系统），按照各类型项目的撰写提纲及相关要求撰写申请书。

2. 在线填表

申请人完成申请书撰写后，在线提交电子申请书及附件材料，下载打印最终 PDF 版本申请书，并保证纸质申请书与电子版内容一致。

3. 递交材料

申请人应及时向依托单位提交签字后的纸质申请书原件以及有关证明信、推荐信和其他特别说明要求提交的纸质材料原件等附件。

三、项目的审批

国家自然科学基金的项目评审严格实行"依靠专家，发扬民主，择优支持，公正合理"的评审原则，采用同行专家通讯评审和会议评审两级评审制度。

其审批程序如下：

1. 初审

按项目申报要求的内容进行复查，合格者，进入初评程序。

2. 通讯评议

（1）自然科学基金委应当从评审专家库中随机选择同行专家对已经受理的项目申请进行通讯评审。选取专家的具体数量按有关项目管理办法执行。

（2）自然科学基金委应当向评审专家发送评审材料，并对通讯评审意见的撰写提出具体要求，评审材料包括项目申请材料以及通讯评审意见撰写说明或者指导文件等。

（3）评审专家应当按要求认真阅读申请材料，依照有关项目管理办法中规定的评审标准做出判断，撰写评审意见，并按照要求及时向自然科学基金委反馈评审意见。

3. 会议评审

（1）自然科学基金委应当从评审专家库中选取一定数量的评审专家，组建会议评审专家组对项目申请进行会议评审。自然科学基金委应当在会议评审前通知评审专家。

（2）评审专家对基金资助项目申请应当从科学价值、创新性、社会影响以及研究方案的可行性等方面进行独立判断和评价，提出评审意见。

（3）评审专家应当在充分讨论的基础上对项目申请独立进行记名或者无记名投票表决。投票结果应当现场公布。

四、项目的结题

项目负责人应实事求是地撰写《国家自然科学基金资助项目结题/成果报告》（以下简称《结题/成果报告》），并保证填报内容真实、数据准确，注意知识产权保护。

（1）登录信息系统，按要求撰写《结题/成果报告》并将附件材料电子化后一并在线提交；

（2）下载并打印最终 PDF 版本《结题/成果报告》，向依托单位提交签字后的纸质《结题/成果报告》原件（不含附件材料）；

（3）会同科研、财务等部门及时清理账目与资产，如实编制《国家自然科学基金项目决算表》，确保决算数据真实、准确，资金支出合法、有效。

五、信息的查询

（一）网站信息查询

在国家自然科学基金委主页右上角有快速搜索窗口，可以输入任意检索词搜索站内信息（图 10.1.1）。

检索示例：浏览国家自然科学基金委员会在"十四五"期间的立项指南

课题分析：国家自然科学基金委员会在"十四五"期间资助的重点是什么？这是青年学者需要关注的科研方向。

第一步：选择检索词。把"十四五"作为检索词既简单又能保证专指度（图 10.1.4）。

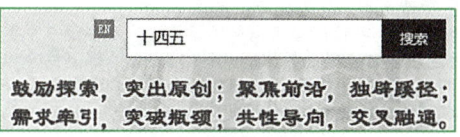

图 10.1.4　快速搜索窗口

第二步：获取检索结果。点击“搜索”得到检索结果，然后按照时间倒序排列(图 10.1.5)。

排序：按相关度　按时间 ▼　　搜索位置：全文　标题　　时间不限 ▼　　4 个相关结果

2021年项目指南　国家自然科学基金委员会关于发布“十四五”第一批重大项目指南及申请注意事项的通告…　2021-8-5

国科金发计〔2021〕44号　　国家自然科学基金委员会（以下简称自然科学基金委）按照新时期科学基金深化改革总体部署，根据“十四五”发展规划明确的优先发展领域，经广泛征求科学家和相关部门意见建议，利用各级专家咨询委员会、双清论坛等开展深入研讨和科学问题凝练，形成了“十四五”第一批9个科学部78个重大项目指南（见附件）。现予发布，请申请人及依托单位按重大项目指南中所述的要求…

通知通告　国家自然科学基金委员会关于发布“十四五”第一批重大项目指南及申请注意事项的通告（相关…　2021-8-5

国科金发计〔2021〕44号　　国家自然科学基金委员会（以下简称自然科学基金委）按照新时期科学基金深化改革总体部署，根据“十四五”发展规划明确的优先发展领域，经广泛征求科学家和相关部门意见建议，利用各级专家咨询委员会、双清论坛等开展深入研讨和科学问题凝练，形成了“十四五”第一批9个科学部78个重大项目指南（见附件）。现予发布，请申请人及依托单位按重大项目指南中所述的要求…

图 10.1.5　检索结果

第三步：浏览检索结果。选择第一篇“国家自然科学基金会关于发布‘十四五’第一批重大项目指南及申请注意事项的通告”点击浏览(图 10.1.6)。

国家自然科学基金委员会关于发布“十四五”第一批重大项目指南及申请注意事项的通告

日期 2021-08-05　来源：　作者：　【大 中 小】　【打印】　【关闭】

国科金发计〔2021〕44号

国家自然科学基金委员会（以下简称自然科学基金委）按照新时期科学基金深化改革总体部署，根据“十四五”发展规划明确的优先发展领域，经广泛征求科学家和相关部门意见建议，利用各级专家咨询委员会、双清论坛等开展深入研讨和科学问题凝练，形成了“十四五”第一批9个科学部78个重大项目指南（见附件）。现予发布，请申请人及依托单位按重大项目指南中所述的要求和注意事项提出申请。

图 10.1.6　“十四五”第一批重大项目指南页面

第四步：浏览重大项目指南。选择9大科学部的重大项目指南进行浏览，扩展自己的科学视野，了解项目申请的有关事项。如选择新增的交叉科学部重大项目指南(图 10.1.7)。

交叉科学部重大项目指南

2021 年交叉科学部共发布 6 个重大项目指南，拟资助 6 个重大项目，项目申请的直接费用预算不得超过 1500 万元/项。

（一）　交叉科学部重大项目可由一位申请人单独申请或两位申请人共同申请：

1. 共同申请时，两位申请人分别为第一申请人和第二申请人。

2. 第二申请人与第一申请人不是同一单位的，第二申请人所在的境内单位视为合作研究单位。

3. 共同申请时，在科学基金网络信息系统中申请书的在线填写、提交均由第一申请人和所在依托单位完成。

（二）每个重大项目应当围绕科学目标设置不多于 5 个重大项目课题，课题之间应当有机联系并体现学科交叉。每个课题的合作研究单位的数量不得超过 2 个，项目依托单位和合作研究单位数量合计不得超过 5 个。课题申请不设共同申请制。

图 10.1.7　交叉科学部重大项目指南说明

（二）项目申请与查询

导航条的"申请资助"页面提供申请受理和项目查询（图 10.1.8），如要申请项目可点击左栏的"申请受理"浏览（图 10.1.9）；如要搜索历年国家自然科学基金项目获批的情况，可选择中栏的"项目检索与查询"点击（图 10.1.10）。

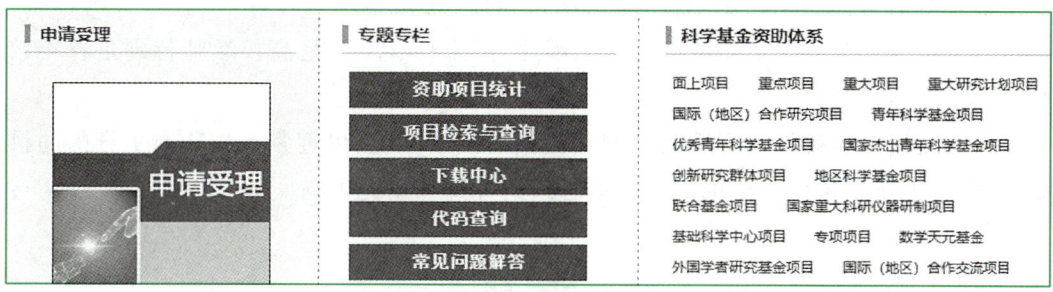

图 10.1.8　申请资助页面

图 10.1.9　申请受理页面

图 10.1.10　项目检索与查询页面

- - - - - - - - - - 小　结 - - - - - - - - - -

国家自然科学基金委员会负责管理国家自然科学基金，基金资助原则是"鼓励探索，突出原创；聚焦前沿，独辟蹊径；需求牵引，突破瓶颈；共性导向，交叉融通"。基金会组织基金项目评审和验收工作。

科学技术是第一生产力。国家自然科学基金立足于提高国家未来科技竞争力，大力支持青年学者独立主持科研项目，培养了一大批功底扎实、锐意进取的学科带头人。

国家科学基金不仅是从事科学研究最重要的经费来源，而且是衡量同行认可度的一个最客观的指标。无论是职称评定、岗位聘任，还是学术人才评价、各种奖励申报，都把这个基金作为一个最重要的指标。因此，国家科学基金是高校教师特别是青年教师的立足之本。

利用国家自然科学基金委员会网页提供的搜索功能，可搜索本校研究生导师的科研情况，有助于报考研究生的同学选择合适的导师和研究方向。

习　题

一、实践操作题

1. 浏览国家自然科学基金委员会网站。

2. 浏览《国家自然科学基金条例》，熟悉项目申报程序。

3. 查询本校已经承担的国家自然科学基金项目。

4. 浏览国家自然科学基金"十三五"发展规划对青年科研人员的资助政策。

二、讨论题

1. 国家设立自然科学基金有何重要意义？

2. 青年、优青和杰青基金的资助差别是什么？

三、思考题

1. 国家为何设立多种青年基金？

2. 个人的理想如何与国家的科技发展相联系？

第二节　国家社会科学基金

本节重点：国家社会科学基金项目申报

主要内容：国家哲社办网站介绍

教学目的：熟悉国家社科项目的申报程序

国家社科基金于1986年经国务院批准设立。2018年1月，中央决定成立全国哲学社会科学工作领导小组，下设全国哲学社会科学工作办公室（以下简称国家社哲办，http://www.nopss.gov.cn/）。主要职能是负责组织制定国家哲学社会科学发展战略和中长期规划,研究制定实施有关专项规划;负责管理国家社会科学基金(NSSFC),组织基金项目评审和成果转化应用等工作。

国家社会科学基金与国家自然科学基金一样,是中国在科学研究领域支持基础研究的主渠道,面向全国,重点资助具有良好研究条件、研究实力的高等院校和科研机构中的研究人员。

国家社科基金设立以来,推出了一大批有深度、有分量的研究成果,培养了一大批功底扎实、锐意进取的学科带头人,国家社科基金项目具有导向性、权威性和示范性。

国家社科基金是高校评比的指标之一,在科研机构的职称评审中也占有重要地位。因此,获批基金成为青年教师在科研院校立足的重要因素。

一、国家哲社办主页的查询功能

国家哲社办网站主页是新更换的(图10.2.1),标题栏上方有"旧版网站入口",右上角设有检索词输入窗口,标题栏下方是导航条。

全国哲学社会
科学工作
办公室网站

图 10.2.1　全国哲学社会科学工作办公室(哲社办)主页

(一)导航条简介

旧版导航条多达19个栏目,新版的导航条设有11个栏目(表10.2.1)。在新版导航条的11个栏目中,应该关注的是政策制度、通知公告和资料下载等栏目。

表 10.2.1　国家哲社办导航条内容

网站首页	本办概况	政策制度	通知公告	基金管理	基金专刊
成果集萃	资助期刊	高端智库	社团工作	资料下载	

1. 政策制度

政策制度栏目列出了《国家社会科学基金管理办法》和《国家社会科学基金项目资金管理办法》。

《国家社会科学基金管理办法》强调:国家社科基金用于资助哲学社会科学研究和培养哲学社会科学人才,重点支持关系经济社会发展全局的重大理论和现实问题研究,支持有利于推进哲学社会科学创新体系建设的重大基础理论问题研究,支持新兴学科、交叉学科和跨学科综合研究,支持具有重大价值的历史文化遗产抢救和整理,支持对哲学社会科学长远发展具有重要作用的基础建设等。

《国家社会科学基金项目资金管理办法》明确规定：项目负责人是项目资金使用的直接责任人,对资金使用的合规性、合理性、真实性和相关性承担法律责任。

2. 通知公告

通知公告栏目能够及时发布项目立项和结项信息。例如,2021 年 9 月 3 日发布"关于 2021 年国家社科基金年度项目和青年项目立项名单的公示",公示了 2021 年立项的国家重点和一般项目 3 545 项,青年项目 1 105 项。

3. 资料下载

资料下载栏目主要列出国家社科基金申报和鉴定全过程需要填写的各种报表(审批书、意见表、评估表等),提供网上下载。

(二) 管理平台

管理平台全称为"社科基金科研创新服务管理平台",位于主页中部右侧,设有项目查询、项目申报、项目评审、经费管理、项目管理和选题征集等 6 项内容(图 10.2.2)。

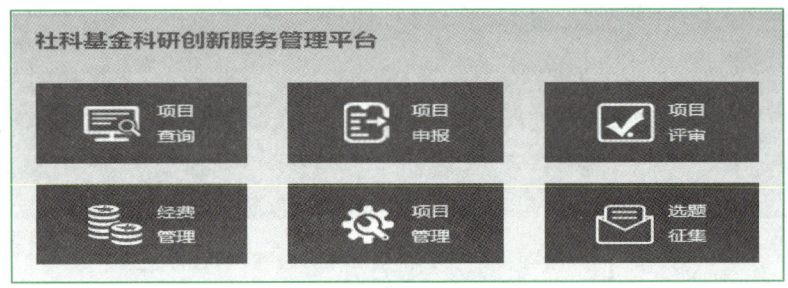

图 10.2.2　管理平台页面

1. 项目查询

项目查询页面分为左右两部分,左边部分用于已经立项的项目查询;右边部分用于搜索正式出版的科研成果(图 10.2.3)。

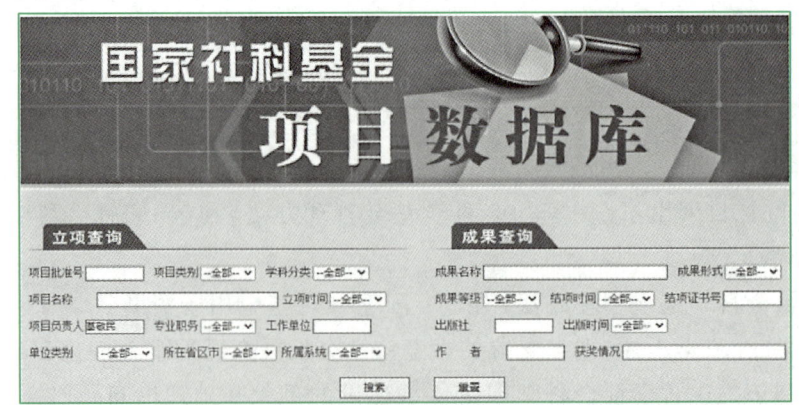

图 10.2.3　项目查询页面

检索示例：查询葛敬民完成的国家社科基金项目

检索过程：选择"葛敬民"作为检索词，输入"立项查询"栏下的"项目负责人"框内，点击"搜索"，得到检索结果（图 10.2.4）。

	项目批准号	项目类别	学科分类	项目名称	立项时间	项目负责人	专业职务	
	06BTQ006	一般项目	图书馆、情	高校图书馆硕士研究生培养的机制、模式、特色研	2006-07-01	葛敬民	正高级	

图 10.2.4 检索结果

2. 申报注册

项目设备页面用于科研人员网上申报科研项目，页面左边是通知公告，右边是注册和登录入口（图 10.2.5）。

图 10.2.5 项目申报页面

二、项目的申报

国家社科基金项目的选题，要以我国改革开放和社会主义现代化建设中的重大理论问题和实践问题作为主攻方向，积极探索中国特色社会主义经济、政治、文化的发展规律，注重基础研究、新兴边缘交叉学科和跨学科综合研究，积极推进理论创新，支持具有重大价值的历史文化遗产的抢救和整理工作。

国家社科基金主体部分包括重大项目和年度项目等。

（一）重大项目

重大项目是目前国家社科基金项目资助体系中层次最高、资助力度最大、权威性最强的项目类别，主要包括应用对策类、基础理论类和跨学科类三大类。

重大项目以国家社科基金特别委托项目的方式，经全国社科规划领导小组负责人审定，单独立项，委托研究。

（二）年度项目

国家社科基金年度项目每年评审一次，由研究者按照当年发布的《国家社会科学基金项目××××年度课题指南》选题申请，一般每年 12 月中下旬发布"指南"，次年 3 月初前受理申请。申报者按要求填报当年最新版《国家社会科学基金项目申请书》

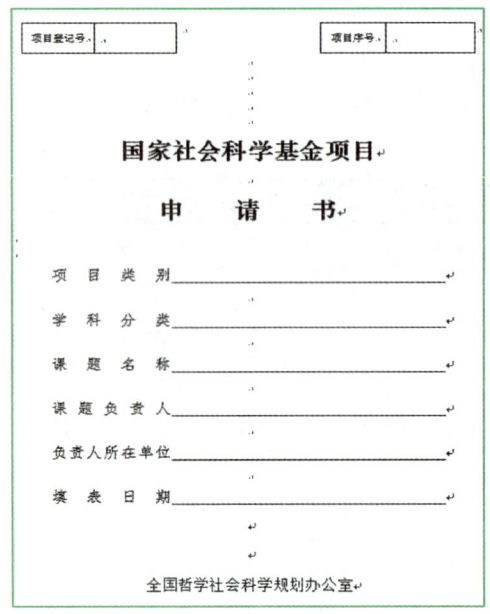

图 10.2.6　国家社科基金项目申请书

（图 10.2.6）。

国家社科基金年度项目设有重点项目、一般项目、青年项目 3 个资助类别。

1. 重点项目

申报重点项目，项目负责人须具有副高级以上专业技术职务（或相当于副高级以上专业技术职务），且必须曾经主持完成过省部级以上的社科研究项目。

2. 一般项目

申报一般项目，项目负责人须具有副高级以上专业技术职务（或相当于副高级以上专业技术职务）。

3. 青年项目

申请青年项目，项目负责人和课题组成员的年龄均不得超过 35 周岁；不具备副高级以上专业技术职务的申请者，须由两名具有正高级专业技术职务的同行专家推荐。

三、项目的审批

全国哲学社会科学工作领导小组下设 23 个学科评审组，并代行国家社会科学基金学科评审组职责，其成员由全国哲学社会科学工作领导小组聘任，聘期一般为五年，在五年内可以根据需要对部分成员作适当调整。

23 个学科评审组包括马列·科社、党史·党建、哲学、理论经济、应用经济、管理学、统计学、政治学、社会学、人口学、法学、国际问题研究、中国历史、世界历史、考古学、民族问题研究、宗教学、中国文学、外国文学、语言学、新闻学与传播学、图书馆·情报与文献学、体育学等。

另外，教育学、艺术学、军事学三个学科的规划、申报、评审、管理、鉴定结项等工作，分别由全国教育规划办公室、全国艺术规划办公室、全军哲学社会科学规划办公室办理。

审批程序：

（1）资格审查。按项目申报要求的内容进行复查，合格者，进入初评。

（2）初评。将《国家社会科学基金项目申请书》分送 5 名同行专家评审。专家依据统一制定的评估指标体系写出评审意见并评分，在规定时限内返回评审意见。全国社科规划办按评审意见和分值择优选出拟立项数三倍的申请书，提供会议评审。

（3）会议评审。进入会议评审的申请书，先由学科评审小组筛选提出建议立项名单，然后在该学科评审组全体会议上介绍情况，进行充分讨论，最后以无记名投票方式产生拟立项项目。

学科评审组成员须有三分之二以上出席方能进行评审和表决,出席成员的三分之二以上同意方能通过。

四、项目的结题

国家社科基金项目的成果形式为研究报告、论文、专著等,研究报告、论文的完成时限一般为 1 年,专著一般为 2~3 年。除重要的基础研究外,鼓励以研究报告、论文为项目的最终成果形式。

项目研究工作完成后,项目负责人通过本单位科研管理部门向省社科规划办或在京委托管理机构索取并填写《结项审批书》(图 10.2.7),经所在单位科研管理部门和财务部门审核合格后,连同 5 套最终成果报送鉴定组织者。

（1）全国社科规划办、省社科规划办和在京委托管理机构分别建立相应的通讯鉴定专家库,组织鉴定时随机挑选。通讯鉴定专家一般应具有高级专业技术职务或相当于高级专业技术职务,思想作风正派,有较高学术水平。

（2）每个项目的通讯鉴定专家须选定 5 人。

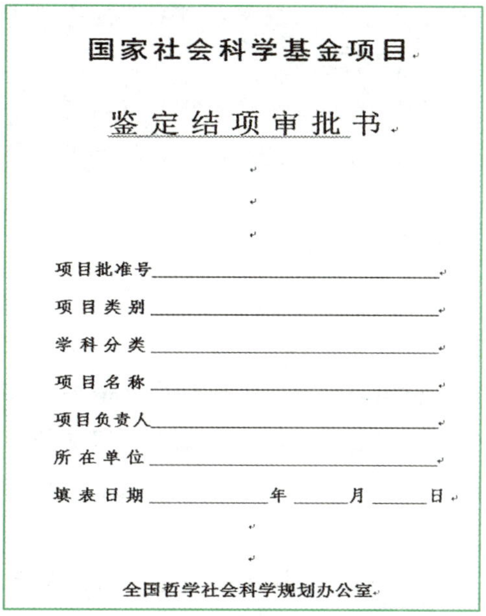

国家社会科学基金项目

鉴 定 结 项 审 批 书

项目批准号 _____

项目类别 _____

学科分类 _____

项目名称 _____

项目负责人 _____

所在单位 _____

填表日期 _____ 年 _____ 月 _____ 日

全国哲学社会科学规划办公室

图 10.2.7　国家社科基金项目结项审批书

小 结

全国哲学社会科学工作办公室负责管理国家社会科学基金,组织基金项目评审和验收工作。国家社科基金项目面向全国,公平竞争,择优立项。

国家社科基金项目具有导向性、权威性和示范性,培养了一大批功底扎实、锐意进取的学科带头人,尤其是注意扶植青年社科研究工作者。有志向的年轻人应该大胆、积极申报国家社科基金项目。

习 题

一、实践操作题

1. 浏览全国哲学社会科学工作办公室网站。

2. 浏览《国家社会科学基金管理办法》。

3. 查询本校已经承担的国家自然科学基金项目。

4. 浏览《成果集萃》，感知社科成果的百花齐放。

5. 浏览《学者传真》，学习大家之风范。

二、讨论题

1. 申报国家社科基金项目有何重要意义？

2. 为什么国家社科基金没有优青和杰青项目？

三、思考题

1. 为什么申请人应具有副高级以上专业技术职务？

2. 为什么鼓励以研究报告和论文为项目的最终成果形式？

第三节　国家博士后科学基金

本节重点：国家博士后科学基金资助申报

主要内容：博士后科学基金会网站的导航条

教学目的：熟悉国家博士后基金资助的申报程序

　　1990 年 5 月，中国博士后科学基金会正式成立，主要职能是扩大基金来源，加大对博士后研究人员的资金投入力度，承担中国优秀博士后评选工作，管理与监督基金经费的使用，开展博士后科技成果转化等服务。

　　中国博士后科学基金会网站（https://jj.chinapostdoctor.org.cn/）的信息量并不大，目前不提供检索窗口，查询信息主要是利用主页的导航条（图 10.3.1）。

中国博士后
科学基金会
网站

图 10.3.1　中国博士后科学基金会主页

一、博士后基金主页导航条介绍

　　中国博士后科学基金会主页导航条设有 8 个栏目（表 10.3.1），每个栏目的信息条数只有 1~2 页，浏览非常简便快捷。

表 10.3.1　博士后基金会导航条的栏目

首页	中国博士后科学基金会	政策法规	新闻公告
资助指南	答疑解惑	资料下载	北京博士后联谊会

（一）政策法规

政策法规栏目只有 4 条政策信息,前两条《中国博士后科学基金资助规定》和《关于进一步加强中国博士后科学基金资助总结报告的通知》需要浏览。

《中国博士后科学基金资助规定》第二条:国家设立中国博士后科学基金,旨在资助具有创新能力和发展潜力的优秀博士后研究人员,促使他们在科研工作中开展创新研究,迅速成长为推动国家科技进步和经济社会发展的各类创新型人才。

《关于进一步加强中国博士后科学基金资助总结报告的通知》要求:凡获得中国博士后科学基金资助的博士后研究人员在办理出站手续时,须按照规范程序和要求提交资助总结报告。

（二）新闻公告

新闻公告栏目主要是发布博士后学术会议的通知信息。

（三）资助指南

该栏目提供《中国博士后科学基金资助指南(XXXX 年度)》。

（四）答疑解惑

该栏目提供中国博士后科学基金资助工作 56 个常见问题的解答,如:

1. 博士后基金有哪些资助项目?

答:面上资助(含"地区专项支持计划")、特别资助(站前)、特别资助(站中)、优秀学术专著出版资助。

2. 博士后基金各资助项目的资助标准是多少?

答:面上资助的资助标准分为一等、二等,其中,自然科学资助标准为一等 12 万元、二等 8 万元;社会科学资助标准一般为一等 8 万元、二等 5 万元。"地区专项支持计划"自然科学 8 万元,社会科学 5 万元。特别资助(站前)资助标准为 18 万元;特别资助(站中)资助标准为自然科学 18 万元,社会科学 15 万元。优秀学术专著出版资助 8 万元/部。

3. 2021 年将资助多少人?

答:面上资助为当年进站人数的三分之一左右(其中"地区专项支持计划"资助 300 人),特别资助(站前)为 400 人,特别资助(站中)约 800 人,优秀学术专著出版资助 30 部。

4. 2021 年开展几批次资助工作?

答:面上资助工作开展两批次,其他资助开展一批次。

（五）资料下载

资料下载栏目主要列出博士后各种资助要求填写的申请书模板,提供网上下载（图 10.3.2,图 10.3.3,图 10.3.4）。

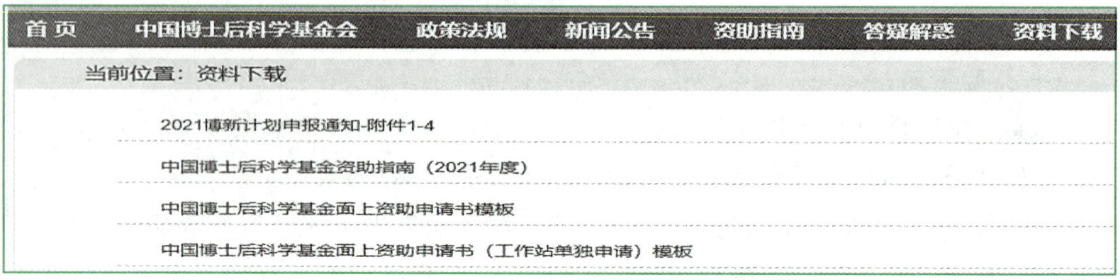

首页	中国博士后科学基金会	政策法规	新闻公告	资助指南	答疑解惑	资料下载

当前位置：资料下载

2021博新计划申报通知-附件1-4

中国博士后科学基金资助指南（2021年度）

中国博士后科学基金面上资助申请书模板

中国博士后科学基金面上资助申请书（工作站单独申请）模板

图 10.3.2　资料下载页面

中国博士后科学基金资助指南
（2021 年度）

中国博士后科学基金会
2020 年 12 月

图 10.3.3　资助指南

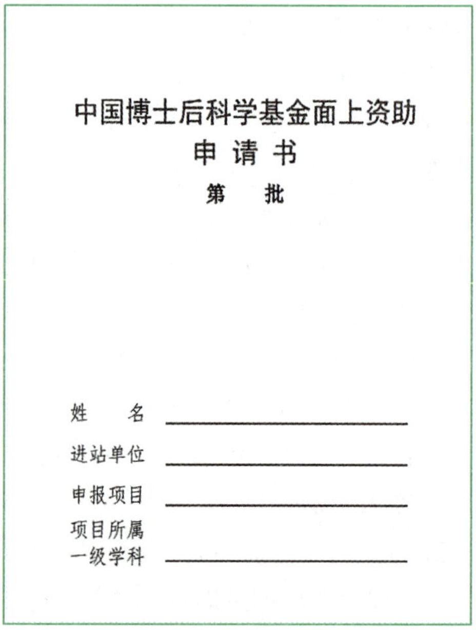

中国博士后科学基金面上资助
申　请　书
第　批

姓　名 _____
进站单位 _____
申报项目 _____
项目所属
一级学科 _____

图 10.3.4　面上资助申请书

二、国家博士后科学基金资助的申报

（一）面上资助

博士后研究人员进站起至进站 18 个月内可多次申请面上资助,但每站只可获得一次。面上资助和特别资助(站中)可以同时申报,也可以同时获得资助。

面上资助申请在网上填报。申请书共有三项内容,注意在"二、项目信息"中,不得填写申请人姓名、设站单位名称、合作导师姓名等,否则评审专家可视为申请人故意泄露个人信息,计 0 分。如出现上述信息,建议以"本人""所在设站单位""本人的博士后合作导师"代称。

（二）特别资助

特别资助分为站前和站中两种，只可选报一种。

申报特别资助（站前）要求年龄不超过 35 周岁。拟进站的应届博士生优先，但申报时须已满足博士学位论文答辩的基本要求。新近进站的博士后研究人员须进站不超过 4 个月，进站学科为自然科学，申报项目须为规定的研究方向。

博士后研究人员进站满 4 个月可申请特别资助（站中），获得面上资助是申报特别资助的优先推荐条件。

（三）优秀学术专著出版资助

在站 2 年以上或出站 5 年内的自然科学领域的博士后研究人员可申请优秀学术专著出版资助，获中国博士后科学基金资助者优先。社会科学领域的博士后研究人员可向中国社会科学院《中国社会科学博士后文库》投稿，该文库由全国博士后管委会和中国社会科学院资助出版。

三、国家博士后科学基金项目的审批

申请人必须在申请书中作出承诺：尊重科研规律，弘扬科学家精神，遵守科研伦理道德和作风学风诚信要求，认真开展科学研究工作。

面上资助采用通讯评审，并反馈专家评审意见。如果未获得资助，申请人可自资助结果公示日起，登录"中国博士后科学基金管理信息系统"查看专家意见。

特别资助和优秀学术专著出版资助均采用会议评审，不反馈评审意见。

四、国家博士后科学基金资助的使用

面上资助和特别资助（站中）自资助通知下发之日起约一个月内拨付至设站单位。特别资助（站前）自资助通知下发之日起三个月拨付至设站单位。资助经费全部用于与研究工作相关的支出，不得截留、挪用、侵占，不得用于与科学研究无关的支出。

国家博士后科学基金资助不像国家科学基金那样要求结题，博士后出站时只需提交《中国博士后科学基金资助总结报告》即可。若发表资助成果，需标注"中国博士后科学基金资助项目"和资助编号。结余经费退回中国博士后科学基金会。

小　结

中国博士后科学基金资助主要包括面上资助、特别资助和优秀学术专著出版资助。资助人数约为当年进站人数的三分之一。

中国博士后科学基金会每年 12 月发布《中国博士后科学基金资助指南》。面上资助每年受理两次，其他资助每年受理一次。

中国博士后科学基金资助无需结题,只需提交《中国博士后科学基金资助总结报告》即可出站。

习 题

一、实践操作题

1. 浏览中国博士后科学基金委员会网站。

2. 浏览《中国博士后科学基金资助指南》。

3. 浏览面上资助申请表的各项内容。

4. 浏览博士后创新创业大赛评审指标。

5. 查询近年来本校博士后所获各项资助情况。

二、讨论题

1. 申报博士后科学基金资助有何意义?

2. 如何申报博士后科学基金资助?

三、思考题

1. 借助检索工具,结合所学知识思考为什么博士后科学基金资助无需结题。

2. 为什么博士后科学基金面上资助和特别资助(站中)可以同时申请?

附录：网络信息检索常用网站

[1] 中华人民共和国中央人民政府（https://www.gov.cn/）

[2] 全国人民代表大会（http://www.npc.gov.cn/）

[3] 中国人民政治协商会议全国委员会（http://www.cppcc.gov.cn/）

[4] 中华人民共和国教育部（http://www.moe.edu.cn/）

[5] 中华人民共和国科学技术部（https://www.most.gov.cn/）

[6] 国家统计局（http://www.stats.gov.cn/）

[7] 国家知识产权局（https://www.cnipa.gov.cn/）

[8] 国家标准化管理委员会（http://www.sac.gov.cn/）

[9] 中国国家图书馆（http://www.nlc.cn/）

[10] 国家自然科学基金委员会（https://www.nsfc.gov.cn/）

[11] 全国哲学社会科学工作办公室（http://www.nopss.gov.cn/）

[12] 国家科学技术奖励工作办公室（http://www.nosta.gov.cn/web/index.aspx）

[13] 中国博士后科学基金会（https://jj.chinapostdoctor.org.cn/）

[14] 联合国（https://www.un.org/zh/）

[15] 百度（https://www.baidu.com/）

[16] 360 搜索（https://www.so.com/）

[17] 搜狗搜索（https://www.sogou.com/）

[18] 百度学术（https://xueshu.baidu.com/）

[19] 谷歌翻译（https://translate.google.cn/）

[20] 爱课程（https://www.icourses.cn/home/）

[21] 学堂在线（https://www.xuetangx.com/）

[22] MeTeL 教学资源平台（http://www.metel.cn/）

[23] 清华大学图书馆（https://lib.tsinghua.edu.cn/）

[24] 超星数字图书馆（https://hn.sslibrary.com/）

[25] 读秀学术搜索（https://www.duxiu.com/）

[26] 中国知网（https://www.cnki.net/）

[27] 万方数据知识服务平台（https://www.wanfangdata.com.cn/index.html）

［28］ EV（https：//www.engineeringvillage.com/home.url）

［29］ SpringerLink（https：//link.springer.com/）

［30］ ScienceDirect（https：//www.sciencedirect.com/）

［31］ 美国专利商标局（https：//www.uspto.gov/）

［32］ 国际标准化组织（https：//www.iso.org/home.html）

［33］ 国际电工委员会（https：//www.iec.ch/homepage）

参 考 文 献

［1］《中国大百科全书》总编委会.中国大百科全书［M］.2 版.北京：中国大百科全书
　　　出版社,2009.

［2］上海辞书出版社.辞海［M］.7 版.上海：上海辞书出版社,2019.

［3］靖继鹏,马费成,张向先.情报科学理论［M］.北京：科学出版社,2009.

［4］国家图书馆《中国图书馆分类法》编辑委员会.中国图书馆分类法［M］.5 版.北
　　　京：国家图书馆出版社,2010.

［5］花芳.文献检索与利用［M］.2 版.北京：清华大学出版社,2014.

［6］邓发云.信息检索与利用［M］.2 版.北京：科学出版社,2013.

［7］于双成.科技信息检索与利用［M］.北京：清华大学出版社,2012.

［8］黄如花.信息检索［M］.2 版.武汉：武汉大学出版社,2010.

［9］杜慰纯,宋爽,李娜,等.信息获取与利用［M］.北京：清华大学出版社,2009.

［10］葛敬民.实用网络信息检索［M］.5 版.北京：高等教育出版社,2018.

［11］徐红云.网络信息检索［M］.广州：华南理工大学出版社,2018.

［12］潘燕桃,肖鹏.信息素养通识教程［M］.北京：高等教育出版社,2019.

教学资源服务指南

扫描下方二维码，关注微信公众号"高教社极简通识"，学生可学习名校通识课，教师可学习教师培训课程、免费申请课件和样书、观看直播回放等。

名校通识课

点击导航栏中的"名校通识"，点击子菜单中的"课程专栏"，即可选择相应课程进行学习。

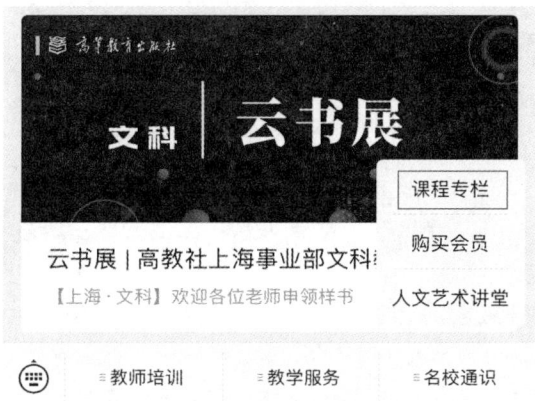

教师培训

点击导航栏中的"教师培训"，点击子菜单中的"培训课程"，即可选择相应课程进行学习。

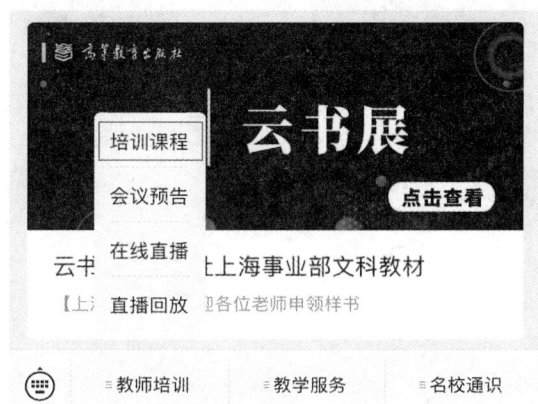

教学资源服务指南

 课件申请

点击导航栏中的"教学服务"，点击子菜单中的"课件申请"，填写相关信息即可申请课件。

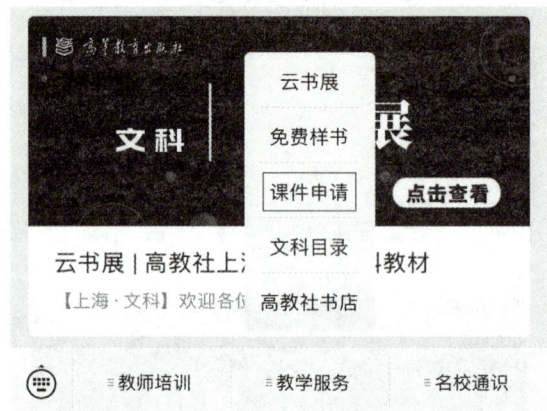

 **样书申请**

点击导航栏中的"教学服务"，点击子菜单中的"免费样书"，填写相关信息即可免费申请样书。

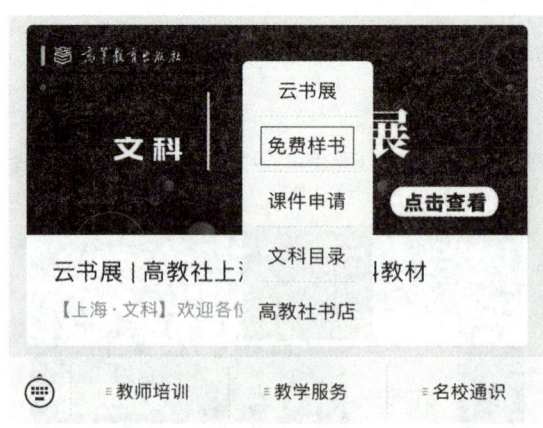